Management, absurd

Niki Harramach • Robert Prazak

Management, absurd

Ein Blick auf die Kehrseite moderner Management-Begriffe

 Springer Gabler

Niki Harramach
Wien
Österreich

Robert Prazak
Mödling
Österreich

ISBN 978-3-658-04040-6   ISBN 978-3-658-04041-3 (eBook)
DOI 10.1007/978-3-658-04041-3

Die Deutsche Nationalbibliothek verzeichnet diese Publikation in der Deutschen Natio-
nalbibliografie; detaillierte bibliografische Daten sind im Internet über http://dnb.d-nb.de
abrufbar.

Springer Gabler
© Springer Fachmedien Wiesbaden 2014

Lektorat: Juliane Wagner
Mit Illustrationen: von Walter Csuvala

Gedruckt auf säurefreiem und chlorfrei gebleichtem Papier

Springer Gabler ist eine Marke von Springer DE. Springer DE ist Teil der Fachverlagsgruppe
Springer Science+Business Media
www.springer-gabler.de

Inhaltsverzeichnis

Über die Autoren

Walter Csuvala Geb. 1943. Lebt und arbeitet selbstständig als Trainer, Berater und Coach sowie als Maler und Grafiker in Wien. Trainingsgebiete u. a.: Kreativität,Teambuilding und Führung. Zahlreiche Ausstellungen in Österreich und Deutschland.

Niki Harramach Geb. 1948. Unternehmensberater CMC (Certified Management Consultant), Akkreditierter Wirtschaftstrainer, Coach und Supervisor, ehemaliger Panzerkommandant, emeritierter Rechtsanwalt. Inhaber der Harramach Management Beratung (ältestes und größtes von Österreich aus initiiertes Trainernetzwerk in Osteuropa). Gerichtssachverständiger für Managementtrainings und Organisationsentwicklung. Langjähriger Sprecher der Österreichischen WirtschaftstrainerInnen in der Wirtschaftskammer Österreich; OE-Lehrtrainer im ÖAGG. Lektorentätigkeit an verschiedenen Fachhochschulen und Universitäten. Spezialthemen u. a.: Interaktive Verhaltenstrainings, Teamentwicklung, Führungskräfteentwicklung, Coaching, Motivation, Diversity Management, Cross Cultural Management, Rechtsfragen und Erfolgskontrolle im Bildungsbereich. Verfasser diverser Fachartikel und Bücher.
E-Mail: office@harramach.com

Robert Prazak Geb. 1969. Journalist & Autor. September 1995 bis Februar 2012: Redakteur & Ressortleiter WirtschaftsBlatt; verantwortlich u. a. für Freitag-Beilagen „Karriere" und „Immobilien", redaktionelle Sonderthemen, Technologie & IT. Arbeit für weitere österreichische Medien: trend, Visa-Magazin, Reisemagazin, Business People. Seit März 2012: Redaktionsbüro Prazak: Artikel für österreichische Magazine profil, Wiener, Format, Diva etc. Seit Januar 2013 außerdem Leitung der redaktionellen Sonderthemen trend und Format. Frühjahr 2012 bis Dezember 2013: zusätzlich Mitarbeit beim Aufbau der Online-News-Plattform format.at/trend.at.

Autor des Sachbuchs „Der Rubel rollt" über die Verbindungen zwischen Fußball & Wirtschaft/Residenz Verlag/2008. Ausbildung zum Systemischen Coach. E-Mail: robert@prazak.at

Einleitung

▶ Die Topführungskraft fällte intuitiv eine Entscheidung. Sie beschloss, einen tief greifenden Change der Organisation. Dem Leitbild entsprechend war verstärkt Diversity Management angesagt – und dieses sollte über Social Media abgewickelt werden. Um Nachhaltigkeit zu gewährleisten, wollte die Führungskraft damit möglichst wenig Konflikte schaffen und besuchte daher – schließlich verstand sie etwas von Soft Skills – zur Vorbereitung ein Pferdeseminar. Dort wollte sie lernen, ihre Mitarbeiter nicht zu verschrecken, was an deren Körpersprache zu erkennen er sie trainiert wurde. Das Projekt scheiterte, weil die Führungskraft wegen des vielen Stresses in einen Burnout kam. Glücklicherweise, könnte man auch sagen: Sie hätte das alles laut firmeninternem Compliance-Kodex so nicht gedurft.

Das Leben im Allgemeinen und jenes im Management im Speziellen kann also schon ausgesprochen absurd sein. Vor allem, wenn man dem Mainstream auf den Leim gegangen ist, also in der Paradigmenfalle steckt und den vorherrschenden, oberflächlichen Meinungsströmen folgt und glaubt.

Im Managementalltag sind wir umgeben von Begriffen, die ganz selbstverständlich benutzt werden. Die wahrhaft „mainstreamigen" Begriffe können Sie natürlich auf Google finden:

- Change Management über eine Milliarde (!) Nennungen bei Google
- Konfliktmanagement ist gar keine Worthülse, hat aber „nur" 1,2 Mio.
- Konflikt kommt immerhin auf 16 Mio.
- Führung: 25 Mio.
- Teamwork: 31 Mio.
- Kommunikation: 63 Mio. – das ist schon was

- Motivation: 129 Mio. – das ist noch mehr
- Führungskräfte: 6 Mio.
- ... und natürlich die Mutter aller nichtssagenden Überbegriffe: Management 1,8 Mrd. Nennungen!!!

Dabei gab es die Gattung des „Mainstreamlings" eigentlich schon immer. Seit es Menschen gibt, gibt es Paradigmen im Sinne von bestimmten Weltanschauungen. Mainstreamling wird jemand genannt, der denjenigen Paradigmen verhaftet ist, die dem jeweiligen Zeitgeist entsprechen. Jegliche Paradigmen – im Sinne von vorherrschenden Weltanschauungen – relativiert der Radikale Konstruktivismus. Dessen Kernaussage ist ja, dass Objektivität unmöglich, jede Wahrnehmung daher nur subjektiv ist. „Weltanschauungen" können daher nur gesellschaftlich vereinbarte Anschauungsmodelle sein – und kommunikativ auch jeweils anders konstruiert werden.

Selbst wenn Sie Ihrer Einschätzung nach kein solcher Mainstreamling sind, werden Sie sich an manchen Stellen schwertun mit diesem Buch. Genau dort sollten Sie intensiver weiterlesen. Dort, wo wir gegen Ihre Meinung (also die vorherrschende) sind, kann dieses Buch für Sie besonders empfehlenswert sein.

▶   Manchmal sind Fachbücher wie Arzneimittel. Sie versuchen, sie geben vor, ja sie schaffen es vielleicht sogar, den Konsumenten von etwas (wie die Autoren meinen) Ungünstigem zu etwas (wie die Autoren meinen) Besserem zu bringen. Deswegen möchten wir Sie ausdrücklich darauf hinweisen, vor der Einnahme der Inhalte die Beipackzettel zu beachten, die Sie den Kapiteln vorangestellt finden.
   Den Beipackzettel zu den Autoren selbst finden Sie im Anhang Kap. Anhang – und Sie sollten diesen vielleicht dennoch zuerst lesen – sicher ist sicher.
   Und noch zur geschlechtsspezifischen Schreibweise: Mal verwenden wir die männliche und mal die weibliche Schreibweise – und meinen (fast) immer auch die anderen.

Ist es wirklich absurd, ...

- ... sich mehr um Boreout zu kümmern, wenn davon doch mehr als zehnmal so viele Menschen betroffen sind wie von Burnout ?
- ... Change nicht als das Normalste auf der Welt anzusehen, wenn doch unser Leben hauptsächlich Veränderung ist?

- ... sich mit dem Unsozialen der sogenannten „Social Media" zu beschäftigen, wenn uns doch jederzeit ein anonymer Shitstorm treffen kann, von der NSA ganz zu schweigen?

- ... sich mit den Geführten statt immer mit den „Führungskräften" zu beschäftigen, wenn es doch in der konkreten Situation im Schnitt zehnmal mehr Geführte gibt?

- ... bei Konflikten immer nur das Negative, das Trennende zu sehen, wenn man doch immer etwas mit dem Konfliktpartner gemeinsam hat, es also auch die Chance zur Kooperation gibt?

- ... darauf aufmerksam zu machen, dass wir alle nicht wissen, was an sich ein erhobener Zeigefinger bedeutet, und dennoch glauben, Körpersprache per se verstehen zu können?

- ... sich unter dem Titel Diversity in erster Linie mit den Unterschieden der individuellen Persönlichkeiten zu beschäftigen statt mit Generationen oder Geschlechtern, obwohl auch ein älterer Österreicher mit seiner jüngeren bulgarischen Kollegin mehr gemeinsam hat als mit seinem Gemüsehändler ums Eck?

- ... sich mit Unbewusstem bei Entscheidungen mehr zu beschäftigen als mit rationalen Entscheidungsmodellen, wenn wir doch 90 % unserer Entscheidungen tagtäglich unbewusst treffen?

- ... Soft Skills als die „neuen Hard Skills" zu bezeichnen, wenn es doch viel härter ist, andere Menschen angemessen zu behandeln, als einen Tisch zu zimmern, und wenn wir wollen, dass in den Schulen mehr Teamwork unterrichtet wird als Chemie?

Wir wollen die Kehrseite der Medaille zeigen, das **Absurde** – oder eben genau das **Gegenteil des Absurden**. Aber wir behaupten nicht, dass das Gegen-Teil des Absurden wahr ist, nur eben auch nicht das Teil. Aber wir behaupten auch nicht, dass das Gegen-Teil des Absurden wahr ist. Das wäre absurd. „Absurd" heißt übrigens wider-sinnig (wider welchen Sinn?), dem „Gesunden" wider-sprechend, also mehrheitlich wider-lich.

Ein Grund für unsere Skepsis gegenüber dem Mainstream ist auch die zunehmende Bedeutungslosigkeit von Fakten: Noch gibt es vielerorts Ämter für Statistik. Es hat sich aber herausgestellt, dass nicht statistische Fakten, sondern Meinungen unser Bild von dieser Welt formen und damit das konkrete Handeln in allen Bereichen unserer Gesellschaft bestimmen: in Politik, Wirtschaft, Gesellschaft, Bildung, Kultur und in vielen weiteren Sparten. Trends werden immer öfter durch Meinungsumfragen statt auf der Basis von Statistiken – oft diesen sogar widersprechend – erhoben, festgestellt und publiziert. Beispielsweise wird gefragt, ob Arbeit krank macht, ob die Belastung für Studenten steigt, ob Politiker korrupt sind, ob durch den Euro alles teurer wird, ob Ärzteknappheit eintreten wird, ob die Armut in der Welt steigt oder ob wir vor einer weltweiten Bevölkerungsexplosion stehen. In all diesen Fällen gibt es Fakten. Aber nach ihnen wird gar nicht mehr gefragt, sondern nach der Meinung der Betroffenen – oft auch nach jener der Nichtbetroffenen. Das sollte uns betroffen machen. Eigentlich könnte man daher Ämter für Statistik als irrelevant auflösen oder – noch besser: durch **Ämter für Meinung** ersetzen. Aufgrund der auf diese Weise festgestellten „Wahrheiten" wird Politik gemacht, auch Unternehmenspolitik. So wird unser Leben geregelt.

Apropos: Dass „**Weissagungen**" der befragten Bevölkerung prognosesicherer sind als Trendforschung auf statistischer Grundlage, ist mit dem von Robert Merton schon in den 1940er-Jahren beschriebenen Phänomen der **Selffulfilling Prophecy** erklärbar: Menschen sorgen natürlich dafür, dass das, was sie prophezeien, auch eintritt. Auch als „**Thomas-Theorem**" bekannt: „If men define situations as real, they are real in their consequences." (Thomas 1928) Die der Philosophie des Konstruktivismus zugrunde liegende Idee ist ja ohnehin, dass die Wirklichkeit nur so ist, wie wir sie konstruieren. Da können wir uns ja den Umweg über die Fakten sparen und gleich die Meinungen heranziehen. Umso mehr, als auch die Auslegung von Fakten eine Frage der Sichtweise ist.

Dass der „Anstieg der Armut"[1] aus der angewachsenen Nahrungsmittelverteilung durch das Rote Kreuz (von über zwei Millionen Fällen im Jahr 2009 auf über 3,6 Mio. Fälle im Jahr 2012 in Europa) abzulesen ist, muss doch hinterfragt werden. Dieser Anstieg könnte ja auch auf die vermehrte Infrastruktur bei der Nahrungsmittelverteilung durch das Rote Kreuz zurückzuführen sein. Das wäre ja auch durchaus positiv. Anstieg von Armut sollte besser aus der Relation Einkommen zu Lebenshaltungskosten abgeleitet werden.

Ein Beispiel ist der Anstieg wahrgenommener psychischer Belastungen am Arbeitsplatz – dieser könnte auch auf die zunehmende Sensibilisierung für das Thema zurückgeführt werden. Gleiches gilt für die psychische Belastung von Schülern und Studierenden. Es ist prinzipiell begrüßenswert, wenn wir den psychischen Belastungen mehr Aufmerksamkeit schenken. Dadurch nehmen wir sie selbstverständlich auch mehr wahr und dadurch steigt die Zahl der statistisch aufgezeichneten Fälle. Dass die absolute Zahl der Fälle in den vergangenen 50 Jahren tatsächlich angestiegen ist, darf und muss allerdings seriöserweise bezweifelt werden.

Noch einmal etwas anderes ist das Phänomen, dass sogar augenscheinliche Ergebnisse von Statistiken abwegige Interpretationen nicht verhindern können.

---

[1] Generalsekretär des Österreichischen Roten Kreuzes im Interview in der Wiener Zeitung im November 2013.

Soll heißen: Die Statistik zeigt etwas anderes als herausgelesen wird. Jeder kann das sehen. Doch nur die Interpretation, nur die (ungestützten, manchmal sogar durch die Untersuchung selbst widerlegten) Schlussfolgerungen werden übernommen und weiter verwendet – und können dann nicht mehr überprüft werden.

In einem Zeitungsartikel (November 2013) mit dem Titel „Mythen über Dicke" stellte ein angesehener österreichischer Ernährungswissenschaftler fest: „*Übergewichtige und vor allem Fettsüchtige werden von . . . Lehrern häufig schlechter beurteilt.*" Weiter hieß es: „*Diese Untersuchungen sind nicht publiziert, aber ich habe mehrfach davon gehört.*" Und die Journalistin hat es vom Herrn Experten gehört. Und eine viertel Million Leser haben es jetzt in einer renommierten österreichischen Tageszeitung gelesen. Und vielleicht erzählen sie es ja auch weiter. So wird aus dem Mythos ein (angebliches) Faktum. So gesehen ist es dann ohnehin klüger, sich nicht auf Fakten zu stützen, sondern gleich auf die Meinung zu hören. Also auf das, was ohnehin gesehen und gehört werden will.

Aber nicht nur die Vermischung und Verwechslung von Mythen und Fakten, von Halbwahrheit und Wahrheit, von Täuschung und Realität verwirrt uns. Auch das Verharren an den ewig gleich Orten (des Denkens) stört uns.

Schön wäre daher, wenn Sie nicht immer wieder Lösungen vom Charakter „mehr desselben" versuchen, sondern kreativ aus den gebräuchlichen Lösungsspielchen aussteigen und das Problem einmal aus der Vogelperspektive oder auch seine Rückseite betrachten und so zu Lösungen zweiter Ordnung kommen. Also beispielsweise nicht versuchen, ...

- . . . (Dys-)Stress wegzubringen, sondern versuchen, aus (bösem) Dysstress (guten) Eustress zu machen.
- . . . die sogenannten Führungskräfte weiterzuentwickeln, sondern versuchen, sich einmal der Entwicklung der Geführten zuzuwenden.
- . . . sich ständig neue Tipps für den ungeliebten und ängstigenden radikalen Change auszudenken, sondern versuchen, sich auf den täglichen Change als normalen Bestandteil des Lebens zu konzentrieren.
- . . . krampfhaft auf die Einhaltung von Werten zu achten, sondern versuchen, auf die Vermeidung von Un-Werten zu achten.

Und bevor wir einleitend enden, noch eine kurze Auswahl aus unserer viel längeren Liste von Absurditäten, die uns bewogen haben, dieses Buch zu schreiben. Es wäre noch anzumerken, dass manche vielleicht gar nicht so absurd sind. Es kommt ja letztlich stets darauf an, aus welchem Winkel man etwas betrachtet:

- *„Ich liebe Kritik und bekomme zu wenig davon."* (Aussage eines sehr bekannten deutschen Unternehmers mit österreichischen Wurzeln.) Dem Mann kann geholfen werden. Er sollte nur an diejenigen denken, die meinen: „Ich liebe Geld und bekomme zu wenig davon."
- *„Wie einfach waren doch die Zeiten, als Manager ‚nur' ihre Shareholder zufriedenzustellen hatten. Heute müssen sie auch noch die Gesellschaft mit guten Taten beeindrucken"* (beispielsweise unter der Überschrift ‚Gewinnmaximierung versus Gutmenschentum').
- *„Alles gut im Familienbetrieb".* Wer glaubt, die Grundlage für diese Behauptung wäre eine betriebswirtschaftliche Statistik, hat weit gefehlt. Ein internationales Beratungsunternehmen und ein europäisches Institut (im Übrigen für Familienbetriebe) hat nur erhoben, dass die europäischen Familienunternehmen trotz wirtschaftlich herausfordernden Zeiten durchwegs optimistisch sind.
- Unter der Überschrift *„Scheitern muss jeder"* berichten Promis (notabene) über ihren tiefen Fall – und wie sie wieder Mut fassten. Nichtpromis wären eine Gruppe gewesen, die diese Sichtweise wohl ordentlich relativiert hätten.
- Bei der EU-Wahl 2014 werden wahrscheinlich die Parteien gewinnen, die gegen die EU sind – und somit vermehrt im Europäischen Parlament vertreten sein.
- Unter der Überschrift *„Berufe, die die Welt braucht"* wird die Tätigkeit einer „Feelgood-Managerin" beschrieben. Ihr Geschäft ist, es gute Laune zu schaffen.
- Das letztjährige Peter-Drucker-Forum war dem Thema gewidmet *„Die Komplexität beherrschen!".*
- *„Glück ist das Ergebnis glücklicher Gedanken"* – so die Erkenntnis eines österreichischen Consulting-Unternehmens. Früher musste man sich die Sache noch „schönreden", heutzutage kann man sie sich – wahrscheinlich auch dank der Neurowissenschaften – schon „schöndenken".
- Mathematik: Mädchen nicht für „Fleiß" „loben" – so ein Tipp von Bildungsexperten im Dezember 2013. Das würde nur das Stereotyp festigen, dass nur manche Mädchen eine Begabung für Mathematik haben könnten.
- *„Neue Belastungen in der Arbeitswelt – ein Grund zu klagen?!"* – die Headline für ein Expertengespräch in einer Zeitschrift für Supervision (Neue Belastungen in der Arbeitswelt, 2013). Und was ist die Grundlage für die Behauptung „neuer Belastungen"? Krankenstände oder andere Statistiken? Nein, falsch gedacht. Eine Befragung – aber auch nicht von Arbeitnehmern oder Unternehmern, sondern eine Befragung der Mitglieder der Deutschen Gesellschaft für Supervision. Und es kommt noch dicker: Das ist schon die zweite Welle der Befragung. Und natürlich haben sich die Dinge bestätigt, die auch schon in der ersten Befragungswelle herausgefunden worden waren.

Anmerkung

Anmerkung 1: Eine Menge von „Retro-Prognosen des ewig Morgigen" hätten wir auch noch. Das sprengt aber diesen Rahmen.

Anmerkung 2: Wissen Sie, dass ein „Hoax" heutzutage die Bezeichnung für eine Falschmeldung ist, die in Büchern und anderen Medien, auch Social Media, verbreitet, von vielen für wahr gehalten und daher an Freunde, Kollegen, Verwandte und andere Personen weitergeleitet wird?

Ganz mainstreamig aber wollen wir Dank sagen.

Ich, Niki Harramach, . . .

* . . . meiner Frau Christine: Du hast außerordentlich viel geschrieben, aber dabei auch korrigiert.
* . . . meiner Hauptpartnerin – wir haben ja viele PartnerInnen in diesem Geschäft – und Nachfolgerin Nina Marvalics: Du hast mir immer wieder Mut gemacht, Kraft und konkrete Inputs gegeben.

Ich, Robert Prazak, . . .

* . . . meiner Familie, die mich mit ihren „absurden" Ideen auf Trab hält und zeigt, dass auch kleine Gruppen stark sein können. Danke Uschi, Philip und Nina.

Und natürlich all jenen, die uns.

. . . 1. mit Klischees, Einseitigkeiten und Absurditäten seit Jahrzehnten versorgt haben und dies sicher auch weiterhin tun werden.

. . . 2. auf unterschiedlichste und letztendlich doch gleichförmige Art und Weise sichergestellt haben, dass es ausreichend Zielpublikum für dieses Buch gibt.

Literatur

Neue Belastungen in der Arbeitswelt. (März 2013). *ÖSV News.*

Thomas, W. I. (1928). The methodology of behavior study. In *The child in America: Behavior problems and programs.* New York: Knopf Alfred A.

Diverse Diversitäten

Diversity Management – was heißt das überhaupt? Was ist das Ziel? Diversitäten sind Unterschiede. Sie zu „managen" kann zum Beispiel heißen, die Unterschiede auszugleichen, also das Ungleiche gleich zu machen. Oder es kann heißen, die Unterschiede besser zu nutzen. Da muss man aber auch die Unterschiede betonen und fördern – sonst hat man ja gar nichts, was man nutzen kann.

Die Leser dieses Buchs sollten sich auf folgende Feinheiten und Unterscheidungen konzentrieren:

1. *Welche* „Diversitäten" (heißt immer Unterschiede „wozwischen") sind für Manager/Unternehmer interessant?
2. *Wo* könnte es Wertschöpfung geben, wenn man diese Diversitäten überbrückt?
3. *Wie* kann man diese Unterschiede wertschöpfend überbrücken?

Soll heißen: Beschäftigen Sie sich mit Diversitäten nur, wenn sie für Sie interessant sind – und dann nur in Erfolg versprechender Art und Weise. Andernfalls sind Sie nur ein braver „Anhänger des Mainstreams".

Hinweis: Dieses Kapitel ähnelt in vielfacher Hinsicht dem Kap. 13. „Kooperative Konflikte", denn auch das Management von Diversitäten ist im Kern „KoKo" – das ewige Wechselspiel von Kooperation und Konflikt.

Die *Hauptfragen*, die sich und denen sich die Leserinnen stellen sollten, bevor sie sich dieses Kapitel geben: Mag ich Unterschiede? Mag ich sie nicht? Welche mag ich? Welche mag ich nicht? Und eine wichtige Zusatzfrage: Wie halte ich es aus, dass *ich* immer der andere bin, dass ich also unterschiedlich bin?

N. Harramach, R. Prazak, *Management, absurd,*
DOI 10.1007/978-3-658-04041-3_1, © Springer Fachmedien Wiesbaden 2014

Und eine weitere Frage: Unter allen diversen Diversitäten, was sind denn die „wichtigsten"? Kommt ganz drauf an, wen man fragt. In Österreich gibt es das Institut „Austrian Standards". Früher hieß diese Organisation „Normungsinstitut". Dieser Titel ist sichtlich nicht mehr so „mainstreamig", bildete aber den Vereinszweck viel prägnanter ab. Es war und ist ein Institut für Normung. Dieses Institut hat auch eine „Ö-NORM S2501 Diversity Management" herausgebracht. Diese Norm ist allerdings eine rein österreichische geblieben. Verständlicherweise, könnte man zynisch hinzufügen. Die „Kerndimensionen" dieser Norm sind:

- Alter
- Behinderung
- Ethnische Zugehörigkeiten
- Geschlecht
- Religion
- Sexuelle Orientierung
- Weltanschauung

Wie aber schauen die *Mainstream-Diversitäten* in der Realität aus – gereiht nach Häufigkeit in der öffentlichen Diskussion:

- EU
- Migration
- Religion
- Generationen
- Frauen

Österreich

- (a-)politische Einstellung
- Frauen
- Ausländer

Was aber sind die für unsere Zielgruppe Manager/Unternehmer „in echt" bedeutenden - und absurderweise ausgeklammerten – Diversitäten:

1. Organisationskultur
2. Beschäftigungsformen
3. Erwerb weiß/schwarz/keiner

4. selbstständig/unselbstständig/Intrapreneurs
5. Qualifikation
6. Einkommen
7. Hierarchie
8. Frauenquote
9. Demografie, insbesondere das „Generationen-Gespenst"

Was aber mit all diesen Diversitäten verdeckt wird: *Verschiedenartigkeit* ist so verschieden, dass man sie gar nicht vernünftig schematisieren kann. Und die am meisten verbreitete (und sozusagen „diverseste") Diversität, die noch dazu alle anderen Diversitäten durchkreuzt, ist die *individuelle Persönlichkeit*. Angeblich gibt es mehr als sieben Milliarden davon auf dieser Welt. Manager und Unternehmer sollten sich daher vor allem auch beschäftigen mit der individuellen Persönlichkeit, weiterhin mit politischer Diversität und „gekoppelter Diversität".

Aber jetzt im Einzelnen:

1.1 Organisationskultur

Am meisten beschäftigt Manager in Organisationen natürlich die Frage ihrer eigenen Organisationskultur, schon wegen der Diversität – bedeutet: Unterschied zu anderen Organisationen, vornehmlich den Mitbewerbern. In der Literatur wird dieses Thema regelmäßig unter „Unternehmenskultur" abgehandelt. Das soll nicht darüber hinwegtäuschen, dass selbstverständlich auch NPOs und NGOs und sogar staatliche Institutionen und politische Parteien ihre spezielle „Kultur" haben. Interessanterweise ist bei diesem Thema eine größtmögliche Diversität das Ziel von Managern/Unternehmern. Bei anderen Themen ist das ja oft genau umgekehrt.

Seit den 1970er-Jahren beschäftigt man sich auch in Europa mit diesem Thema in Theorie und Praxis, gespickt mit *Absurditäten*. Dabei kommt es zu vier Missverständnissen:

a. Missverständnis 1:
Weitverbreitet ist da einmal das Missverständnis, man könne Unternehmenskultur durch *Leitfäden und Leitbilder* effektiv beeinflussen oder gar gestalten. Unternehmenskultur zeichnet sich aber gerade dadurch aus, dass sie gelebt wird. Man braucht sie gar nicht aufzuschreiben; oft kann man das auch nur schwer – und wenn man es tut, ist es häufig kontraproduktiv.

Zitat von Niki Harramach: „Unterscheide Kultur von Makulatur!" Kap. 5

b. Missverständnis 2:

Das beliebteste Stück in der Absurditäten-Sammlung zum Thema Unternehmenskultur ist das berühmte „Eisberg-Modell", welches häufig Ed Schein (Schein 1985)
zugeschrieben wird. Es ist ein schönes und prägnantes Bild, wird aber meist völlig
missverstanden. Heißt im Klartext: Es sollte wirklich so verstanden werden, wie es
in der Natur vorkommt: Nur wenn man über der Oberfläche wirklich etwas sieht,
gibt es einen Eisberg. Bloß unterirdisch schwimmende Eisberge gibt es nicht. In der
Unternehmenskultur ist das Oberflächliche (also das Sichtbare) noch viel aussage-
kräftiger als bei Eisbergen. Heißt wiederum konkret: Was man nicht wahrnehmen
kann, gibt es auch nicht als Unternehmenskultur. Und was man sieht, ist genau
die Unternehmenskultur. Dass hinter wahrnehmbaren Verhaltensweisen immer
irgendwelche grundlegenden Glaubenssätze stehen, ist ohnehin bekannt und banal. Man verhält sich ja in einer bestimmten Art und Weise nur, wenn man glaubt,
dass es so richtig sei. Und auch die Nachfahren von Michael Kohlhaas verhalten
sich so, weil sie glauben, dass es eben so richtiger sei – als das Übliche.

Aber es gibt keinen Eisberg ohne Eisbergspitze, keine Eisbergspitze ohne Eisberg.
Man könnte also sagen: An der Spitze könnt Ihr sie erkennen.

Damit eng verwandt ist ein weiteres gravierendes Missverständnis:

c. Missverständnis 3:

In der Beschäftigung mit Unternehmenskulturen wird oft das „organisationale
Unbewusste" beschworen. Aber das gibt es nicht. Organisationen (seien es Unternehmen, Vereine, Institutionen, Staatengebilde…) haben kein „Bewusstsein".
Dazu fehlen ihnen die organischen Voraussetzungen. Nur einzelne Menschen haben ein Bewusstsein und das Gleiche gilt natürlich für das „Un-Bewusste". Noch
genauer hingeschaut: Menschen verhalten sich in bestimmten Organisationen in
einer bestimmten charakteristischen Art und Weise relativ gleichförmig, weil sie
glauben, dass das hier so üblich sei. Das tun ohnehin nicht alle und niemand kom-
plett. Wenn die Beteiligten sich darüber austauschen würden (was dann schon
eine Form von Diversity Management wäre), kämen sie auf Gleichförmigkeiten,
Verschiedenartigkeiten, gemeinsames Verständnis, auch auf gemeinsames oder
isoliertes Missverständnis.

d. Missverständnis 4:

Pragmatisch unglückselig ist die Absurdität, dass immer diskutiert wird, ob Veränderungen der Unternehmenskultur „top down" oder „bottom up" stattfinden
sollten, und was davon wirksamer sei. Die Antwort: weder noch! In der Praxis zeigt

sich, dass die sogenannte „Nukleus-Strategie" die wirksamste Form und Vorgehens-weise für Veränderung von Organisationskulturen ist. Dabei wird die gewünschte neue Unternehmenskultur in einem (in diesem Sinne) progressiven Nukleus im-plantiert und wie in einem Inkubator ausgebrütet. Wenn diese Keimzelle resistent genug ist, wird die Infektion seuchenartig auf den Rest der Organisation übertra-gen. Diese Strategie braucht natürlich schon Schutz von oben. Der Nukleus muss abgeschirmt, geschützt werden, damit er seine progressiven Gesundheitsträger vor der Infektion anderer Einheiten gut entwickeln kann.

Nukleus-Strategie

Ein Beispiel: In der Fabrik eines Industrieunternehmens wünschen sich die Arbeiter klarere Zielvorgaben. Sie möchten dabei aber etwas mitzureden haben. Auch die Vorarbeiter und Meister ziehen an diesem Strang. So entsteht ganz organisch eine Führungskultur des MbO – Management by Objectives. Der Vorstand des Unternehmens fördert diese Entwicklung erst einmal in dieser Fabrik, auch mithilfe externer Berater. Als das Projekt inklusive der Einführung strukturierter Mitarbeitergespräche reif genug ist, wird es vertikal und horizontal auf die ganze Organisation ausgerollt.

1.2 Beschäftigungsformen

1.2.1 Erwerbstätigkeit

„Weiß, schwarz oder gar nicht?" – so lautet hier die Grundsatzfrage. Was Erwerbs-tätige – egal ob selbstständig oder unselbstständig – schwer beschäftigt, ist die Diversität zwischen ihrer legalen Beschäftigung und dem Pfusch/der Schwarzarbeit oder gar der Arbeitslosigkeit oder der Erwerbslosigkeit, wobei die beiden letzten Begriffe nicht identisch sind. Diversitäten, also Unterschiede und in ihrer schärfsten Form Gegensätze, schaffen Konflikte. In diesem Sinn ist der größte Feind der lega-len Erwerbstätigkeit die Schwarzarbeit. Sie kostet nicht nur „weiße" Jobs, das wäre noch weniger schlimm. Objektiv (das heißt im vorliegenden Fall „unjuristisch") könnten ja auch „die Weißen" sich dafür entscheiden, schwarz zu arbeiten (das tun ja auch etliche). Viel unentrinnbarer wird der Konflikt beim Steueraufkommen. Die „Weißen" müssen schlussendlich das wettmachen, was dem für den Staatshaushalt notwendigen Steueraufkommen durch die „Schwarzen" entgeht.

Konfliktreich ist auch das Verhältnis der Erwerbstätigen zu den Beschäftigungs-losen. Da muss man wieder unterscheiden:

Tab. 1.1 Eine interessante Übersicht haben wir da

| Bezahlte Arbeit Acht Milliarden Stunden | Unbezahlte Arbeit, z. B.: Hausarbeit, Freiwillige Elf Milliarden Stunden |
| Bezahlte Nichtarbeit, z. B.: Pension | Unbezahlte Nichtarbeit, z. B.: Kindheit |

Aus einem Vortrag von Bernd Marin, Wien. (Vortrag von Bernd Marin am 14.9.1999 in Wien).

- Mehr Interessengegensätze gibt es mit den „amtlichen Arbeitslosen", weil sie bringen nicht nur kein Geld, sie kosten welches.
- Anders verhält es sich mit den sogenannten „Erwerbslosen". Darunter fallen nach gängiger Definition auch diejenigen Beschäftigungslosen, die gerne gegen Entgelt tätig werden würden, aber nicht amtlich arbeitslos gemeldet sind. Zum Beispiel *„die Millionärsgattin, die sich emanzipieren will; der joblose Werkstudent oder der Rentner, der einen Hausmeisterposten sucht".* (Krämer 2013) Also diejenigen, die gar nicht amtlich arbeitslos gemeldet sind und daher kein Arbeitslosengeld (oder wie dieses auch immer in den verschiedenen Rechtssystemen heißt) beziehen. Sie kosten nichts, bringen aber auch kein Geld in die Wirtschaft und auch nicht in den Staatshaushalt ein.

Am konfliktärmsten ist das Verhältnis der legal Erwerbstätigen übrigens zu den sogenannten „ehrenamtlich Tätigen". Diese haben zwar Beschäftigung (manche von ihnen sogar sehr viel), bekommen aber dafür kein Entgelt. Mit ihnen verhält es sich (im Verhältnis zu legal Erwerbstätigen) ähnlich wie mit den nicht arbeitslosen Erwerbslosen: Sie kosten nichts und bringen nichts. Allerdings kosten sie vielleicht entgeltliche Erwerbstätigkeit – sind also doch ein bisschen „gefährlicher" als die nicht arbeitslosen Erwerbslosen.

Manager und Unternehmer – die anvisierte Zielgruppe dieses Buchs also – sollten sich (auch) des Managements dieser Diversity der Erwerbsklassen annehmen, denn es betrifft sie (und uns alle täglich). Die Frage ist nämlich, wie viel Erwerbstätige aller Arten in die Finanzierung der Nichtarbeitenden (aber auch der Ehrenamtlichen) investieren wollen. In der Betroffenheit durch diese Frage werden sich wohl alle Erwerbstätigen einig sein, egal, wie sie dann persönlich (politisch, ethisch . . .) zu Antworten auf diese Frage stehen. Auch dass die zu findenden Antworten unser aller Einkommen – und damit unser aller Leben – beeinflussen, kann wohl außer Streit gestellt werden (Tab. 1.1).

Die Umstände haben sich in der Zwischenzeit weiter zulasten des Quadranten links oben verschoben – vor allem durch gestiegene Lebenserwartung (Tab. 1.2).

Tab. 1.2 Einzelne „Zeitalter" des Menschen im Vergleich. (Quelle: Diverse Statistiken. Anmerkung: Für Deutschland sind die Zahlen ganz ähnlich)

Jahr	In Ausbildung	In Erwerb	In Pension
1970	19	44	14
1990	22	36	23
2010	23	33	25

Vergleich der Zeiten in Ausbildung, im Erwerb, in Pension für Österreich.

Die Situation stellt sich heute also noch angespannter dar. Für Manager und Unternehmer ist dies eine große Herausforderung in ihrer Verantwortung für die Sicherstellung von Erwerbseinkommen (*siehe auch unten Punkt 4. „Einkommen"*). Vor diesem Hintergrund wird auch die so viel diskutierte Diversität zwischen Arbeitgebern und Arbeitnehmern absurder und viel deutlicher wäre über die Diversität zwischen Erwerbstätigen und Erwerbslosen zu diskutieren. Womit wir schon beim nächsten Punkt wären.

1.2.2 Selbstständig, unselbstständig oder was?

Eine der größten und dynamischsten Diversitäten in der Erwerbstätigkeit ist der Unterschied/die Gegensätzlichkeit zwischen „selbstständiger" und (welch schreckliche Wortwahl) „unselbstständiger" Erwerbstätigkeit. Absurd ist, wie sehr die öffentliche Wahrnehmung hinter dem Trend herhinkt, ja, ihn sogar konterkariert. Tatsache ist nämlich, dass die unselbstständige Erwerbstätigkeit abnimmt und in diesem Ausmaß die selbstständige Erwerbstätigkeit zunimmt. Zumindest in der Form, dass immer mehr Unselbstständige (daneben) auch selbstständig erwerbstätig sind. Dazu kommt: Die großen Organisationen verlieren Angestellte, die kleinen gewinnen dazu. Noch mehr aber werden die Selbstständigen. Genau genommen: Die **EPUs** (Ein-Personen-Unternehmen) werden mehr und mehr. Oder nochmals anders ausgedrückt: Es gibt mehr und mehr Unternehmer und Unternehmerinnen, viele auch mit einer unselbstständigen Nebenerwerbstätigkeit. Diese Diversität ist unübersehbar und daher – hoffentlich – zu „managen". Doch was bedeutet das?

Wahrscheinlich, wie so oft im Diversity Management, bedeutet es, auf Spreizung zu verzichten. Indem Unterschiede sichtbar gemacht werden, müssen Gemeinsamkeiten noch deutlicher beleuchtet werden. Zwischen Selbstständigen und Unselbstständigen verschwimmen die Grenzen. Was bleibt, ist die Gemeinsamkeit der Erwerbstätigkeit. Die in Österreich so berühmten „Sozialpartner" müssen vor diesem Hintergrund lernen, ihre Suboptimierung zugunsten einer Gesamtoptimierung der Erwerbstätigkeit aufzugeben. Konkret heißt das: Die Sozialpartner sollten ihre Haupt-Diversität nicht **gegen**einander, sondern **mit**einander im Unterschied zu den Erwerbslosen sehen. Das ist klarerweise kein Kampfaufruf, sondern eine „KoKo"-Ansage Kap. 13. Gegensätze können und sollen ja im Sinne eines besseren Gemeinwohls überbrückt werden. Aber dazu muss man sie zuerst glasklar feststellen – und auch, wer auf welcher Seite der – zu errichtenden – Brücke steht. Eine nicht unproblematische Annäherung zwischen selbstständiger und unselbstständiger Erwerbstätigkeit gibt es durch das Konzept des sogenannten **„Intrapreneurship"**, auch „Corporate Entrepreneurship" genannt. Hier geht es darum, wie man innerhalb eines Unternehmens die Angestellten dazu bringen kann, möglichst unternehmerisch zu denken und zu handeln. Die Problematik besteht darin, dass es sich dabei eben um zwei juristisch sehr unterschiedliche Formen der Erwerbstätigkeit handelt. Die in Intrapreneurship-Konzepten immer wieder vorgefundene Aufforderung, die Führungskräfte und Mitarbeiter sollten sich so verhalten, als ob sie selbstständige Unternehmer wären, drückt eine gut gemeinte Hoffnung aus, ist aber juristisch unzulässig und daher de facto den Beteiligten auch nicht zu empfehlen. Selbstständige Unternehmer dürfen beispielsweise ganz anders entscheiden – und machen dies daher in der Regel auch. Ein Unternehmer kann alle seine beruflichen Probleme auch mit seinem Lebenspartner diskutieren, auch, wenn dieser/diese gar nicht im Unternehmen beschäftigt ist. Angestellten Managern ist dies wohl verboten. Selbstständige Unternehmer können intuitiv, „aus dem Bauch heraus" entscheiden. Angestellte Mitarbeiter müssen in den meisten Fällen ihre Entscheidungen rational begründen, wenn sie nicht negative Folgen riskieren wollen. „Defensive Entscheidungen" sind daher eines der größten Hindernisse für Intrapreneurship. Darunter versteht man, dass angestellte Manager entgegen einem andersgearteten, sogenannten „Bauchgefühl" eine Entscheidung treffen, die ihnen intuitiv nicht so zusagt, mit der sie aber „auf der sicheren Seite" sind (Gigerenzer 2013).

▶   Die oft gehörte Intrapreneurship-Aufforderung: *„Verhalte dich jeden Tag so, dass du gefeuert werden kannst!"* ist läppisch, unsinnig und niemandem zu empfehlen.

1.3   Qualifikation

„Die Wirtschaft leidet an einem Fachkräftemangel!" – ein Mainstream der Berichterstattung zu diesem Thema. Allerdings gibt es auch gegenläufige Meinungen, beispielsweise, dass für Österreich dieses Faktum nicht zuträfe und immer nur die

Zustände aus Deutschland meinungsmäßig importiert würden. Wenn man wagt, allfällig Absurdes an dieser Behauptung näher zu beleuchten, stößt man auf zwei Fundquellen:

e. Den einen Fachkräftemangel kann es schon deswegen nicht geben, weil es die eine Fachkraft nicht gibt (ebenso wenig wie die eine Führungskraft – *siehe das Kapitel „10: 1 für die Geführten"*). Berufliche Fächer gibt es viele und daher auch unterschiedlichste Anforderungen an Mitarbeiter, wenn man sie als Fachkraft bezeichnet. Es gibt daher nicht einen Fachkräftemarkt, sondern viele davon. Ebenso unterschiedlich gestaltet sich auch das Verhältnis von Angebot und Nachfrage auf diesen vielen unterschiedlichen Fachkräftemärkten.

f. Und insgesamt gibt es in diesem Europa – und auch im deutschsprachigen Raum – eine ansteigende sogenannte „Arbeitslosenrate". (Anmerkung: Der Begriff ist unter Anführungszeichen gesetzt, weil es unterschiedliche Definitionen davon gibt, ganz zu schweigen davon, dass der Unterschied zwischen „Arbeitslosigkeit" und „Erwerbslosigkeit" ein – nicht nur wirtschaftlich –bedeutender ist.) Jedenfalls verträgt sich grundsätzlich das Phänomen erhöhter Arbeitssuche mit dem Phänomen erhöhter Suche nach qualifizierten Arbeitskräften nicht. Es sei denn, wir stünden vor der Situation, dass die Qualifikation der Menschen immer mehr sinkt. Das Gegenteil ist der Fall: Noch nie waren die Menschen so gut qualifiziert wie jetzt.

Dieses mögliche Phänomen kann durch die offiziellen Statistiken aber nicht erhärtet werden. Die Arbeitslosenquote bei Akademikern gehört zu den höchsten – quer durch alle Länder Europas. Insgesamt sieht es also eher so aus, als würden die von der Wirtschaft nachgefragten Qualifikationen nicht adäquat abgedeckt. Die Kluft zwischen Bildungssystem und Wirtschaft ist also nicht nur im Bereich der sogenannten Soft Skills eine gravierende. Jetzt scheint sich die Differenz auch auf Fachthemen auszuweiten. Diese Form der Diversität, also der Unterschiedlichkeit zwischen Qualifikationsangebot und Qualifikationsnachfrage, scheint eine entscheidende für die in diesem Bereich tätigen Diversity-Manager (Bildungsverantwortliche, HR-Manager, Chefs insgesamt).

Außerdem ist es – in einer globalisierten Welt – die Frage, welche regionalen Arbeitsmärkte mit ihrer Nachfrage und ihrem Angebot gekoppelt werden. Ein (nicht gerade so großer – wie befürchtet oder erhofft –, aber doch hilfreicher) Nachschub an qualifizierten Fachkräften könnte für Europa aus dem östlichen Teil kommen – und durchaus auch aus westlichen Ländern mit hoher Arbeitslosigkeit.

Manager und Unternehmer tun aber ohnehin schon etwas zur Überbrückung dieser Diversität: Sie qualifizieren ihre Fachkräfte selbst. Dass sie damit allerdings unzufrieden sind, steht auf einem anderen Blatt (welches selten aufgeschlagen und gelesen wird in unserer Bildungsdebatte). Heißt im Klartext, dass das Schulsystem seinen Auftrag nicht erfüllt. „Keine Qualität" – könnte man es auch nennen.

1.4 Einkommen

Zu den Diversitäten, die Manager und Unternehmer tatsächlich andauernd beschäftigen, gehören Einkommensunterschiede. Dieses Thema wird für Manager und Unternehmer persönlich und unternehmenspolitisch, aber auch ethisch und sozialpolitisch noch bedeutender werden – wir meinen hier die Einkommensunterschiede zwischen Gut- und Schlechtverdienern (nicht diejenigen zwischen Männern und Frauen). Absurderweise dreht sich die öffentliche Diskussion hauptsächlich um die gravierenden Unterschiede von Einkommen von Topmanagern und „normalen" Arbeitnehmern. In Deutschland verdienen Topmanager in den Dax-Konzernen 53-mal so viel wie ihre Arbeitnehmer. Besonders krass ist dieser Unterschied angeblich bei VW: 170-mal so viel ist es dort[1]. Insgesamt wächst die Kluft zwischen geringem und großem Einkommen in Deutschland wieder[2]. Und in Österreich lagen die Vorstandsgagen 2012 im Medianeinkommen beim 49-Fachen des Arbeitnehmers (Entwicklung der Vorstandsvergütung in den ATX-Unternehmen[3]).

Dennoch haben die Schweizer in ihrer Volksabstimmung vom November 2013 eine Begrenzung der Managergehälter auf das höchstens 12-Fache eines einfachen Arbeiterlohns abgelehnt. Tatsächlich stellt sich die Frage, ob derartige Einkommensunterschiede nicht per se absurd sind. Und natürlich stellt sich die Frage, ob dies einer gesamtstaatlichen politischen Regelung bedarf oder nur eine Frage des liberalen Marktmechanismus ist. Noch absurder aber ist, dass damit folgende Frage ausgeblendet wird: Wie verhält sich das Einkommen der selbstständig Erwerbstätigen zu dem der unselbstständig Erwerbstätigen?

Diese Frage ist deshalb von Bedeutung, weil (*siehe Unterkapitel 2.2. selbstständig, unselbstständig . . . ?*) sich die Erwerbstätigkeit immer mehr von großen zu kleinen Unternehmen und insgesamt mehr von der Unselbstständigkeit zur Selbstständigkeit verschiebt. Die Frage, ob „Industriekapitäne" dem Volkseinkommen ungehörig

---

[1] Gehaltsstudie ZEIT ONLINE, November 2013.

[2] FAZ, 23.1.2014.

[3] Entwicklung der Vorstandsvergütung in den ATX-Unternehmen, Arbeiterkammer Wien 2013.

viel wegfressen, ist sicher auch wirtschaftspolitisch relevant. Dabei handelt es sich aber um eine Gruppe von Erwerbstätigen im einstelligen Promillebereich. Gesellschaftspolitisch, wirtschaftspolitisch und unternehmenspolitisch ist für Manager und Unternehmer viel mehr die Frage der Einkommens-Diversitäten zwischen Unselbstständigen und Selbstständigen relevant. Letztere nehmen (zumindest wenn man Zweit-Erwerbstätigkeiten mit ins Kalkül zieht) im deutschsprachigen Raum schon rund ein Drittel der Erwerbstätigen ein.

Und die bisher spärlichen (absurd genug!) Untersuchungen weisen grosso modo aus, dass selbstständig Erwerbstätige im Durchschnitt dasselbe Stundeneinkommen haben wie unselbstständig Erwerbstätige. Es wäre durchaus logisch und wünschenswert, wenn diese Untersuchungen konkretisiert und detailliert würden. Eine exaktere Vergleichbarkeit der Einkommensverhältnisse wäre herzustellen. Extravergünstigungen wie beispielsweise gesetzliche Schutzbestimmungen wären natürlich einzubeziehen. Und: Managern und Unternehmern – die Zielgruppe dieses Buches – würde dies eine wertvolle Hilfe auch für die Frage der juristischen Gestaltung von Beschäftigungsverhältnissen leisten (zum Beispiel: Dienstvertrag oder Werkvertrag?).

Den Sozialpartnern = Vertretungen der Arbeitgeber und Arbeitnehmer würde es wahrscheinlich gleich mehreres ermöglichen: zum Ersten einen besseren Abgleich der gemeinsamen (und nicht der gegensätzlichen) Interessen – und damit eine bessere Gesamt- statt Suboptimierung ihrer Anliegen. Zudem würde dadurch die gemeinsame Lobby der Erwerbstätigen gestärkt, was wiederum zu einer stärkeren Diversität zu den Nichterwerbstätigen führen würde.

Unter dem Einkommensgesichtspunkt ist hier natürlich auch zu untersuchen, was in hoch entwickelten Sozialstaaten – wie das für den gesamten deutschsprachigen Raum in Europa gilt – die Unterschiede (= Diversitäten) zwischen erwerbslosen und erwerbstätigen Einkommen sind.

Mehr Einkommen bei Arbeitslosigkeit?

Ein Beispiel: Eine österreichische Arbeitnehmerin über 50 Jahre alt verdient im Mittel (Median) monatlich netto € 1.360,-, das aber 14-mal im Jahr. Wenn man das Jahresnettoeinkommen zwölftelt, sind das also € 1.587,-. Arbeitslosengeld würde sie in Höhe von rund € 1.090,- monatlich beziehen. Sie könnte dazuverdienen bis maximal € 395,- monatlich. Angenommen, sie würde für € 390,- sechs Stunden wöchentlich arbeiten (das entspräche einem Stundenlohn von rund € 15,30), so käme sie auf monatlich netto € 1.480,-. Das wären rund € 100,- monatlich weniger, als würde sie Vollzeit arbeiten (in den meisten Fällen 38,5 h wöchentlich). Und wenn sie eine durchschnittliche Schlechtverdienerin wäre, würde sie (wieder das Jahreseinkommen gezwölftelt) netto € 1.018,- verdienen. In diesem Fall stiege sie mit einem Arbeitslosengeld von rund € 780,- und ihrem Zuverdienst von € 390,- mit insgesamt € 1.170,- um etwa € 150,- besser aus als mit Vollzeitbeschäftigung.

Anmerkung: Dieses Buch ist keine arbeitspolitische Fibel. Aber mit solchen Diversitäten müssen auch Manager und Unternehmer nicht nur kalkulieren, sondern realistisch umgehen.

Und noch eine Anmerkung: Das Arbeitslosengeld würde nur maximal ein Jahr ausgezahlt werden.

1.5   Hierarchie

Ein Klassiker des innerbetrieblichen Diversity Managements ist die Überbrückung von Hierarchie-unterschieden. Immer schon als Problem gesehen, selten als Fall des Diversity Managements. Aber diese Sichtweise könnte hilfreich sein – alleine deswegen, weil neue Blickwinkel oft neue Wahrnehmungen ermöglichen. Und so könnte es sein, dass unter dem Gesichtspunkt modernen Managements die Hierarchieunterschiede zwar keineswegs verschwinden, aber doch andere Perspektiven bekommen.

Eine Folge könnte sein, dass sich der neuzeitliche „top down" genannte Ansatz, der in Wahrheit ein originär mittelalterlicher ist, als nicht mehr situationsadäquat darstellt. In Zeiten anbrechender (oder schon angebrochener?) Expertenführung, in Zeiten der Ablöse von Steuerung durch Regelung im kybernetischen Sinn, von systemischer Betrachtungsweise reziproker Kausalität, im Zeitalter der sogenannten „Demokratisierung" von Arbeitsverhältnissen und angesichts des Aufkommens des Web 2.0 liegt der Verdacht nahe, dass Machtbewegungen auch „bottom up" oder „sidewards" oder „nukleus-wards" stattfinden. Nicht nur Feedback kann im 360-Grad-Modus erfolgen, auch Führung.

Aber, um nicht ins zu Futuristische abzugleiten: Jedenfalls liegt ein Potenzial von hierarchischem Diversity Management darin, das Konzept rotierender Führung (samt Overruling-Recht natürlich) zu verdeutlichen und zu praktizieren. Die letzte Verantwortung von der Erstverantwortung zu unterscheiden. Oder die verschiedenen Kompetenzen in Organisationen richtig zu verorten. Anders gesagt: „Macht ist dort, wo etwas gemacht wird." *(Siehe auch „10: 1 für die Geführten" Kap. 2.)*

Geändert haben sich jedenfalls die Arbeitsmodalitäten rascher und durchdringender als die Einstellung zur Hierarchie: Zauberworte wie „Homeoffice", flexibles Arbeiten und mobiles Arbeiten sind nicht zuletzt durch entsprechende technologische Voraussetzungen ein selbstverständlicher Teil der Arbeitswelt geworden. In den Unternehmen/Organisationen selbst konnte diesem Status quo seitens der entsprechenden Formen/Regulatorien nicht immer ganz gefolgt werden. Einige (sogenannte) Führungskräfte verstehen und versehen ihre Funktion noch immer hauptsächlich darin, die Einhaltung der Arbeitszeit ihrer Mitarbeiter zu überprüfen, nicht deren tatsächliche Leistung. Ortsunabhängiges Arbeiten erfordert aber auch deshalb neue Überlegungen zu den Hierarchieebenen, weil psychische Anwesenheit als wichtiges Kriterium wegfällt. Die Leistung als Maßstab zu nehmen ist deutlich schwieriger als die Arbeitszeit – zumindest in Konzernen. Für Selbstständige hingegen gilt das als Grundprinzip: Nur die Leistung zählt, nicht die Arbeitszeit.

Ein Beispiel aus der Mediensparte, in der einer der Autoren (Robert Prazak) werkt: Vielfach wird Anwesenheit, ja das „Absitzen" einer angeblichen Kernarbeitszeit, noch immer als wichtigstes Kriterium für die Beurteilung von Mitarbeitern angesehen. Tägliche „Besprechungen", die doch meist nur der Untermauerung bereits vorherrschender Meinungen der Hierarchiespitze dienen, untermauern die alteingesessenen Arbeitsmethoden. Selbst-ständiges (durchaus mit Betonung auf ständiges) Arbeiten ist aber heute angesichts immer rascherer Abläufe in dieser Branche (Stichwort Online-Medien) wichtiger als bloßes Erfüllen primitiver Ansprüche. Gerade diese Schnelligkeit macht rasches, eigenständiges Reagieren notwendig; langwierige (um nicht zu sagen: langschwierige) Vor-Arbeiten sind nicht mehr möglich. Was nicht heißt, dass Feedback und Analyse nicht wichtig wären – aber nicht ständig im Vorhinein, sondern öfter im Nachhinein.

Genauer und auch einfacher gesagt heißt das: Hierarchie wird es im Zusammenhang mit organisiertem Arbeiten immer geben. Es wird also auch definierte Letztverantwortungen geben. Das bedeutet aber nicht „Erbmonarchie" – und damit, dass immer ein und derselbe führt. Vielmehr ist es doch vernünftiger, dass die jeweilige Expertin im Team führt. Führung wird daher rotieren, weil ja auch die Expertise je nach Situation wechseln wird. In jedem konkreten Arbeitsprozess wird daher immer zu überprüfen und in jedem Fall neu zu definieren sein, wer welche Position einnimmt. Die des Führers, die des internen Beraters, die des einfachen Mitarbeiters – und letztendlich auch die des kritischen Gegenübers.

Siehe dazu auch die Ausführungen über das Modell „Rangdynamik" Kap. 2.

Die Vorteile dieser „flexibilisierten Hierarchie" in den täglichen Arbeitsprozessen liegen auf der Hand. Die Diversität, sprich der Unterschied zwischen Führen und Geführt-Werden wird nicht personifiziert, sondern sachorientiert gelebt. Dadurch, dass sich Hierarchie immer neu darstellt, verliert sie ihre verkrustete Schärfe. Alle führen einmal und werden doch die meiste Zeit wieder geführt. Alle verstehen von allen hierarchischen Positionen etwas. Das Verständnis füreinander und für hierarchische Notwendigkeiten insgesamt steigt. Hierarchie soll ja – heutzutage zumindest – nicht die Konsequenz haben, dass sich Mitglieder desselben Teams einander verfremdet oder sogar miteinander verfeindet gegenüberstehen.

1.6 Frauenquote

Seit vielen Jahren wogt schon der Kampf für und gegen die Frauenquote in Führungspositionen. Das Thema wird mit äußerst kontroversen Standpunkten diskutiert – so auch zwischen den Autoren dieses Buches. Wir haben uns daher entschlossen, diesen Meinungsstreit profunder an anderer Stelle auszutragen und in diesem Buch – bei aller Brisanz und Aktualität des Themas (und gerade deswegen) – auszuklammern.

1.7 Generationen

Was halten Sie von folgenden Zitaten? Lesen Sie diese durch und überlegen Sie dann kurz, ob Sie zustimmen würden.
Zitat 1:

> Die Jugend liebt heutzutage den Luxus. Sie hat schlechte Manieren, verachtet die Autorität, hat keinen Respekt vor den älteren Leuten und schwatzt, wo sie arbeiten sollte. Die jungen Leute stehen nicht mehr auf, wenn Ältere das Zimmer betreten. Sie widersprechen ihren Eltern, schwadronieren in der Gesellschaft, verschlingen bei Tisch die Süßspeisen, legen die Beine übereinander und tyrannisieren ihre Lehrer.

Zitat 2:

> Weder gute Noten noch die Aussicht auf ‚mein Auto, meine Yacht, mein Pferd‘ spornen die Jungen an. Sie wollen wachsen: ‚immer noch ein bisschen besser werden!‘ Was dafür wichtig ist, bekommt Aufmerksamkeit, alles andere wird gnadenlos ausgeblendet.

Zitat 3:

> Die Jungen heute sind flexibler, wollen daher auch flexiblere Arbeitsbedingungen. Wenn es ihnen nicht gefällt, dann gehen sie wieder. Wenn man ihre Ideen nicht hört

und Abläufe nicht demgemäß abändert, dann nehmen sie ihren Rucksack. Wenn man ihnen von oberster Stelle nicht auf Augenhöhe begegnet und kein unausgesprochener Vertrag sinnstiftender Arbeit glaubwürdig besteht, dann sind sie auch weg. Sie wollen alles jetzt: maximale Leistung bringen, schnell maximale Gage und gleichzeitig maximalen Gestaltungsspielraum und genügend Zeit für ihre Interessen – und Letztere sollen Firmen nicht stören, sondern als karriereförderlich gelten. Plus: Ein bisschen Anerkennung reicht nicht, sie wollen Sichtbarkeit – sofort.

Und? Was meinen Sie? Empfinden Sie genauso? Oder fühlen Sie sich betroffen? Zur Aufklärung: Zitat Nummer eins ist von Sokrates. Es ist also gute 2.400 Jahre alt. Die Jugend war wohl schon im alten Griechenland ein Quell ewigen Ärgers. Zitat Nummer zwei stammt aus dem Buch „Wer wir sind und was wir wollen – Ein Digital Native erklärt seine Generation" von dem 18-jährigen Philipp Riederle aus dem Jahr 2013 (Riederle 2013). Zitat Nummer drei ist aus dem Jahr 1971 und stammt von Judson Gooding im Magazin Fortune über „The Accelerated Generation" (Gooding 1971).

Jetzt denken Sie wohl: Und täglich grüßt das Murmeltier! Wieso eigentlich kommt das immer wieder? Oder: Wieso kommt uns das so vor – noch dazu, ohne dass wir das „immer wieder" merken? Dafür gibt es mehrere Gründe. Zum einen: Wir können uns an uns so, wie wir jung waren, nicht mehr erinnern. Zumindest nicht mehr vollständig. Zum anderen: Für die Jungen ist es existenziell, dass sie anders sind als die Alten. Sonst wäre ja gar nichts weitergegangen oder besser gesagt: Sonst würde auch heute nichts weitergehen. Für die Alten ist es existenziell, dass sie anders sind als die Jungen. Wozu wären sie sonst alt (das heißt angeblich ja hauptsächlich: weise) geworden? Der Unterschied muss sein.

Glücklicherweise leben wir in einer Zeit, in der Diversity Management wertgeschätzt wird. Der Unterschied macht uns also froh – so wie jede Heterogenität, oder? Wir wissen: Mehr vom Selben bringt's nicht! Wir nützen daher die Kooperationsmöglichkeiten zwischen den Generationen, die sich ja gerade daraus ergeben, wie unterschiedlich diese sind. Halt!, rufen Sie jetzt: Es wird doch wohl hauptsächlich von „Konflikten" im Zusammenhang mit Generationen gesprochen? Gut, das mag stimmen, zumindest leben einige Experten und Medien nicht schlecht davon, solche Konflikte zu beschwören. Aber gibt es sie überhaupt? Viele seriöse Untersuchungen weisen aus, dass die Generation Y nicht derart verschieden ist, wie immer wieder angenommen und propagiert (oder umgekehrt?). „Wo bitte geht's zum Generationenkonflikt?", heißt eine Untersuchung der Konrad-Adenauer-Stiftung (Pokorny 2013). Diese kommt zu dem Schluss, „dass sich die Altersgruppe der 16- bis 29-Jährigen, die der ‚Generation Golf' nachfolgt, weniger von der allgemeinen Bevölkerung unterscheidet, als häufig angenommen wird. Die Jugendlichen und jungen Erwachsenen unter 30 Jahre bewerten politische und allgemeine Begriffe und Werte sehr ähnlich wie die übrigen Befragten".

Ähnliche Schlussfolgerungen trifft eine Studie namens „The XY Challenge"
(Argo-Studie 2013), in der es heißt: „Auch wenn sich Generation X und Y in ihren persönlichen Eigenschaften unterschieden, so wiesen die zentralen ermittelten
Wertepole in allen Altersklassen in eine ähnliche Richtung (. . .)." Allzu große Angst
vor Konflikten zwischen den Generationen wegen ihrer Unterschiedlichkeiten muss
man anscheinend also nicht haben. Allzu viel Hoffnung auf Kooperationen zwischen den Generationen gerade wegen ihrer Unterschiedlichkeiten anscheinend
aber auch nicht. Kommt noch dazu, dass alle Untersuchungen einen gravierenden
Mangel betreffend die Vergleichbarkeit von Generationen aufweisen: Viel aussage-
kräftiger wäre doch, die Ansichten, Einstellungen und Erwartungen der heutigen
Jungen mit jenen der heute Alten, als diese jung waren, zu vergleichen. Prognose:
Das würde etwaige Unterschiede nochmals deutlich vermindern.

Das dauernde Heraufbeschwören der angeblich so anders gearteten Generation Y ist auch vom Standpunkt seriöser Generationenforschung zweifelhaft. Die
Einteilung in X, Y und jetzt auch schon Z ist äußerst willkürlich. Der übliche Gene-
rationenabstand von etwa 33 Jahren wird dabei nicht eingehalten. Das wäre noch
kein grundlegender Fehler. Es wäre ohnehin nützlicher, die Generationen nach gemeinsamen Erlebnisbrüchen statt nach Fertilitätsabständen zu unterscheiden. Dass
diese jetzt aber in immer kürzeren Zeitabständen eintreten, ist wahrscheinlich eher
psychologisch als soziologisch begründbar. Zum einen dürfte es sich dabei um ein
wahrnehmungspsychologisches Phänomen handeln. Je näher wir an etwas dran
sind, desto schärfer wird unser Blick – auch für Unterschiede. Immer schneller
werden Generationensprünge wahrgenommen. Falls Sie den Überblick verloren
haben (was kein Wunder wäre):

• Lost Generation
• Greatest Generation
• Silent Generation
• Babyboomer Generation
• Generation X
• Generation Y
• Generation Z (Millennials)
• Gen AO

Zum anderen gibt es anscheinend ein Bedürfnis, Generationen immer schneller
voneinander abzugrenzen. Kaum gibt es ein neues iPhone, gibt es auch schon
eine neue Generation. Apropos iPhone: Möglicherweise hängt dieses Denken in
Generationen ja auch mit den Marketing-Tricks der Industrie zusammen. Es gibt
ja ständig eine neue Generation eines Handys, eines Fernsehers oder eines Autos.

Muss es auch geben – wer würde etwas Altes kaufen? Mit der „neuen Generation" drückt man aus, dass etwas neu ist und unverbraucht. Und dann verkauft es sich natürlich gleich besser, denn wer würde nicht gerne einer „neuen Generation" angehören.

Dabei sind es die technischen Erneuerungen in der Kommunikation selbst wohl am wenigsten, die einen grundsätzlichen Unterschied zwischen den Generationen ausmachen. Solche Neuerungen in der Kommunikation hat es in den letzten 100 Jahren ja genug gegeben, und zwar durchaus kontinuierlich. Telegraf, Telefon, Telex, Fax, E-Mail, mobile Telefonie mit SMS, Facebook usw. Und inzwischen sind die angeblichen Generationenunterschiede gerade in technologischer Hinsicht längst als Mär entlarvt. Der 55-jährige IT-Unternehmer geht mit dem Smartphone und dem tragbaren Computer sicherer um als der 24-jährige Theologie-Student, der lieber ein zwölf Jahre altes Nokia-Handy verwendet statt moderner Technik. Die 70-jährige Pensionärin tratscht mit ihren Enkelkindern via Tablet-Computer so selbstverständlich wie mit der Nachbarin am Flur. Das achtjährige Kind spielt ebenso Videospiele wie der 81-jährige Altenheimbewohner – und beiden ist es im Prinzip egal, was die anderen darüber denken.

Besonders dümmlich ist der Hinweis auf die „Digital Natives" – gemeint ist jene Generation, die sozusagen mit moderner Technologie aufgewachsen ist. Als hätten sich 50-Jährige noch über Trommelschläge oder Rauchzeichen verständigt oder würden 70-Jährige kein Auto lenken. Im Gegensatz zu diesen Digital Natives werden von angeblichen Experten die „Digital Immigrants" identifiziert, also jene Leute, die nicht von klein auf mit Internet-Handy, Computer und Social-Media-Plattformen umgehen. Diese nachträgliche „Migration" von der Analog-Welt auf die Digital-Welt soll also den Unterschied ausmachen. Diese Unterscheidung wäre an sich nur ein Fall für irgendwelche obskuren Studien über Generationen, doch leider ist damit ein generelles Missverständnis verbunden, nämlich dass „Digital Natives" etwas anderes brauchen als „Digital Immigrants", wenn es um das Arbeiten geht. Einen modernen Computer hinstellen, Rundmails mit lustigen Bildern und Facebook- Nachrichten sind aber auch für die „Natives" noch lange kein Grund, einen Arbeitgeber attraktiv zu finden.

Und noch etwas ganz was Neues: **Age Management.** Schon beim „Zeitmanagement" durfte man skeptisch sein (wenn man sich trotz aller Gewöhnung an diesen pausenlos getrommelten Begriff noch einen kritischen Geist bewahrt hatte), nämlich dass damit wohl nicht das Management der Zeit als solcher, sondern wohl nur deren Verwendung gemeint sein konnte und kann. Jetzt aber soll „Age ge-managt" werden. Ein Trend von 2014 sei das sogar. Da darf man gespannt sein, wie dieser alte Lebenstraum der Menschheit in Erfüllung gehen wird. Bedeutet das, einfach nur gesund zu leben? Oder ist es nur ein neues Geschäft für die Kosmetikbranche?

Oder im Gegenteil doch ein Lebenselixier? Erste Hinweise machen es spannend: In einem fünfwöchigen Kurs könne man lernen, die Welt mit den Augen von über 50-Jährigen zu sehen. Eine Art psychologisches Google Glass? Der Zweck macht's dann ein wenig profaner: Mit diesem Wissen könnten dann zielgruppengerechte Werbekampagnen kreiert werden. Na ja – wir hätten uns von Age Management offen gesagt mehr erwartet als den tausendsten Marketing-Gag.

Ist also in Wirklichkeit gar nichts dran an den Generationenkonflikten? Sicher nicht so viel, wie man uns immer einreden will. Denn die größte Dimension bei der Betrachtung von Unterschieden ist stets die individuelle Persönlichkeit. Quer durch alle Ethnien, Generationen, Geschlechter, Religionen usw. macht sie die Menschen am verschiedensten voneinander. „Person sticht Generation" könnte man in der Sprache der Kartenspieler sagen. Oder wie es eine HR-Managerin ausdrückte: „Wenn eine Führungskraft ein Problem, das sie hat, auf einen Generationenkonflikt zurückführt, hat sie meist nur ein Problem, mit der Person umzugehen."

Daher weiter zur am meisten verbreiteten Diversität:

1.8   Die individuelle Persönlichkeit

Immer wieder ist hier zu lesen, dass die individuelle Persönlichkeit die diverseste Diversität – und die gewichtigste – ist, weil sie jene ist, die

- alle anderen Diversitäten durchkreuzt,
- wir immer und überall mit uns herumtragen und der wir auch immer und überall begegnen,
- es mehr als sieben Milliarden Mal gibt auf dieser unserer Welt – Tendenz weiter steigend.

Dieses Buch hat nicht nur den Anspruch, Absurdes aufzuzeigen und Kehrseiten von Medaillen zu beleuchten. Wir bemühen uns auch, auf Möglichkeiten hinzuweisen, mit dem anderen, dem Ungewohnten besser umzugehen. Daher hier auch ein paar Tipps zum **Management von Persönlichkeits-Diversität**. In einer ersten Annäherung an Persönlichkeits-Diversität ist daher anzuraten, auf gängige Methoden der Feststellung unterschiedlicher Persönlichkeitsmerkmale und verschiedener Persönlichkeitsstrukturen zurückzugreifen. Die Psychologie bietet eine Fülle von Modellen, Methoden und Instrumenten dafür an. Die dabei genannten Methoden und Modelle sind allesamt nicht von uns erfunden. Anregend soll es sein, sie im Kontext von Diversity Management zu sehen und zu verwirklichen. Und darauf

Abb. 1.1 Flirt der Diversitäten

zu achten, dass andere Diversity-Zugänge oftmals nur (vielleicht als solche noch gar nicht wahrgenommene) Ausflüchte davor sind, sich dem Management dieser primären Diversity zu stellen (Abb. 1.1).

Ganz praktisch gesehen heißt das: Bei einem sogenannten Generationenkonflikt sollte zuerst einmal geprüft werden, ob es wirklich hauptsächlich am Unterschied zwischen den Generationen liegt. Falls ja, dann sollte er selbstverständlich auch als solcher behandelt werden. Aber wir tippen mal, dass das deutlich weniger oft der Fall ist, als vermutet wird. Vielleicht handelt es sich ja beispielsweise um einen Konflikt zwischen Weltanschauungen, die gar nicht spezifisch an eine bestimmte Generation gebunden sind. Oder der Konflikt ist schlicht und einfach auf die unterschiedlichen Persönlichkeitsstrukturen der Beteiligten zurückzuführen – wobei eine Lösung dann gar nicht einfach ist.

Nehmen wir folgendes Beispiel an: Wenn ein Mensch, der anderen gerne nahe kommt, auf eine distanzierte Person trifft, kann bessere Beziehung und damit mehr Verständnis schon einfach dadurch hergestellt werden, dass zum Beispiel die Sprache von Begriffen wie „Atmosphäre" oder „Freundschaft" mehr auf Vokabeln wie „Was ist Sache?" oder „Tagesordnung" umgestellt wird. Oder ein anderes Beispiel: Was für einen ordnungsliebenden Menschen wie ein ziemliches Durcheinander aussieht, kann für einen Chaoten schon überreguliert wirken. Ein und derselbe Sachverhalt kann bloß durch unterschiedliche ganz persönliche Wahrnehmungsmuster schon zum Konflikt per se werden.

Mit einem Verweis auf grundsätzliche Unterschiede zwischen den Generationen könnten beide Fälle nicht gelöst, sondern ganz im Gegenteil nur in die Irre geführt werden. Ohnehin klar, meinen Sie? Aber denken Sie nur daran, wie oft angebliche Generationenkonflikte als Ausrede herhalten müssen. Da heißt es beispielsweise:

Abb. 1.2 „Konflikt-Rad".
(Quelle: Niki Harramach,
Seminarunterlage)

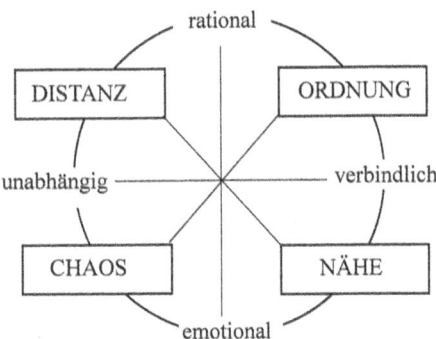

„Die Alten glauben immer, man könne alle Probleme erledigen, wenn man es nur sachlich richtig macht. Von Beziehungsmanagement haben die keine Ahnung." Oder umgekehrt: „Dieser Junge! Nichts Verbindliches! An keine Regeln halten diese Jungen sich!"

Also heißt die Empfehlung: Zuerst prüfen, mit welcher Diversität wir es tatsächlich zu tun haben. Und im Zweifel spricht einiges mehr dafür, dass die Verschiedenheit in der unterschiedlichen Persönlichkeitsstruktur begründet ist. Glücklicherweise stellen uns Test-Psychologie und Psychotherapie eine Reihe von Modellen und Instrumenten zur Verfügung, um individuelle Persönlichkeiten – und damit auch deren Unterschiede – zu diagnostizieren.

Einige Instrumente zur Diagnose von Persönlichkeitsstrukturen
a. Der **Konflikt-Drachen-Test:** Der Test beruht auf dem Modell von Fritz Riemann (Riemann 2013). Die sich daraus ergebenden Persönlichkeitsprägnanzen können den vier Grundmöglichkeiten „Distanz" entgegenliegend „Nähe" oder „Ordnung" entgegenliegend „Chaos" oder Mischformen daraus („rational – emotional" oder „unabhängig – verbindlich") zugeordnet werden (Abb. 1.2).
Daraus ergeben sich stringente Handlungsempfehlungen.
b. **Motivationstest nach Herzberg:** Diese Methode beruht auf dem – weltweit wohl am meisten eingesetzten – Motivationstest nach Frederick Herzberg und umfasst international genormt zwölf Motivationsfaktoren, wie zum Beispiel Anerkennung, Information, Geld, Image des Arbeitsplatzes, Sicherheit des Arbeitsplatzes. Daraus kann die individuelle Selbstmotivationsstruktur abgeleitet werden. Für den Fall, dass sich die Erhebung auf eine konkrete Arbeitssituation bezieht, kann die Priorisierung der Motivationsfaktoren nach Wichtigkeit noch mit ihrem Erfüllungsgrad am Arbeitsplatz gekoppelt werden und daraus ein konkretes, maßgeschneidertes Profil für nötige Motivationsmaßnahmen erstellt werden.

c. **Führungsstil-Test nach Blake/Mouton:** Diese Methode basiert auf dem sogenannten GRID-Test nach Robert R. Blake und Jane Mouton. Sie erlaubt eine gewichtete Einordnung in die Führungsstile:
- Laisser-faire,
- aufgabenbezogen,
- mitarbeiterbezogen,
- ausgeglichen,
- integrativ.

Durch die Verknüpfung mit bestimmten konkreten Situationen können in der Erweiterung dieser Methode nach William J. Reddin („3-D-Modell") kontextabhängig Erfolg versprechende Führungsstile entwickelt und im Verhältnis zwischen Führenden und Geführten praktiziert werden.

Anmerkung: Gemäß den Ausführungen oben im Punkt 5. „Hierarchie" und insbesondere im folgenden Kapitel „10: 1 für die Geführten!" Kap. 2 muss klar sein, dass es hier nicht nur um eine Analyse der Stile von sogenannten Führungskräften geht, sondern auch um die persönlichkeitsbezogene Art und Weise, wie sich Personen führen lassen. Im folgenden Kapitel wird ja ausgeführt, dass man zwischen „Führern" und „Geführten" ohnehin nie personenbezogen, sondern nur situationsbezogen unterscheiden kann.

d. **Schemafragebogen nach Young:** Dieses Modell kommt aus der Schematherapie nach Jeffrey E. Young, die als Methode der Verhaltenstherapie zugeordnet wird. Young geht davon aus, dass jeder Mensch bestimmte Schemata hat, die handlungsleitend sind. Diese Schemata sind entsprechend den dahinter liegenden Grundbedürfnissen folgenden Domänen zuzuordnen:

• Abgetrenntheit und Ablehnung → Grundbedürfnis Bindung
• Beeinträchtigung von Autonomie und Leistung → Grundbedürfnis Kontrolle nach außen
• Beeinträchtigung im Umgang mit Begrenzungen → Grundbedürfnis Kontrolle nach innen
• Fremdbezogenheit → Grundbedürfnis Selbstwerterhöhung
• Übertriebene Wachsamkeit und Gehemmtheit → Grundbedürfnis Lust-/Unlustvermeidung

Durch Bearbeitung der Schemata kann Verhalten nachhaltig verändert werden.

Im Zusammenhang mit Diversity Management können durch Gegenüberstellung der Schemata aller Betroffenen „Verhaltensbrücken" zwischen den dementsprechend unterschiedlichen Persönlichkeiten gefunden werden.

Ein Beispiel für Schemakollision: Eine Person mit überhöhten „Standards" (= Ansprüchen an sich selbst und andere) kann mit einer anderen Person, die dieses Schema nicht in gleich hoher Ausprägung hat, aushandeln, was ein „Kompromissstandard" für beide ist.

1.9 Politische Diversität

Eine Diversität, die uns in Europa sehr beschäftigt (aber selten unter dem Begriff „Diversität" abgehandelt wird), ist die immer bunter werdende Landschaft an politischen Parteien. Insbesondere im traditionalistisch geprägten Österreich tut man sich damit schwer. Aber auch in Deutschland ist man nur mehr eine Merkel davon entfernt. Alle politischen Manager haben (zum Teil mit gefühlter großer Ohnmacht) erkannt, dass hier eine Herausforderung auf sie zukommt – und auch Wirtschaftsmanager und Unternehmer bleiben ja von dieser Phänomenologie nicht unberührt.

Dieses Kapitel ist im Besonderen politischen Managern und Unternehmern gewidmet und soll vor allem ihnen zeigen, wie absurd sie sich verhalten – natürlich nicht alle, sondern nur einige, und natürlich nicht immer, aber doch immer wieder. Während es in der Wirtschaft gang und gäbe ist, je nach „Spielsituation" zu konkurrieren oder zu kooperieren (*siehe Kapitel „Kooperative Konflikte"*), ist die Politik da in den meisten Ländern Europas (Italien sicher ausgenommen) eher unflexibel – „rigide" würde man das sprachlich positiv formulieren müssen.

Was bedeutet das?

In der Spieltheorie unterscheidet man zwischen „Null-Summen-Spielen" und „Nicht-Null-Summen-Spielen". Erstere liegen vor, wenn Spieler nur gewinnen können, wenn andere Spieler verlieren. Die insgesamt ausgespielte Summe ist nämlich konstant. Beispiel: Marktanteile. Bei „Nicht-Null-Summen-Spielen" können alle Spieler auch gemeinsam gewinnen oder verlieren. Die ausgespielte Summe ist insgesamt vergrößerbar oder verkleinerbar. Beispiel: Marktvolumina. Je nachdem werden die Spielteilnehmer – in unserem Beispiel Marktteilnehmer – entweder konkurrieren oder miteinander kooperieren.

Näheres siehe Kap. 13 und dort unter „Spieltheorie".

Da die meisten realen Situationen beide Möglichkeiten bzw. eine Mischung daraus bieten, hat sich im Wirtschaftsmanagement der Begriff „**Coopetition**" eingebürgert. Im politischen Bereich ist das noch nicht wirklich angekommen. Nur in labilen Notsituationen erlebt man solche koopetiven Muster. In der Wirtschaft heißt Coopetition in der Realität, dass man „hinter dem Vorhang" kooperiert und vor dem Vorhang im Wettbewerb steht.

Ein Beispiel aus der Wirtschaft: In fast jeder gängigen Automarke stecken auch Bestandteile anderer Automobilhersteller. Im politischen Management könnte das in abgewandelter Form ebenfalls angewendet werden. Und viele junge Parlamentsabgeordnete meinen ja auch: *„Wir müssen die Parteischeuklappen endlich ablegen."* Gemeinsame Anträge, fraktionsübergreifende Zusammenarbeit, Freigabe parlamentarischer Abstimmungen in einem „parteifreien Raum" – so heißen die Lösungen und Vorhaben der jungen Politmanager.

Coopetition in der Parteipolitik?

In Österreich gibt es die neue Partei der „Neos", die seit Herbst 2013 auch im Parlament vertreten sind. Der Chef dieses „Polit-Projekts", wie es seine Partei gerne nennt, Matthias Strolz – vorher Unternehmensberater und Trainer –, nennt die neue politische Bewegung auch „Teilhabe" (Sharing) und meint: „Die Menschen weigern sich weiter machtlos zu sein. Es ist eine Armee der Davids, die hier marschiert. Es geht um Einbindung. Der Papst hat das verstanden, seine Gesten sind Gesten der Einbindung, dass er einer von uns ist. Aber schon klar, die Neos sind ein ganz kleiner Teil in dieser Welle. Arabischer Frühling, Facebook, Wikipedia – das sind große Gesichter."[4]

Anmerkung: Das soll beileibe keine politische Werbung sein. Wir wollen nur aufzeigen, dass auch im politischen Bereich **andere** Strategien gefahren werden können als die üblichen.

Coopetition für Politmanager
Politmanager/Politunternehmer könnten lernen,

e. gute Ideen von Mitbewerbern zu übernehmen (und falls glaubhaft, als eigene zu verkaufen);

f. unter (von 1. abweichenden) Umständen sogar mit Mitbewerbern zu kooperieren, allenfalls sogar „vor dem Vorhang";

g. jedenfalls Mitbewerbern nicht „ans Bein zu pinkeln" (in der Wirtschaft schon längst äußerst verpönt) – das schadet langfristig mehr, als es kurzfristig zu nützen scheint;

h. wechselnde Kooperationen einzugehen. Das würde auch innerhalb einer Legislaturperiode ein Mischsystem ermöglichen. Man könnte eine stabile Mehrheit durch eine Grundsatz-Koalition zusammenbringen. Man könnte aber daneben auch die Mehrheit während der Legislaturperiode (bis hin zu einem möglichen Konsens sogar) erweitern. Das ist natürlich auch derzeit möglich und wird auch gemacht. Es könnte aber – unter dem Schutzschild der Grundsatz-Koalition flexibler gestaltet werden. Der „Opposition" (die dann oft gar keine wäre) müsste es aber leichter gemacht werden. Ermöglicht werden, dass Oppositions-Parteien für eine bestimmte Zeit offizielle Funktionen, durchaus auch in der Regierung, übernehmen können, sie dadurch ihren positiven Beitrag (im Gegensatz zu negativen Äußerungen) besser darstellen können, aber ihre grundsätzlich kontroverse Position nicht verlieren, also dass sie nicht „geschluckt" werden. Kurz gesagt: Weg vom Schwarz-Weiß-Denken, das zu jedem politischen (und wirtschaftspolitischen) Thema nur ein „Ja" oder ein „Nein" ermöglicht.

Alles in allem könnte das „Stakeholder-Modell", welches in der Wirtschaft ein unbestrittener Bestimmungsfaktor des Handelns ist, auch in die Politik übernommen werden.

---

[4] Matthias Strolz in der Tageszeitung Kurier, 27.12.2013.

Dies könnte auch der sogenannten Politikverdrossenheit entgegenwirken – und
damit dem ständigen Anwachsen der Gruppe der Nichtwähler. Dieses Phänomen
hat aber auch sein Absurdes (wie schön für dieses Buch): Als 2011 das EU-Jahr
der Freiwilligentätigkeit gefeiert wurde, ist gar nicht publiziert worden, dass in
Österreich die Gruppe der politisch Tätigen die viertgrößte der ehrenamtlich und
freiwillig Tätigen ist. Mehr als eine viertel Million Österreicherinnen und Österreicher sind ehrenamtlich und freiwillig in der Politik tätig. Das sind fast fünf Prozent
der dafür infrage kommenden Bevölkerung. Von starker „Verdrossenheit" kann da
nicht die Rede sein. Bezeichnend ist, dass zwar viel von freiwilligen Helfern bei den
Feuerwehren und beim Roten Kreuz die Rede war, gar nicht aber von dieser ehrenamtlichen politischen Tätigkeit. Bezeichnend möglicherweise für das schlechte
Image politischer Tätigkeit. Da aber tut sich ein Teufelskreis auf.

   Aber: Jeder Teufelskreis hat die Chance, zu einem „Engelskreis" zu konvertieren.

Dies ist keine Fibel für Politmanager. Aber dem Kernziel dieses Buches entsprechend darf auch darauf hingewiesen werden, wie absurd rigid sich Politmanager
– im Gegensatz zu ihren Kollegen aus der Wirtschaft – verhalten. Und mit der
bekannten Begründung, dass es in der Parteipolitik immer wieder um kurzlebige
Erfolge aufgrund von Wahlen ginge, kann nicht zur Gänze erklärt werden, warum
parteipolitische Diversität nicht besser gemanagt wird. Die Leistung von Managern
und Unternehmern in der Wirtschaft wird in vielen Branchen in noch kürzeren
Zeitabständen evaluiert. Dennoch sind auch in diesen Berufen langfristige Strategien zu verfolgen. Die Unterscheidung in Nah- und Fernziele ist daher in der
Wirtschaft Stand der Technik. Politmanager scheinen so sehr auf ihre mittelfristi-
gen Ziele fixiert, dass man überlegen könnte, sie kurzfristiger zur Verantwortung
zu ziehen. Vielleicht würde das paradoxerweise mehr Weitblick ermöglichen?

1.10 Gekoppelte Diversität

Was in der Realität am häufigsten daherkommt, nennen wir „gekoppelte Di-
versität". Klingt kompliziert, ist es aber gar nicht allzu sehr. Der Hintergrund:
Verschiedene Dimensionen der Diversität treten zumeist in Mischformen auf.
   Dazu drei konstruierte Beispiele:

1. Ein älterer Mann mit einem Hang zum Zwanghaften trifft auf eine junge Frau,
   die sich durch affektiertes, egozentrisches Verhalten auszeichnet.
2. Auf einer Konferenz von HR-Managern treffen eine US-Lady und ein Muslim
   aufeinander.

3. Eine deutsche Controllerin reiferen Alters und ein junger österreichischer Start-up-Unternehmer (bosnischer Migrationshintergrund) unterhalten sich über Geschäftspläne.

In allen Fällen wird es empfehlenswert sein, die aufeinander treffenden „Diversitäts-Mischungen" in ihren komplexeren interdependenten Wechselwirkungen aufeinander zu analysieren und dementsprechend zu optimieren.

Lösung zu Beispiel 3: Aufseiten der deutschen Controllerin stellen wir einen Hang zu Ordnung und Sicherheit fest, von der Motivationsstruktur her eher Misserfolgs-Vermeidung. Der junge Österreicher hat einen ausgeprägten Hang zur Kreativität, ist sehr risikofreudig, euphorisch erfolgsorientiert und nimmt es mit Regeln und Normen nicht so genau. Fazit: Konflikte sind vorprogrammiert – damit aber auch deren mögliche Lösungen: Ein Kompromiss zwischen Ordnung und Kreativität wird auch im Umgang mit Geschäftsplänen hilfreich sein. Kommt noch erschwerend hinzu: Nichts trennt sie so sehr wie die gemeinsame Sprache . . . Aber das ist wohl das geringste Problem.

Und außerdem: Was wäre das (Geschäfts-)Leben ohne Konflikte?

▷ Überlegen Sie, geschätzte Leserin, geschätzter Leser, sich doch, welche „diversen" (in beiderlei Bedeutung des Wortes) Mischtypen Ihnen noch einfallen. Neun verschiedene Dimensionen haben wir Ihnen in diesem Kapitel angeboten. Von Unternehmenskultur bis zur Politik. Selbstverständlich können Sie auch andere Diversitäten wie Nationalität, Religion, Beruf . . . dazu mischen. So, wie wir es ja in den drei Beispielen oben auch gemacht haben. Und dann überlegen Sie im nächsten Schritt, wie Sie diese Mischungen vernünftigerweise entkoppeln werden. Und vor allem, wie Sie die verschiedenen zusammentreffenden Diversitäten in ihrer Behandlung priorisieren.
Und wenn Sie Unterstützung brauchen: Kontaktieren Sie uns.

Literatur

Arbeiterkammer Wien (Hrsg.). (2013). *Entwicklung der Vorstandsvergütung in den ATX-Unternehmen*. Wien.
Argo-Studie. (2013). *The XY challenge*. Wien.
Gigerenzer, G. (2013). *Risiko*. München: Bertelsmann.
Gooding, J. (1971). The accelerated generation. *Fortune*, March 101–104.
Krämer, W. (2013). *So lügt man mit Statistik 4*. München: Piper.

Pokorny, S. (2013). *Wo bitte geht's zum Generationenkonflikt?* Berlin: Konrad-Adenauer-Stiftung e. V.
Riederle, P. (2013). *Wer wir sind und was wir wollen.* München: Knaur.
Riemann, F. (2013). *Grundformen der Angst.* München: Reinhardt Ernst.
Schein, H (1985). Organizational Culture and Leadership. San Francisco: Jossey-Bass.

10 : 1 für die Geführten

Wer entscheidet über das Wohlergehen eines Unternehmens? Wer führt ein Unternehmen entweder ganz nach oben oder ganz nach unten? Wer ist den Mitarbeitern leuchtendes Vorbild oder – vielleicht sogar häufiger – abschreckendes Beispiel? Wer hält die Zügel fest in der Hand, wer lässt sie schleifen? Wer hat es geschafft, aus der anonymen Masse herauszutreten?

Richtig erkannt: die Führungskraft.

Seitdem es Seminare zu den sogenannten „Soft Skills" gibt, ist „Führung" ein Spitzenthema. Gute, bessere und beste Führungsstile werden da gelehrt und trainiert. Woche für Woche beschäftigen sich nicht nur die Karriere-Beilagen der Tageszeitungen mit dem Thema **„Was ist eine gute Führungskraft?"**. Oder noch öfter **„Wer ist eine gute Führungskraft?"** Diese andauernde, tagtägliche Beschäftigung mit dem Phänomen einer idealen Führungskraft ist in seiner gleichwohl penetranten wie monotonen Reproduktion in zumindest dreifacher Hinsicht kontraproduktiv. Wir würden gerne für jeden Artikel, der sich alleine im deutschsprachigen Raum mit gleichermaßen schön formulierten wie sinnlosen Fragen rund um das Thema Führung dreht, einen Euro bekommen. Solche Fragen lauten zum Beispiel: „Ist man zur Führungskraft geboren?" oder „Können Sie Chef?".

Bevor wir uns nun damit beschäftigen, den Begriff der Führungskraft mit Inbrunst zu zertrümmern, eine Warnung: Ab jetzt geht es darum, beim Thema Führung endlich die alleinige Konzentration auf die sogenannten Führungskräfte zu verlassen und sich vielmehr den „Geführten" zuzuwenden. Diesen sollte die volle Aufmerksamkeit gewidmet werden. Bei diesen sollte nämlich mit Entwicklungsmaßnahmen, insbesondere Training und Coaching, angesetzt werden.

Warnhinweis

Wenn Sie sich dem traditionellen Bild der Führungskraft verpflichtet fühlen: Dieses Kapitel ist speziell für Sie! Die allgemein praktizierte Einstellung zur Führung ist nämlich in dreifacher Hinsicht kontraproduktiv.

N. Harramach, R. Prazak, *Management, absurd*,
DOI 10.1007/978-3-658-04041-3_2, © Springer Fachmedien Wiesbaden 2014

Beginnen wir mit der **Kontraproduktivität Nummer eins**: *„Mehr desselben!"*, hätte der vor einigen Jahren verstorbene Kommunikationswissenschaftler Paul Watzlawick wohl warnend ausgerufen angesichts tausender Bücher über gute Führung sowie abertausender Seminare, Workshops und Trainings zu diesem Thema. Hunderte Führungsstil-Tests wurden und werden rund um den Globus verbreitet und angewendet. Millionen an hilfesuchenden Führenden haben sich dermaßen beraten und belehren lassen. Gemäß dem Motto, dass sich die Qualität einer Methode zweifellos an ihren Ergebnissen zeigt, würde Watzlawick vielleicht noch hinzufügen: „Da ist schon die Lösung das Problem!" Tatsächlich muss man die jahrzehntelangen Bemühungen auf diesem Gebiet mit „mehr desselben" bezeichnen: Zu wenig variieren die Versuche, zu sehr bleiben alle Änderungsversuche solche „erster Ordnung". Und erzeugen damit einen tückischen Teufelskreis: Noch immer ist es nicht gelungen, die eine optimale Führungskraft zu erschaffen. Und das, obwohl sich Tag für Tag, Stunde für Stunde Führende und potenzielle Führungskräfte durch Seminare und Trainings quälen, gut gemeinte und schlecht geschriebene Artikel zum Thema durchackern oder sich auf sonstige Weise ihr Ego verrenken lassen. Zwangsläufig muss man die Anstrengungen immer weiter intensivieren, noch stärker sind Expertinnen für Training und Coaching von Führungskräften gefragt, denn die angeblichen Superkräfte eines Unternehmens sind gerade jetzt unverzichtbar. Selbstverständlich werden die Methoden und Ansätze modernisiert, neue Technologien werden beispielsweise durch „virtuelles Coaching" eingebunden. „Microlearning" – also kleinste Lernhäppchen, sogenannte „Learning Nuggets" – werden eingesetzt. Und wenn auch das nichts fruchtet, wird man nicht etwa zu der Erkenntnis gelangen, dass das alles an der Grenze der Sinnlosigkeit ist. Nein, man wird nur noch mehr davon überzeugt sein, wie wichtig es ist, sich mit der Optimierung der Führungskräfte zu beschäftigen. Also munter weiter drauflos!

Solche „Mehr-desselben"-Versuche in puncto Führung erinnern an den Witz vom Betrunkenen, der verzweifelt seine Schlüssel im Schein einer Straßenlaterne sucht. Ein Passant versucht ihm zu helfen, fragt aber nach einiger Zeit, weshalb er nur hier suche und ob er sicher sei, das Gesuchte hier verloren zu haben. Antwort des Betrunkenen: Nein, aber nur hier ist Licht. So geht es den Führungskräften und ihren Trainern, Coaches, Beratern und sonstigen Hilfskräften: Die verzweifelte Suche nach der idealen Führungsmethode verstellt mehr und mehr den Blick auf Alternativen und Lösungsmöglichkeiten. Gesucht wird aber weiterhin nur dort, wo ohnehin schon hingeleuchtet wird. Und das ist leider kein Witz.

Nun zur **Kontraproduktivität Nummer zwei**: Wer ein Führungsseminar besucht, ist eindeutig und unzweifelhaft ein „Führender", daher ist die Teilnahme an einer solchen Fortbildungsmaßnahme stets auch ein Signal nach außen (und an sich selbst): „Seht her, ich bin ein Führender! Ich führe andere!" Nicht zuletzt dient dieses Signal der Festigung der eigenen Position, unter anderem in finanzieller Hinsicht. In der beruflichen Tätigkeit – und dieses Feld ist ja das Kerngebiet der Managementlehre in Sachen „Führung" – steht es statistisch allerdings in der Realität 10 : 1 für die Geführten. „Geführte Kräfte" könnte man sie in Gegenüberstellung zu den „Führungskräften" nennen. Soll heißen: Es gibt in der unternehmerischen und beruflichen Praxis immer deutlich mehr Geführte als Führende. Die Seminare aber richten sich ausschließlich an die Führenden. Weshalb eigentlich?

Abgesehen davon, dass in erfolgreichen Gruppen die Person des Führenden immer wieder wechselt (siehe weiter unten zur „Rangdynamik"), ist die Situation des Führens und Geführt-Werdens eine untrennbar interdependente, Führende und Geführte hängen also voneinander ab (wenn sie auch nicht zwangsläufig aneinander hängen, aber das ist eine andere Thematik). Das bedeutet: Wie man führt, ist maßgeblich dadurch beeinflusst, wie die Geführten sich führen lassen. Es gibt keinen Führenden ohne Geführte. Es gibt auch keine Geführten ohne Führung. Diese beiden Verhaltensweisen (Führen und Sich-Führen-Lassen) bedingen einander nicht nur existenziell, sondern auch im Detail.

10 : 1 steht es ja nicht nur quantitativ. Wenn sich die Geführten auf eine bestimmte Art und Weise nicht führen lassen, dann hat „der Kaiser das Recht verloren", wie es so schön heißt. Da das Ziel von Führung ist, die Geführten in einer bestimmten Art und Weise zu bewegen, hängt es letztendlich von deren Neigungen, aber auch deren Eignungen ab, sich in einer bestimmten Art und Weise tatsächlich zu bewegen. Größere Macht ist also in aller Regel aufseiten der Geführten. Und das hat gar nichts mit einem etwaigen unpassenden Demokratieverständnis in der Wirtschaft zu tun. Es ist einfach eine Tatsache, da können uns die Fachartikel und Trainer (siehe oben) noch so oft das Gegenteil einbläuen wollen. Um also Führung im Sinne einer gezielten Verhaltensbeeinflussung erfolgreich zu machen, ist es viel wichtiger, Motivation einerseits sowie Fertigkeiten und Fähigkeiten andererseits bei denen, die sich führen lassen (oder eben auch nicht), herzustellen, sodass die beabsichtigte Verhaltensbeeinflussung wirksam werden kann. Motivatorisch heißt das, sich auf die (tatsächlich vorhandenen und individuell verschiedenen) Motivationsfaktoren der Geführten zu konzentrieren und nicht darauf, wie die Führungskräfte motivieren können und wollen.

Daher sollte und müsste es eigentlich mehr Seminare für „Geführte Kräfte" geben. Weil diese auch die Mehrheit sind: Wir alle sind nämlich viel öfter „Geführte Kräfte" als „Führungskräfte". Auch der CEO hat seinen Aufsichtsrat, hoffentlich auch eine/n Lebenspartner/in, möglicherweise Kinder und vielleicht einen Coach – um nur ein paar seiner möglichen „Führungskräfte" zu nennen. Und der selbstständige Unternehmer hat seine Kunden. Und der Meteorologe die Wetterlage. Wer führt da also wen? Die Positionen ändern sich laufend. Eine Konzentration auf die eine Position als Führungskraft scheint unsinnig, ja widersprüchlich zur Praxis. Am deutlichsten sieht man das in den Teamtrainings zum Thema „Führung". Da ist es doch allemal gescheiter, alle Mitglieder des Teams gleichzeitig ins Training zu nehmen – gleichgültig, ob sie jetzt formal Führer (sagt man nicht, man sagt „Führungskräfte") oder Geführte (sagt man nicht, man sagt „Mitarbeiter") sind. Das umfasst dann alle Betroffenen dieses interdependenten Systems – und das auch noch zur gleichen Zeit, am gleichen Ort und mit großer Wahrscheinlichkeit mit gleichem Inhalt. So ließe sich „Führung im Team" tatsächlich und nachhaltig verbessern.

Das führt uns geradewegs zur **Kontraproduktivität Nummer drei:** die Beschreibung, Rekrutierung, das Training und Coaching, die Karriere als (oder genauer: zur) Führungskraft sowie die Frage, wer wohl die ideale Führungskraft sei, verstellen den Blick darauf, dass so ziemlich alle von uns Führungskräfte sind, zumindest hin und wieder. Führungskraft zu sein oder werden zu können ist also durchaus kein Persönlichkeitsmerkmal, selbst wenn uns das Headhunter und andere angebliche Experten einreden möchten. Aber: Jede und jeder hat das Zeug dazu zu führen. Was das wohl für die sorgsam aufgebaute und gepflegte Hierarchie in einem Unternehmen bedeuten würde?

Menschen, die in Führungsposition drängen, nennen wir oft Alpha-Tiere. Sie wollen nur in dieser Position sein und sich zumindest immer so aufführen, als wären sie in dieser Position. Anders gesagt handelt es sich um Menschen, die von dem eisernen Gruppenphänomen der „Rangdynamik" keine Ahnung haben, dass nämlich in Gruppen je nach Situation die Führungsposition mit jeweils anderen Personen besetzt werden sollte. Gut funktionierende Gruppen praktizieren das tagtäglich. „Expertenführung" und „rotierende Führung" heißt das in der Managementsprache. „Alpha-Tier" kann für Menschen also nur eine symbolische Charakterisierung sein. Nur im Tierreich ist diese Position durch ein bestimmtes Leittier zumindest so lange stabil besetzt, bis dieses Chef-Tier durch ein geeigneteres verdrängt und ersetzt wird. Solche instinktgefestigten Rangordnungen gibt es bei Menschengruppierungen (glücklicherweise) nicht. Hier herrscht Rangdynamik. Zumindest gilt das bei den erfolgreichen Gruppen. (*Näheres zu „Rangdynamik" siehe unten bei „Teamwork".*)

Aber zurück zu der Feststellung, dass wir alle immer wieder mal Führungskräfte sind. Literatur über Führungskräfte betrifft uns also alle, Führungsseminare ebenfalls. Wir alle haben unsere Führungsfunktionen, manche als Vorstände, Geschäftsführer, Abteilungsleiter in Wirtschaftsunternehmen oder in Non-Profit-Organisationen, also in jenen Rollen, die gemeinhin mit dem Begriff Führung gemeint sind. Aber das ist bei Weitem nicht das ganze Spektrum: Manche führen als Feuerwehrhauptmann, als Kapellmeister, als Trainerin des Handballteams. Manche führen eine Kantine. Bei Fremdenführern ist es ohnehin klar, dass sie führen. Hausfrauen und -männer führen ihren Haushalt. Und die Teufel unter uns (oder genauer: in uns) führen hoffentlich niemanden in Versuchung. Im Folgenden einige Zahlen aus Österreich. Für Deutschland reicht es in der Regel, alles mit 10 zu multiplizieren: Es gibt in Österreich rund 210.000 Vorstände und Geschäftsführer, also sogenannte „Topführungskräfte". Dazu kommen nochmals so viele sogenannte „mittlere Führungskräfte", das macht insgesamt dann rund zehn Prozent der Erwerbstätigen aus. So, das wären mal die Wirtschaftsführungskräfte. Um bei den oben erwähnten Beispielen zu bleiben, aber noch einige weitere Zahlen zur „Führung": Es gibt in Österreich rund 5.000 Feuerwehrkommandanten und alleine in der Hauptstadt Wien mehr als 1.000 Ärzte in einer Führungsfunktion. In Österreich tummeln sich 400.000 Vereinsobleute. Und es gibt schließlich 3,3 Mio. Haushaltsvorstände. Und was ist mit den Single-Haushaltsvorständen, die trotz ihrer Singularität beim Putzen dennoch ihren Haushalt hoffentlich recht ordentlich führen? Was ist mit den rund 250.000 Ein-Personen-Unternehmen im Land, bei denen eventuell bestehende Führungsfunktionen in der Regel generell außer Acht gelassen werden? Sie sehen schon: Führung und Geführt-Werden, Führungskraft und Geführte – alles nicht so leicht einzuordnen. Die Grenzen sind nicht so scharf, wie man uns das weismachen will.

Was müsste nun konkret mit uns in der Position der Geführten, oder besser gesagt zwischen denen, die führen, und denen, die sich führen lassen (oder auch nicht), trainiert und damit verbessert werden? Die gute Nachricht: Die geeigneten Managementinstrumente sind vorhanden. Sie müssen nur da und dort ein bisschen adaptiert werden. Und dann in dem aufgezeigten Sinn auch tatsächlich eingesetzt werden.

Die vier Punkte Führung, Kommunikation, Motivation und Teamwork sehen wir uns jetzt genauer an:

2.1 Instrument eins: Führung

Welchen Führungsstil pflegt der Chef oder die Chefin eigentlich? „Laisser-faire" oder doch „Zuckerbrot und Peitsche"? Aber Halt! Fragen bloß nach dem Stil der Führung führen schon mal grundsätzlich in die Irre. Denn wie „das Führen" gelingt, hängt mindestens so sehr von der Art und Weise ab, wie sich die Geführten führen lassen wie vom bevorzugten Führungsstil der Bosse. Es wäre also genauso wichtig, die „Lieblings-Stile" der Geführten festzustellen. Um dann anzuschauen, wie denn diese Präferenzen der Geführten mit den bevorzugten Stilen der Führenden zusammenpassen. Und das alles in Kombination mit den Anforderungen der

Abb. 2.1 Managerial Grid nach Blake und Mouton

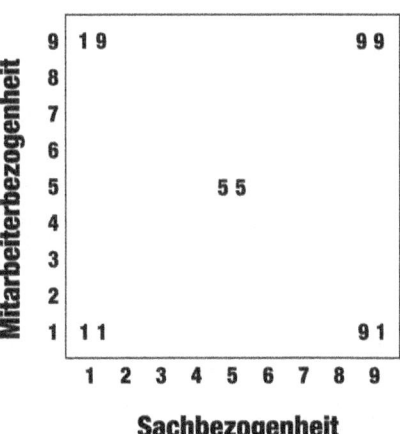

Sachbezogenheit

jeweiligen Situationen, durch die sich Führende und Geführte gemeinsam erfolgreich bewegen sollen. Instrumente dafür gibt es bereits seit Jahrzehnten, man müsste nur die gängigen Führungsstil-Modelle auch auf die Geführten umlegen. Welche Art und Weise des Geführt-Werdens bevorzugen diese? Mehr sachorientiert oder mehr beziehungsorientiert – und in welcher Mischung?

Führungsstil-Modelle (– und Geführtenstil-Modelle)

Eines der wohl am meisten verbreiteten Führungsstil-Modelle ist das „MANAGERIAL GRID", auch Verhaltensgitter (Abb. 2.1) von Blake und Mouton (1964).

Es basiert auf fünf markanten Verhaltenskombinationen. Diese werden von den Autoren folgendermaßen beschrieben:

- 1.1 Leiterverhalten
  Ich nehme so wenig Einfluss wie möglich auf Sachen (Arbeitsleistung) oder auf Menschen (Laisser-faire-Verhalten bzw. -Führungsstil, Quadrant I)
- 1.9 Leiterverhalten
  Ich beachte in der Arbeit die zwischenmenschlichen Beziehungen überwiegend und sorge für eine bequeme und freundliche Atmosphäre. Die Aufgabe rückt dabei in den Hintergrund (harmonisierendes Verhalten; kooperative Führung, Quadrant III).
- 9.1 Leiterverhalten
  Ich bin äußerst aufgabenbezogen und fordere hohe Leistungen, ohne dabei Rücksicht auf zwischenmenschliche Beziehungen und Personen zu nehmen (autoritäres Verhalten bzw. Führungsstil im Verhalten, Quadrant II).
- 9.9 Leiterverhalten
  Ich bin im höchsten Maße aufgaben- und personenbezogen und umgeben von begeisterten und motivierten Teilnehmern/Mitarbeitern. Wir verfolgen ein gemeinsames Ziel (teamorientiertes, integriertes Leiterverhalten bzw. Führungsstil, Quadrant IV).

Abb. 2.2 3D Modell von Reddin

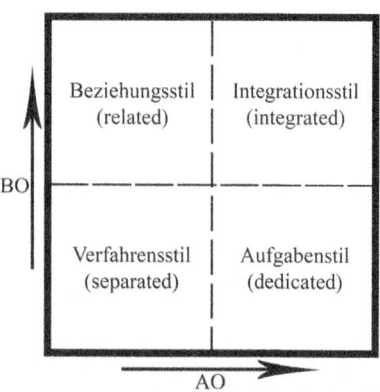

* 5.5 Leiterverhalten
  Ich benutze den Mittelweg zwischen Personen- und Sachbezogenheit (Mal-so-mal-so-Verhalten).

Der Vorteil dieses Modells besteht darin, dass durch die Einführung eines zweidimensionalen Führungskontinuums Polarisierungen von Führungsstilen vermieden werden können. Der Nachteil ist, dass damit ein optimaler Führungsstil postuliert wird. Diese Schwäche haben andere Führungstheoretiker erkannt und das Verhaltensgitter um die Dimension der Anpassung an die jeweilige Situation erweitert.

Nach unserem Geführtenstil-Modell müssten die Verhaltenskombinationen lauten:
1.1 Geführten-Verhalten
Ich möchte, dass mein Chef so wenig Einfluss wie möglich auf Sache oder auf Menschen nimmt (Laisser-faire).
1.9 Geführten-Verhalten
Ich möchte, dass mein Chef in der Arbeit überwiegend zwischenmenschliche Beziehungen beachtet und für eine bequeme und freundliche Atmosphäre sorgt (harmonisieren).
9.1 Geführten-Verhalten
Ich möchte, dass mein Chef äußerst aufgabenbezogen hohe Leistung fordert, ohne dabei Rücksicht auf zwischenmenschliche Beziehungen und Personen zu nehmen (autoritär).
9.9 Geführten-Verhalten
Ich möchte meinen Chef im höchsten Maße aufgaben- und personenbezogen und umgeben von begeisterten und motivierten Mitarbeitern. Wir verfolgen ein gemeinsames Ziel (integriert).
5.5 Geführten-Verhalten
Ich möchte, dass mein Chef den Mittelweg zwischen Personen- und Sachbezogenheit benutzt (mal so – mal so).

Auch William J. Reddin (1970) geht in seinem „3-D-Modell" von den beiden Leiter-Verhaltens-Dimensionen der sogenannten Ohio-Schule, nämlich „Consideration" (= Beziehungsorientierung = BO) und „Initiating Structure" (= Aufgabenorientierung = AO), aus. Er ordnet diese beiden Faktoren vertikal und horizontal an und bildet daraus vier „Grundstile" der Führung: Abb. 2.2.

Reddin betont aber, dass es keinen „optimalen" Führungsstil gibt, sondern jeder der vier Grundstile unter bestimmten situativen Bedingungen (wie Organisation, Arbeitsweise, Personen) effektiv sein kann. Er bezieht die Effektivität je nach Situation als dritte Dimension in sein Modell („3-D") ein.

Nach unserem Geführten-Stil-Modell müsste sich eigentlich gar nichts ändern. Die verschiedenen Stile würden wie folgt beschrieben werden:
* *Verfahrensstil: Mein Boss soll sich separieren und uns in Ruhe arbeiten lassen.*
* *Aufgabenstil: Unser Chef soll dezidiert sagen, wie er es gemacht haben will.*
* *Beziehungsstil: Unser Chef soll unsere Beziehungen pflegen.*
* *Integrationsstil: Unser Chef soll sowohl die Beziehungen als auch die Sache betonen.*

Beim ganz modernen Konzept der sogenannten „transformationalen Führung" geht es sogar noch einen Schritt weiter. Da werden Fragen gestellt, welche die bekannten Klischees auf den Kopf stellen. Gefragt wird:

* Wie muss sich mein Chef verhalten, damit ich loyal bin?
* Wie kann man mich zu mehr Kreativität und Innovation anregen?
* Wie kann man mich konkret zu mehr eigenständigem Problemlösen bringen?
* Wie kann der Teamgeist seiner „Geführten" erhöht werden?
* Wie wird das kommuniziert, damit es auch als fair erachtet wird?

Zusammenfassend und vereinfachend gesagt: Die Geführten sind konkret zu fragen, was sie brauchen. Dazu eine kleine Anmerkung: Es ist der Unterschied zwischen unrealistischen Wunschträumen und realistischen Erwartungen, der Erfolg und Misserfolg trennt.

In aller Klarheit: Nicht die Fantasien der Führungskräfte sind entscheidend. Nur die Erfüllung der realistischen Anforderungen der Geführten ist das Qualitätskriterium der Führung. Noch eines weiter: Wie unten bei Teamwork ausgeführt, sollte man erkennen, dass in fortschrittlichen Teams die Führung je nach Situation wechselt – „Rangdynamik" heißt das. Damit wird entpersonalisiert, wer in einem Team die Führungskraft ist und wer die Geführten sind. Oder anders gesagt: Alle sind potenziell alles. Wer in welcher Position ist, wird optimalerweise durch die Situation und die deswegen nachgefragten Kompetenzen bestimmt.

Wenn also – im Folgenden und überhaupt – von „Führungskraft" die Rede ist, dann ist der jeweils Führende gemeint, kaum jemals ein und dieselbe Person. Also nicht immer der Herr Zapfl oder die Frau Grimm, nur weil diese formell Chef oder Chefin des Teams sind. Nein, in der Situation X ist es daher mal wieder der Herr Pimpelhuber und ihn der Situation Y die Frau Loring. In solchen fortschrittlichen Teams sind die Tätigkeiten „führen" und „sich führen lassen" Bezeichnungen dafür, was man in einer bestimmten „Position" macht. So wie andere Tätigkeiten auch (beraten, ausführen, sichern, kontrollieren...). Und die Positionen wechseln je nach Situation. Der Begriff „Führungskraft" wird unter solchen Umständen zu einem vorübergehenden Etikett für jeweils eine andere Person in ein und demselben Team – und damit eigentlich unnötig und ungebräuchlich. Sprachlich besser wäre es wohl, von den (jeweils) **Führenden** zu reden.

Und dann müsste es konsequent heißen: Wenn schon am Verhalten der **Führenden** gearbeitet wird – was ja absolut gut und manchmal sogar notwendig ist –, dann sollte die bestimmende Größe für Veränderungen nicht das Selbstbild der **Führenden** sein und auch nicht die Lehrmeinung von Wissenschaftlern, selbst dann nicht, wenn sie sich Trainer/Coach nennen. Sondern einzig und allein das „Fremdbild" der **Führenden**. Das ist jenes Bild, das ihre **Geführten** von ihnen haben. Und genau das wird nicht einheitlich, sondern je nach **Geführtem** individuell unterschiedlich sein.

2.2 Instrument zwei: Kommunikation

Beide Seiten – die Führenden und Geführten – sollen sich bestmöglich über diese nicht immer einfachen Führungssituationen verständigen können. Sollte es dabei mit der Kommunikation selbst schwierig werden, müssten die Beteiligten lernen, miteinander darüber zu kommunizieren, wie sie am besten miteinander kommunizieren. „Meta-Kommunikation" nennt man das. Das klingt kompliziert. Aber wir alle betreiben tagtäglich Meta-Kommunikation – unbewusst und ohne es so zu nennen. Ein Beispiel: Wenn ich den Eindruck habe, dass mir mein Gesprächspartner nicht zuhört, werde ich nicht in der „normalen" Kommunikation (in der ersten Ebene also) bleiben, sondern vernünftigerweise in die Meta-Kommunikation wechseln. „Ich habe den Eindruck, Du hörst mir nicht zu", so wird dann meine Botschaft lauten. Und mein Gegenüber wird Gelegenheit haben, darauf zu antworten. Beide sind wir dann wohlgemerkt in der Meta-Kommunikation, klären hoffentlich die Situation der (vermeintlichen oder wirklichen) Unaufmerksamkeit und können dann zur Kommunikation erster Ebene zurückkehren.

Im Bereich der Kommunikation sind die Führenden mit einem Faktum konfrontiert, das viele als ärgerlich, ja als beleidigend erleben und daher in den meisten Fällen einfach verdrängen: Nicht das, was gesendet wird, wirkt – sondern nur das, was empfangen wird. Das bedeutet im Klartext: Auch wenn Sie als Chef etwas „hundertmal gesagt" haben, heißt das nicht, dass es angekommen ist. „Hundertmal gesagt" weist eher darauf hin, dass es eben nicht angekommen ist. Oder anders ausgedrückt: 99 dieser 100 Kommunikationsversuche waren entbehrlich.

Nur eine Empfangsbestätigung sichert die Qualität menschlicher Kommunikation. Das muss nicht immer streng militärisch in der wortgleichen Wiederholung der empfangenen Botschaft bestehen – obwohl genau das im Flugverkehr durchaus der Sicherheit zuträglich ist. Im normalen Arbeitsleben reicht schon eine sinnwiedergebende Wiederholung. Jedenfalls zeigt das Phänomen Kommunikation ganz besonders, wie ohnmächtig – im besten Wortsinn von „ohne Macht" – sogenannte Führungskräfte meistens sind.

Und wenn jemand nicht glauben mag, wie Befehle interpretiert werden können, empfehlen wir als Lektüre den Roman „Der brave Soldaten Schwejk".

2.3 Instrument drei: Motivation

Die Führenden sollten nicht nur sich selbst fragen, wie sie die besten Rahmenbedingungen für optimale Selbstmotivation der Geführten sicherstellen können. Sie sollten selbstverständlich die Geführten fragen. Und diese sollten dazu einerseits lernen, ihre eigene individuelle Motivationslage besser zu kennen, und andererseits, dies den Führenden entsprechend mitzuteilen. Klingt vielleicht einfach, ist es aber in der Praxis oft gar nicht.

Der Hauptfehler der sogenannten Führungskräfte liegt darin, dass sie glauben, sie wüssten, wie ihre Mitarbeiter zu motivieren sind. Das ist nicht etwa eine Erkenntnis unserer Zeit, sondern seit Ende der 1940er-Jahre sogar experimentell nachgewiesen. Manche sind gar zur Überzeugung gelangt, dass ihre Mitarbeiter überhaupt nicht zu motivieren sind. Und sie liegen dabei gar nicht so falsch: Der letzte Stand der Motivationsforschung lässt uns nämlich davon ausgehen, dass eine direkte Motivation anderer nicht möglich ist. Aber nicht zu früh freuen: Sehr wohl möglich ist eine direkte Demotivation. Motivation jedenfalls – und wir gehen davon aus, dass dies angestrebt wird – funktioniert am besten über Selbstmotivation. Daher haben, wie gesagt, sogenannte Führungskräfte darauf zu achten, wie sie die Rahmenbedingungen für die Selbstmotivation ihrer Mitarbeiter optimieren können. Und hier ist es notwendig, auf die individuell unterschiedliche Selbstmotivations-Lage der Mitarbeiter zu achten.

Wir empfehlen, den Motivations-Fragebogen nach Herzberg anzuwenden. Innerhalb von 30 min (inklusive Anleitung) haben alle Teammitglieder ihre Motivationsfaktoren aufgelistet und gewichtet und den jeweiligen Erfüllungsgrad bewertet. In nachfolgenden Gesprächen (idealerweise unter vier Augen) kann in weiterer Folge die individuelle Motivationslage aller Teammitglieder abgeklärt und entsprechende Aktionspläne zur Verbesserung der Bedingungen optimierter Selbstmotivation festgelegt werden. Abschnitt 7.1.

2.4 Instrument vier: Teamwork

Denken wir an Teamwork, wird augenscheinlich, was man ohnedies immer vermutet hatte: Ohne die anderen geht gar nichts. Und, um es noch schlimmer zu
machen: Ohne alle geht gar nichts. Um gutes Teamwork aufzubauen, zu erhalten,
ja gar zu verbessern, ist es daher notwendig, das gesamte Team zu unterweisen, zu
trainieren, zu coachen. Das sollte an sich ohnehin logisch sein. Aber in den leider
oft von Angst und Vorsicht geprägten hierarchischen organisatorischen Strukturen
taucht immer wieder die Frage auf, ob bei Teamtrainings auch die Führungskräfte
dabei sein sollten. Die knappe und klare Antwort lautet auf gut Wienerisch: no
na! Auf Hochdeutsch also: Was denn sonst? Dafür gibt es gleich mehrere Gründe:
Erstens ist davon auszugehen, dass es sich bei Führungskräften um „Playing Cap-
tains" handelt, also um Menschen, die durchaus in den jeweiligen Arbeitsprozess
eingebunden sind. Ein Training ohne alle Mitspieler scheint daher nicht sinnvoll.
Zweitens ist die bisweilen von Führungskräften geäußerte Sorge: „Da können mich
meine Mitarbeiter ja sehen, wie ich wirklich bin", absurd. Alle Mitarbeiter sehen
täglich, wie die Chefs wirklich sind. Manchmal kennen die Mitarbeiter die Chefs
besser, als die sich selbst zu kennen glauben. Und drittens ist in fortgeschrittenen
Teams die Führungsrolle wechselnd besetzt – und zwar je nach Situation. „Rotierende Führung" heißt das heutzutage, oder auch „Expertenführung". Dieses Modell
ist allerdings in Wahrheit nicht neu:

Eines der wenigen tatsächlich praktisch anwendbaren Modellen der Gruppendynamik ist die sogenannte **RangDynamik**. Dieses Modell wurde vom Wiener
Psychiater Raoul Schindler[1] in den 1950er-Jahren erschaffen und von den Expertinnen des Wiener Trainingsinstituts *Harramach Management Beratung* weiter-
entwickelt. Dabei geht man davon aus, dass in erfolgreichen Teams die Ränge –
heißen in diesem Modell *„Positionen"* – wie Führung *(„Alpha"-Position)*, Experten
(„Beta"), ausführende Mitarbeiter *(„Gamma")*, kritischer Opponent *(„Omega")* –
immer wieder von anderen Personen besetzt werden, und zwar unabhängig von der
formellen Hierarchie. Deswegen auch der Name Rang**Dynamik**, denn es handelt
sich nicht um ein statisches Modell. Die Positionen in der Gruppe, besser gesagt
ihre Besetzungen, sind immer wieder in Bewegung. Solche Teams praktizieren also
Expertenführung bzw. rotierende Führung. Damit diese gut gelingt, müssen natürlich alle im Team etwas von Führung verstehen. Jeder kann ja einmal drankommen,
wenn es opportun ist. Jeder kann mal führend sein, jeder ist auch immer wieder
geführt.

---

[1] Raoul Schindler, in Wien geborener Psychotherapeut und Psychoanalytiker.

Beispiel 1: „Mit dem Lift hinauf"

Wenn ein Gruppenleiter von seiner Gruppe – wo er sehr oft (hoffentlich nicht immer) in der Alpha-Position ist – zu seinem Vorstand geht, wird er wohl die Position wechseln müssen. Vielleicht zu Beta, vielleicht zu Gamma. Und damit wird er auch seine „Rolle" (= sein Verhalten) adäquat anzupassen haben. Er wird folgen (Gamma), allenfalls als Experte beraten (Beta), selten Anweisungen erteilen (Alpha), vielleicht auch kritische Gegenpositionen einbringen (Omega).

Beispiel 2: „EDV-Umstellung"

Aber auch innerhalb der eigenen Gruppe: Der Geschäftsführer eines Kleinunternehmens ist nicht gerade EDV-kundig. Eine Umstellung der EDV steht aber an. Und es gibt einen jungen EDV-Experten in der Firma. Da wird es doch wohl ratsam sein, wenn der Geschäftsführer in die Gamma-Position geht und der junge EDV-Experte in die Alpha-Position. Beim Kostenvoranschlag kann der Geschäftsführer dann immer noch in die Omega-Position gehen.

Wir haben also die Führung und die Führungskräfte ordentlich auf den Kopf gestellt – und regen an, dass Sie das ebenso tun. Dann wissen Sie endlich die wahre Antwort auf die Fragen, wer im Unternehmen entscheidet, wer ein Vorbild ist, wer die Zügel in der Hand hält. Die Führungskräfte sind es nämlich nicht, weil es sie als solche gar nicht gibt.

Literatur

Blake, R. R., & Mouton, J. (1964). *The managerial grid: The key to leadership excellence.* Houston: Gulf Publishing.
Reddin, W. J. (1970). *Managerial effectiveness.* New York: McGraw-Hill.

Druckausgleich

3

▶ Sie ist erfolgreich. Sie ist bekannt. Sie hat viel erreicht in ihrem Job. Was noch fehlte, war ein **Burnout**. Das hat sie jetzt und trägt es vor sich her wie eine Medaille: Drei Wochen Kur wurden als Minimum verschrieben. Und plötzlich wird ihren Mitarbeitern vieles klar – Ringe unter den Augen, nervös umherfahrende Hände, aufbrausender Charakter, Stimmungsschwankungen. Gab es zwar immer schon, aber mit einem Burnout bekommt das eine andere Qualität. Natürlich ist ein Burnout nichts, mit dem man spaßen darf, das betont sie ständig – aber ein wenig ist sie auch stolz darauf, weil so etwas bekommen ja nur die Erfolgreichen, die Dauerläufer, die Ehrgeizigen.

Auch er hat es geschafft, wird von unten und oben gleichermaßen gefürchtet. Er reibt sich für sein Unternehmen auf. Und auch er ist jetzt im Burnout, es wurde höchste Zeit. Denn prophezeit haben es ihm Kollegen und Mitarbeiter lange: Wenn Du so weitermachst, haben sie gesagt, bekommst du noch ein Burnout. Es klang zuweilen ein wenig hoffnungsvoll. Jetzt ist es so weit, vier Wochen Pause hat ihm der Arzt verordnet. Doch zwei Wochen müssen reichen, erzählt er jedem, der es gar nicht hören will. Zum Burnout gehört bisweilen das Angeben genauso wie das Verharmlosen, keiner weiß so recht, wie er mit diesem „Ausbrennen" umgehen soll. Und selbstverständlich wird er die beiden Wochen weiter seine Mails am BlackBerry lesen, seine Mitarbeiter anrufen und alles dafür tun, dass das Burnout weiter köchelt.

N. Harramach, R. Prazak, *Management, absurd*,
DOI 10.1007/978-3-658-04041-3_3, © Springer Fachmedien Wiesbaden 2014

3.1   Burnout

Was genau ist eigentlich ein Burnout? Fragt man zehn Experten, bekommt man neun verschiedene Antworten und eine Gegenfrage: Was soll es denn sein? In der internationalen Krankheits-Datenbank ICD findet man es unter den „Faktoren, die den Gesundheitszustand beeinflussen und zur Inanspruchnahme des Gesundheitswesens führen" als Nummer „Z73", die „Probleme mit Bezug auf Schwierigkeiten bei der Lebensbewältigung" beschreiben. Neben „Mangel an Entspannung", „Zustand der totalen Erschöpfung" oder „Stress" findet sich dort auch das „Ausgebrannt sein". Mediziner nennen oft Diagnosen wie „affektive Störung" oder „chronisches Müdigkeitssymptom", denn diese werden allgemein anerkannt. Als Erschöpfungszustand wird Burnout bezeichnet und oft mit der Depression gemeinsam genannt; Ärzte sagen, dass ein behandlungswürdiges Burnout dasselbe wie eine Depression ist. Der Unterschied: Kaum jemand gibt zu, eine Depression oder eine andere psychische Erkrankung zu haben – zumindest niemand, der im Job als erfolgreich gilt oder gelten will. Weshalb gibt es auf einmal so viele Fälle von Burnout?

Die beiden Hauptgründe: Burnout ist kein Zeichen für Schwäche, sondern im Gegenteil für Willen, Erfolg, Eifer. Es ist ein Symptom unserer arbeitswütigen, erfolgsbesessenen Gesellschaft. Ein Burnout hat man sich hart erarbeitet, ein Burnout bekommen nicht die Faulen, sondern nur die Fleißigen. Burnout war lange ein Tabuthema, heute löst es kein erstauntes Staunen mehr aus, wenn sich jemand „ins Burnout" begibt. Burnout ist zwar keine Modeerscheinung (das wäre unfair den Betroffenen gegenüber), aber Symptom einer Leistungsgesellschaft, in der nicht der Erfolg zählt, sondern wie man diesen erreicht hat: durch hartes Arbeiten, durch Unerbittlichkeit zu sich selbst nämlich. Nur wer abends bis 22 Uhr im Büro hockt, wer kein Wochenende frei hat, wer auf Urlaub und Krankenstand verzichtet, der leistet wirklich.

Der zweite Grund: Am Burnout lässt sich verdienen, rund um die unmittelbaren Burnout-Experten hat sich längst eine ganze Industrie am Leiden der überarbeiteten Menschen (oder an ihrer Einbildung, es zu sein) hochgezogen: Schon die beinahe unendliche Auswahl an Sachbüchern, Seminaren, Trainings, Artikeln und Ratschlägen zu dem Thema ist der Beweis – und es werden täglich mehr. Und dann erst all die Experten: Abhilfe verschaffen Psychologen, Psychotherapeuten, Lebens- und Sozialberater, Consulter aller Art und natürlich viele Ärzte. Und eine unüberschaubare Masse an Burnout-Beratern, Stress-Prophylaktikern und Work-Life-Experten macht dem guten Geschäft zuliebe aus jeder mittelprächtigen Erschöpfung ein berufs- und lebensgefährdendes Krankheitsbild. Kliniken, Hotels, Reiseveranstalter, Masseure, Hersteller von Salben, Buchautoren, Moderatoren, Apotheken – sie alle helfen beim Kampf gegen das Burnout. Und helfen kann in der Theorie vieles: Abschalten im Luxusresort am See, inklusive Massagen mit Ylang-Ylang-Öl und Klangschalentherapie. Drei Wochen Kur mit Fasten, abends das Kräuterkissen unterm Kopfpolster. Wie praktisch, dass man zu diversen touristischen Angeboten einfach Burnout dazu schreiben kann und schon potenziert sich die Zielgruppe, etwa für Wellness-Aufenthalte am Wochenende mit Langschläfer-Frühstück. Als Unterstützung für die Burnout-Opfer gibt es homöopathische Tropfen, als Ergänzung den Anti-Stress-Tee, gepflückt von glücklichen Tibetanern. Und sogar Leberkäse kann hilfreich sein – das eigentlich als ordinär geltende Lebensmittel wurde vor Kurzem in einer Werbekampagne als wahrer „Burnout-Killer" angepriesen. Das also könnte der Grund dafür sein, weshalb die überwiegende Zahl der Bauarbeiter, die sich am späten Vormittag bereits ihre Leberkäs-Semmel holen, so selten ein Burnout bekommen. Vielleicht haben sie aber einfach noch nicht gehört, dass es so etwas überhaupt gibt – oder sie gehören einfach nicht der richtigen Berufsklasse an.

Denn Burnout-Prophylaxe und -Behandlung ist auch eine Geldfrage, selbst wenn die „Stress- und Burnout-App" fürs Handy gratis herunterzuladen ist. Dieses Mini-Programm bietet einen „Databased Personal Check" mit Reload-Option; bei unterschiedlichen Testversuchen und -personen zeigte sich wenig überraschend, dass das Gefährdungspotenzial stets recht hoch war. Kein Wunder, wird doch prompt an die behandelnde Stelle verwiesen und weitergeleitet. Dort wird man dann zur Kasse gebeten, um diese „hohe Gefährdung" zu bekämpfen. Die Burnout-App wurde von sogenannten „Business Doctors" entwickelt, einem Zusammenschluss von Experten, die Privatpersonen und Unternehmen zu Burnout, Stress und allgemeinen Gesundheitsfragen beraten. Der Begriff Ärzte alleine wäre da irreführend, denn es geht ja auch (oder vor allem?) ums Business. Bei einem geschäftsträchtigen Thema wie dem Burnout dürfen auch entsprechende warnende Studien nicht fehlen, die das enorme Potenzial (an Bedrohung, an Umsatz etc.) aufzeigen. Besagte „Business Doctors" wollen in einer Studie[1] errechnet haben, dass die Kosten von Burnout und Stressbelastung für die österreichische Volkswirtschaft heftig sind. Ergebnis: Sieben Milliarden Euro kostet das die Wirtschaft Jahr für Jahr. Natürlich wurde die Studie prompt mit dem Hinweis verbunden, entsprechende Präventionsprogramme würden helfen, diese enormen Kosten zu senken. Der alte Trick der Geschäftemacher: Problem aufzeigen, Lösung anbieten, Umsatz generieren. Hoffentlich bekommen die Anbieter kein Burnout bei der Masse an potenziellen Kunden. Die Zahlen solcher Studien wirken indes manchmal übertrieben, wie der

---

[1] Studie zu Burnout in österreichischer Volkswirtschaft, lt. „WirtschaftsBlatt" vom 20.11. 2012.

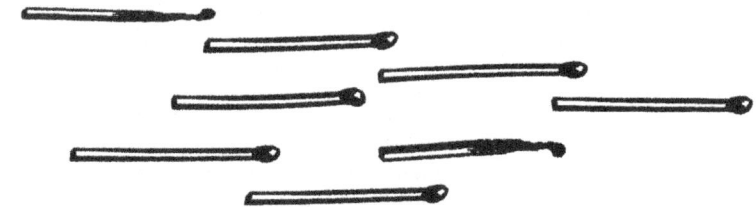

Abb. 3.1 Burn out

Vergleich mit Deutschland zeigt: Dort entstehen durch arbeitsbedingte psychische
Belastungen volkswirtschaftliche Kosten in der Höhe von 6,3 Mrd. € pro Jahr, also weniger als in Österreich. Sind die Deutschen deutlich stressresistenter als die
Österreicher? Oder nur weniger geschäftstüchtig? Beim Burnout lässt sich jedenfalls
die Schleife zu den Endlos-Themen der Managementberater drehen, etwa zum Betriebsklima, zur Motivation oder zur Produktivität. Auf die eine oder andere Weise
lässt sich sicher eines dieser Asse aus dem Consulting-Ärmel schütteln, es passt
fast zu jeder Situation: Burnout beim Chef? Liegt sicher am Betriebsklima. Oder
an der mangelhaften Motivation der Mitarbeiter. Oder an sinkender Produktivität
(Abb. 3.1).

Experten äußern indes den Verdacht, dass Burnout allzu oft und allzu vorschnell
diagnostiziert wird, eben weil es keine allgemeingültige Definition gibt. Das Positive beim Burnout: Man darf im Krankenstand einfach alles, ja man soll sogar alles
machen. Shopping, Sport, Faulenzen, Theaterbesuche – alles ausdrücklich erlaubt.
Schließlich macht ja nur der Job krank, nicht das sonstige Leben. Oder etwa doch?
Manch einer ist auch im Urlaub (oder sogar vorwiegend dort) Burnout-gefährdet.
Schon beim Durchlesen der Animationsprogramme großer Ferienresorts befällt
einem der Freizeitstress, gegen den so manches Arbeitsleben direkt erholsam an-
mutet: Um 7 Uhr „Aktives Erwachen", um 8 Uhr „Pilates am Pool", um 9 Uhr
der Kochkurs für Veganer, um 10 Uhr „Fliegenfischen mit dem Profi", um 11
dann „Stretching für Junggebliebene", 12 Uhr „Servietten-Falt-Training", danach
kurze Pause, um 13.30 Uhr geht es mit dem Segeln für Nichtschwimmer weiter,
anschließend der Tenniskurs für Anfänger, um 16 Uhr eine Runde Minigolf, ab 17
Uhr noch rasch der Tango-Kurse für Hüftsteife, nach dem Abendessen Theater-
Diskussionsforum an der Bar, und wer jetzt noch immer nicht genug hat, darf sich
noch als Feuerschlucker bewähren. Sodbrennen garantiert, nachher braucht man
Urlaub vom Urlaub. Weshalb tun sich dann viele von uns ausgerechnet in den
Ferienwochen jenen Stress an, den sie doch im Job tunlichst vermeiden wollen?
Haben sie es schon verlernt, wie man tatsächlich abschalten kann? Zurück im Büro,

gehen das bewusste Abschalten und der mühsame Kampf gegen den Stress (der teilweise mehr Stress macht als der Stress selbst) dann gleich munter weiter. Denn immer mehr Unternehmen führen „Wellnessprogramme" und „Stressbekämpfungsmaßnahmen" für ihre Mitarbeiter durch. Angebote wie „gesundes Arbeiten", „bewusstes Pause-Machen", „Burnout-Prophylaxe" oder gar „Resilienz- Seminare" (*siehe „Modewort Resilienz"*) werden da angeboten und mit sanftem Druck seitens der Führungskräfte wird zur Teilnahme aufgefordert. Der kluge Manager will ja nicht, dass seine Mitarbeiter schlappmachen, also ab ins Seminar! Das ist insofern absurd, weil in vielen Unternehmen auf der einen Seite der Druck erhöht wird, auf der anderen Seite soll genau dieser Druck mit solchen Programmen gleich wieder gemildert werden. Das erinnert an das Fitnessprogramm, bei dem die Salbe gegen den Muskelkater gleich mitgeliefert wird. Wirklich helfen gegen Überforderung und zu viel Druck auf die Mitarbeiter können allerdings nur weitreichende Maßnahmen, etwa wenn es um die Arbeitszeit geht, um die Schaffung von Freiräumen (ohne die Mitarbeiter dabei im Stich zu lassen – *siehe im Kapitel „Soft Skills"*), um die Anerkennung von unterschiedlichen Ansprüchen von Menschen in unterschiedlichen Lebenssituationen. Doch das ist deutlich mühsamer, als rasch einen Experten für Burnout zu holen, der dann die Mitarbeiter einige Stunden mit 08/15-Tipps langweilt.

Modewort Resilienz

Welch ein schöner Satz: „Mit Resilienz das Burnout bekämpfen". Dieses Zusammentreffen der Modewörter klingt wahnsinnig gut, doch meist steckt wenig dahinter. Resilienz jedenfalls ist derzeit in aller Munde, gemeint ist in den entsprechenden Artikeln und Seminarangeboten eine Widerstandsfähigkeit gegen die Tücken des Lebens im Allgemeinen und jenen des Berufslebens und der Wirtschaft im Speziellen. Das Konzept dahinter geistert seit vielen Jahren durch die Psychologie und ist selbst dort nicht unumstritten; in der Wirtschaftswelt wird der Begriff überhaupt in alle möglichen und unmöglichen Richtungen gedehnt und gezerrt. Resilient sind dann nicht nur Menschen, sondern auch Unternehmen oder gar ganze Länder.

Für den Ursprung dieses Begriffs, der jedenfalls am bestem mit „Widerstandsfähigkeit" eingedeutscht werden kann, gibt es unterschiedliche Angaben:

- In der Materialprüfung wird damit die Eigenschaft bezeichnet, nach Druck oder Verformung wieder in die ursprüngliche Form zurück zu wechseln.
- In der Ökosystemforschung befasste man sich mit der Verzehnfachung versicherter ökonomischer Verluste, die auf klimatische Ursachen zwischen 1960 und 2000 zurückzuführen waren. Mit Resilience wurde die Fähigkeit von Unternehmen bezeichnet, Resistenz gegenüber einer negativen externen Einwirkung aufzubauen (Vorbeugung), weiterhin eine schnellstmögliche Rückkehr zur definierten Ausgangsstellung zu garantieren (Adaption) und entstehende Vorteile aus sich verändernden Umweltbedingungen ökonomisch zu nutzen (Innovation).

- In der Psychologie wird häufig Emmy Werner als Pionierin der Resilienz-Forschung genannt. Sie legte 1971 eine Studie über Kinder der Insel Kauai vor. Die Studie zeigte, dass sich Kinder, die biologischen/medizinischen und sozialen Risikofaktoren (wie beispielsweise Komplikationen bei der Geburt oder Armut) ausgesetzt waren, im Durchschnitt negativer entwickelten als Kinder, die keinen solchen Risikofaktoren ausgesetzt waren. Beachtlich war aber, dass es auch Kinder gab, die sich trotz zahlreicher Risikofaktoren positiv entwickelten. Diese Kinder wurden „resilient" genannt.

Ein paar solcher **Resilienz-Faktoren** wurden in der Literatur beschrieben:

Daryl R. Conner: „Managing at the Speed of Change: How Resilient Manager Succeed and Prosper where Others Fail" (Connor 1993)

- Positiv: Selbstvertrauen und Optimismus, dass das Leben voller Möglichkeiten ist
- Fokussiert: ein klares Ziel und die Fähigkeit, sich auf dieses zu konzentrieren
- Flexibel: Ideenreichtum und Spontaneität, um auf Unvorhergesehenes angemessen zu reagieren
- Organisiert: strukturiertes Planen und Handeln
- Proaktiv: die Initiative ergreifen statt zu klagen, was alles nicht geht

Karl L. Holtz: „Resilienz und die Strategien Milton Ericksons", in „Hoffnung und Resilienz" (Holtz 2007)

- Erfahrung von Selbstwirksamkeit, internale Kontrollüberzeugung, Selbstvertrauen und ein positives Selbstwertgefühl
- Problemlösefähigkeiten
- Hohe Sozialkompetenz
- Coping-Strategien
- Optimistische, zuversichtliche Lebenseinstellung

Womit sich Theorie und Literatur (und schon gar die Praxis) absurderweise wenig auseinandersetzen: Resilienz, also Widerstandsfähigkeit, ist ja per se kein bloß positiver Begriff. Napoleon, Hitler, Stalin und Fidel Castro galten wohl alle als widerstandsfähig. Und viele andere auch noch – Winston Churchill beispielsweise.

Nach und nach verließ der Begriff allerdings das wissenschaftliche Umfeld und wurde zunehmend zum vielfältig einsetzbaren Werkzeug nicht nur in Psychologie und Pädagogik, sondern später auch in der Organisationsberatung und in der Beurteilung von Organisationen und Unternehmen. „Resilient sein" wird heute von Consultern, Managern und Politikern gerne aus Voraussetzung genannt, um in einer „globalisierten Welt" bestehen zu können – meist darf auch der Zusatz „volatiles Umfeld" nicht fehlen. Wie man Resilienz fördern kann, können zwar nicht mal Wissenschaftler beantworten, die sich jahrzehntelang damit beschäftigt haben. Dennoch gibt es bereits dreitägige Seminare, bei denen die Teilnehmer genau das lernen sollen. Auch Ratgeber (zum Beispiel ein handliches Büchlein mit dem Titel „30 Minuten Resilienz") widmen sich dem Thema. Fazit: Wer gegen das Thema Resilienz resilient ist, läuft Gefahr, allzu volatil und übertrieben burnout-gefährdet zu sein. Oder sich einfach nicht um Modebegriffe zu kümmern, die in der Hand von Ahnungslosen zu stumpfen Instrumenten werden.

Werden die Probleme am Arbeitsplatz, wird der Druck im Job (und auch im Privatleben) zu groß, ist Burnout die Folge – und oft zugleich ein erster Fluchtweg daraus. Denn Burnout ist kein Stigma für die Betroffenen, ganz im Gegensatz etwa zur Depression oder sonstigen psychischen Erkrankungen. Burnout ist ein akzeptiertes

Konstrukt geworden, um widrige Lebensumstände, verbunden mit Zuständen wie chronischer Müdigkeit, zu beschreiben. Burnout ist sozusagen die offizielle, gesellschaftlich anerkannte Erlaubnis, psychisch krank zu werden. Dabei ist Burnout vielfach nicht nur Symptom des Zustands des Einzelnen, sondern des Zustands einer Organisation, sprich eines Unternehmens. Die Arbeitsbedingungen, unter denen Burnout produziert wird, werden erst nach und nach erforscht; zunehmend widmen sich Forscher diesem breiteren Ansatz, der aber möglicherweise einige unbequeme Erkenntnisse bereithalten wird: Mit ein paar Wellness-Behandlungen im Büro oder einigen Broschüren vom Betriebsrat wird es da nicht getan sein, auch nicht mit allgemeinen Beschwörungsformeln über eine Verbesserung des Betriebsklimas. Letztendlich zielen sie meist wieder nur auf den Einzelnen ab, machen ja wieder nur den Einzelnen verantwortlich. Dieser Einzelne soll präventiv oder therapeutisch so weit (wieder)hergestellt werden, dass er danach erneut vollen Einsatz bringen kann. Der kranke Hamster wird kurz aus dem Rad genommen, einige Male gestreichelt – und dann darf er wieder strampeln.

Das Gefährliche daran: Wenn jemand eine Depression hat und kein Burnout, werden einige Wochen Auszeit vom Job mit Ausschlafen und gesunder Ernährung nicht helfen, dann braucht es echte professionelle Hilfe. Burnout-Diagnostiker ohne entsprechende Ausbildung und Erfahrung begeben sich also bisweilen auf heikles Terrain. Studien, die im Auftrag des Deutschen Instituts für Medizinische Dokumentation und Information erstellt wurden, kritisieren daher, dass es kein standardisiertes Vorgehen für die Diagnose Burnout gebe; es liege im ärztlichen Ermessen, es zu diagnostizieren. In entsprechenden Studien würden vorwiegend Selbstbeurteilungsinstrumente verwendet, etwa das umstrittene „Maslach Burnout Inventory", das Anfang der 1980er-Jahre entwickelt wurde. Objektive Daten würden oft fehlen, zudem würden soziale und rechtliche Rahmenbedingungen nicht ausreichend berücksichtigt. Experten warnen im Übrigen vor jenen Internet-Selbsttests, bei denen die eigene Gefährdung durch Burnout gemessen werden soll.

Besonders skurril ist, dass sich Burnout als Zustand verselbstständigt hat und als Phänomen abseits realer Zustände durch die Medien geistert, als eine Art Phantom der Wirtschaftsopfer. Vor Kurzem war zu lesen, das Burnout betreffe jetzt gar nicht mehr das oberste Management, sondern das mittlere Management – diesem wurde es quasi von ganz oben weitergereicht. Burnout hat also den Einzelnen verlassen und ist auf die Meta-Ebene geklettert, wurde zur vagen Beschreibung des (Gefühls-) Zustands einer bestimmten Gruppe. Seltsam nur, dass sich bisher vornehmlich Manager ein solches Burnout leisten können. Was auch damit zusammenhängt, dass es sich eben nur eine bestimmte Gruppe der arbeitenden Menschen erlauben kann, zwei bis drei Wochen auszufallen. Der Verkäuferin im Laden, dem Mitarbeiter am Fließband, dem Bauarbeiter könnte es die Geschäftsführung übel nehmen, wenn sie sich eine Auszeit gönnen wollten. Manager hingegen, vielfach als Unterdrücker und Unterdrückte zugleich wahrgenommen und akzeptiert, sind als Zielgruppe für die Burnout-Industrie interessant.

3.2 Boreout

Als Modebegriff weniger durchgesetzt hat sich hingegen das **Boreout** als alternatives Phänomen zum Burnout. Umschrieben werden mit diesem Begriff Langeweile und Unterforderung im Berufsleben (englisch boredom = Langeweile). Die Symptome dafür können unter anderem Antriebslosigkeit, mangelndes Engagement, Ineffektivität oder auch körperliche Zeichen wie Kopfschmerzen, Magenbeschwerden bis hin zu Depressionen sein. Für eine Leistungsgesellschaft taugt Boreout eigentlich nicht als Massenphänomen, schon eher als Inhalt halblustiger Witzchen über Beamte – und doch ist es keineswegs nur ein Phänomen der Beamtenschaft. Es betrifft sogar große Teile der Beschäftigten überhaupt und ist viel verbreiteter als Burnout. Das Absurde ist also nicht nur die Art und Weise, wie wir uns mit Burnout beschäftigen, sondern vielmehr die Tatsache, dass wir uns mit Burnout statt mit Boreout beschäftigen. Dementsprechend ist bei Boreout das Datenmaterial dünner. Es gibt aber Studien in Deutschland, die für das Jahr 2009 ausweisen, dass sich 40 % der befragten Fach- und Führungskräfte als unterfordert bezeichneten, 2012 waren es gar schon 50 %. Laut einer im Mai 2008 bei n-tv verlautbarten Studie[2] hätten 24 % der deutschen Beschäftigten bereits innerlich gekündigt. Und laut der jährlichen Produktivitätsstudie der österreichischen Unternehmensberatung Czipin Consulting[3] war 2012 die Arbeitszeit zu 38,5 % nicht produktiv genutzt.

All diese Daten sind nur ungenaue Annäherungswerte. Viel mehr gibt es aber auf der Burnout Seite auch nicht. Aus allen Ergebnissen geht jedenfalls klar hervor, dass das Boreout-Syndrom rund das zehnfache Ausmaß des von Burnout hat. Und wieder ist es interessant, wie Meinungen von Fakten abweichen können: Wir hatten ja schon in der Einleitung empfohlen, die öffentlichen Ämter für Statistiken durch „Ämter für Meinungen" zu ersetzen. Nach der österreichischen *„Monster-Jobwechsler-Studie"* aus dem Jahr 2013 ergibt sich, dass 48 % der unselbstständig Erwerbstätigen Burnout als eine ernst zu nehmende Krankheit werten. Die Krankmeldungen für Burnout, soweit sie als solche überhaupt ernsthaft verifiziert werden können, liegen aber bei weniger als drei Prozent.

---

[2] Studie, präsentiert bei n-tv.
[3] Produktivitätsstudie Czipin Consulting (2013), Wien.

Immerhin gibt es bereits ein einzelnes ernst zu nehmendes Buch zu diesem Thema: „Diagnose Boreout" (Rothlin und Werder 2007). Als Grundelemente für **Boreout** werden darin genannt:

- **Unterforderung**: Diese kann quantitativ oder auch qualitativ sein. Unterforderung besteht also aus dem Gefühl, mehr leisten zu können, als von einem gefordert wird.
- **Desinteresse**: Die Aufgaben und Probleme des Unternehmens sind dem Arbeitnehmer gleichgültig. Hier mangelt es an Identifikation mit dem Unternehmen oder überhaupt mit der Branche, in der man tätig ist.
- **Langeweile**: Lustlosigkeit, Ratlosigkeit, bis hin zur Verzweiflung. Man weiß nicht, was man tun muss. Weil es nichts zu tun gibt.

Absurderweise pflegen aber die Boreout-Betroffenen recht anstrengende sogenannte „**Boreout-Strategien**": Aus Angst, als unterbeschäftigt identifiziert zu werden und damit sogar den Job zu verlieren, pflegen sie folgende Verhaltensweisen:

- verlängerte Mittagspausen;
- Auswärtstermine mit Extrafreizeit;
- ein Aktenkoffer, um vorzutäuschen, dass man sich auch von zu Hause aus engagiert;
- das „Italian-Jacket-System" : eine Jacke über den Stuhl gehängt – und schon ist man physisch anwesend;
- immer einen Zettel mit Notizen mitnehmen;
- möglichst viele andere in die Arbeit mit einbeziehen.

Das eigentliche Problem beim Nichtstun ist neben der Erschöpfung die tatsächliche Dequalifikation. Boreout-Betroffene müssen jedenfalls eine „Pseudo-Commitment-Strategie" pflegen: früher kommen, später gehen, Stress kommunizieren. Vielleicht ist gerade vermehrter Boreout ein Grund dafür, dass Burnout vorgetäuscht wird?

In der Menschheitsgeschichte hat sich da ja einiges gewandelt: In der Antike gab es noch den Ethos der Muße. Arbeit war keineswegs etwas Anzustrebendes, war eine Beschäftigung für Sklaven. Auch im Mittelalter noch war es eine gesellschaftliche Diskreditierung, arbeiten zu müssen. Erst mit dem Protestantismus wurde ab dem 16. Jahrhundert die Muße zum Teufel und die Arbeit zur Tugend.

Und gerade in Krisenzeiten sind Menschen für Boreout anfälliger. Viele nehmen den erstbesten Job an. Eine klassische Voraussetzung für einen „Personen-Job-Mismatch" (Prammer 2011). Das Problem Boreout wird auch darin sichtbar, dass es zu den am häufigsten genannten Gründen für einen Jobwechsel gehört. Und nicht zuletzt führt auch Boreout zu Stresssymptomen.

▶ **Wie man Mitarbeiter vor Boreout schützt:**
- Verantwortung übergeben: Mitarbeitern, die eigenständig und selbstbestimmt arbeiten können, bringen mehr weiter – und bringen auch mehr für das Unternehmen.
- Die Selbstmotivation der Tätigen klären (*siehe Unterkapitel 7.1. „Motivation" in Kapitel 7. „Härte der Soft Skills")* und diejenigen Arbeitsbedingungen aufsuchen bzw. so gestalten, dass die wichtigsten Selbstmotivations-Faktoren bestmöglich erfüllt sind.
- Vor allem sollten wir in unserer Arbeitswelt keine andere Art von – um bei diesem neuen Buzzword zu bleiben – **„Job-Match"** finden: Wir sollten nicht die Leute ein Leben lang trainieren, damit sie kurz vor der Pension ihrem Job-Profil genügen. Wir sollten vielmehr eine Flexibilität des Arbeitsmarkts fördern, die es den Menschen viel mehr als heutzutage möglich macht, den für sie geeigneten Job zu finden. Salopp formuliert könnte man sagen: *„Die Jobs den Menschen anpassen, nicht umgekehrt!"* Dazu braucht es natürlich eine Menge geänderter Rahmenbedingungen wie flexiblere Arbeitszeiten und Arbeitsorte, mehr Ortsmobilität, mehr gezielte Weiter- und Umbildungsmöglichkeiten. Vor allem aber braucht es auch ein dementsprechendes Bewusstsein von allen Ecken und Enden der Arbeitswelt.

Auch hier liegt diesem psychischen Zustand grundsätzlich etwas Ernstes zugrunde, nämlich etwa schlechte Organisation oder der falsche Einsatz von Mitarbeitern oder falsche Arbeitswahl. Die Betroffenen stehen unter dem Druck, etwas leisten zu wollen, aber nicht zu können – und kaschieren das vielfach mit übertriebenen, sinnlosen Tätigkeiten.

3.3   Burnout früher

Zurück zum Burnout: In Wahrheit ist das Geschäft damit oftmals eine Schimäre. Mehr noch: Es erscheint bisweilen als respektlose Verhöhnung der Geschichte. Dies ist nur deswegen kein schmerzlicher Frevel an der Vergangenheit, weil die so Verunglimpften nichts mehr davon mitbekommen:

- Eine „Trümmerfrau" hatte wohl mehr (Dys-)Stress als jeder CEO heute und hätte wohl wenig Verständnis für Entschleunigung ihrer Arbeit gehabt. So bezeichnete man nach 1945 die Frauen, die aus den Trümmern der zerbombten Häusern all das herausbuddelten und bargen, was für den Auf- und Ausbau neuer Wohnstätten verwendet werden konnte. Jeder Tag war damals lebenswichtig, für Stress oder die Behandlung davon hatte man keine Zeit.
- Ein „Ziaglbehm" (= tschechischer Ziegelarbeiter im Wien des 19. Jahrhunderts) hätte über den heutigen „enormen" Arbeitsdruck nur milde gelächelt. Genauso wie ein Stahlarbeiter am Hochofen sich heute noch – bestenfalls – lustig macht über die Hitzeferien von Beamten.
- Alle, die in Zeiten vor Kanalisation und Kühlschrank gelebt haben, würden staunen, wie gesund heutzutage die Leute sind und wie lange sie leben.
- Ein Dorfbewohner im Mittelalter – immer im Schrecken vor neuen Übergriffen sogenannter Raubritter inklusive Brandschatzungen, Tötungen und Vergewaltigungen – würde den Begriff „Burnout" wohl gründlich missverstehen. Dass jemand „ausbrennt", hätte damals ganz andere Folgen gehabt.
- Die heutigen Bewohner Zentralafrikas würden wohl sagen: „Eure Sorgen hätten wir gern." Und Vorsicht, die könnten die Frevelhaftigkeit unseres zentraleuropäischen Denkens mitbekommen.
- Oder wie ein bekannter Stress-Forscher sagte: „Mutter Theresa ist wohl nie in den Burnout gekommen."

Die Frage ist also: Gibt es Burnout erst seit Kurzem oder gab es das schon immer – nur unter anderem Namen und ohne damit verbundene Geschäfte? Braucht es heute eine solche Bezeichnung oder den Hinweis sogenannter Experten, damit jemand weiß, wann es zu viel für ihn ist? Ist Burnout die lange Jahre vergeblich gesuchte Art, um sagen zu können „Ich kann nicht mehr!", ohne dass man als Schwächling oder als Versager gilt? Sicher ist: Burnout ist anerkannt, spätestens seitdem davon betroffene Prominente via Illustrierte, Talkshows und Facebook an die Öffentlichkeit gingen. In Deutschland waren das etwa der Koch Tim Mälzer und der Sportler Sven Hannawald, in Österreich der ehemalige Skispringer und nunmehrige Sportmanager Hubert Neuper. Abgesehen davon, dass aus Sicht mancher Psychiater heutzutage ohnehin kein Mensch mehr ohne handfeste psychische Störung auskommt – von der bei Kindern allzu oft diagnostizierten ADHS (Aufmerksamkeitsdefizit-, Hyperaktivitätsstörung) über die Sozialphobie bis zur kognitiven Störung. Und wenn schon psychisch labil, dann lieber ein Burnout als eine Depression. Klingt einfach besser, ist gesellschaftlich anerkannt.

Wie ist das überhaupt zu erklären, dass es nun Burnout geben kann, wo es uns doch offensichtlich wirtschaftlich so gut geht? Vielleicht ist dieses „Gut-

Gehen" ja nur oberflächlich, und innen drinnen sieht es bei vielen anders aus, auch wegen des ständigen Drucks, nur ja nicht nach unten zu rasseln auf der Erfolgspyramide, immer nur weiter nach oben zu gelangen im Klettergarten des Konsumrausches. Vielleicht liegt es ja zudem am Mangel an sozialen Bindungen und echten Freundschaften (Facebook-Freunde zählen da nicht)?

▶   **Bullshit-Bingo für Burnout und Stress**   Geht es um diese Themen, dürfen einige Schlagwörter nicht fehlen. Kreuzen Sie mal die folgenden Begriffe in den Warnhinweisen der Stress-Experten und in einschlägigen Zeitungsartikeln an:
   • Angst
   • Druck
   • Jobverlust
   • Fusion
   • Leistung
   • Coaching
   • Ressourcen
   • Erschöpfung
   • Work-Life-Balance
   • Betriebsklima
   • Kosten
   • Krankenstand

3.4   Zwei Formen von Stress

Burnout hat den **Stress** als „beliebte" Leidensform verdrängt – und „leider" nicht das Boreout. Dabei war der Stress viele Jahre lang mindestens so populär wie Burnout heute, mit einer ebensolchen Industrie zu seiner Bekämpfung dahinter. Mit den Jahren wurde aber der Stress dermaßen zur Selbstverständlichkeit, dass das Geschäft allmählich abebbte. Heute wird Stress eher in die negative Kategorie der Lebensumstände eines berufstätigen Menschen eingeordnet, allerdings aus der Abteilung harmlos: Stress hat ohnehin jeder. Dabei ist der Stress eigentlich ja ein Janus-Köpfiger, doch die Unterscheidung zwischen dem negativen Dysstress und dem positiven Eustress ist nur wenigen bekannt. Und eigenartigerweise starren wir – angstvoll, gequält, ja hypochondrisch– stets in seine Dysstress-Fratze. Und das glücklich machende Eustress-Antlitz lassen wir fast immer außer Betracht.

Stress ist nicht gleich Stress

„Ich habe so einen Stress!" Dieser Satz gehört ins Repertoire jedes arbeitenden Menschen. Stress im Job ist beinahe so unverzichtbar wie ein Computer für die meisten Tätigkeiten. Dabei ist Stress nicht per se etwas Negatives, denn man unterscheidet zwischen positivem Stress (Eustress) und negativem Stress (Dysstress, auch Distress genannt). Positive Stressoren, also Stressfaktoren, sind für unser Überleben wichtig, das war schon immer so. Ohne Eustress hätten unsere Vorfahren keine Bärenattacke und keinen Winter überlebt, ohne Eustress würden wir heute beruflich wenig bis gar nichts weiterbringen. Hingegen werden negative Stressoren als bedrohlich empfunden, weil es keine Möglichkeiten zur Bewältigung der jeweiligen Situation gibt oder weil kein Ausgleich erfolgt. Das Konzept von Eu- und Dysstress sowie das grundlegende Wissen über Stress überhaupt geht auf den Mediziner Hans Selye (190–1982) zurück, der in Wien geboren wurde. Dem Thema Stress widmen sich in wissenschaftlicher Hinsicht unter anderem die Organisations- und Personalpsychologie, die Medizin und die klinische Psychologie.

Stress ist also längst der Grundton im Management-Orchester geworden, begleitet von den anderen Symptomen des (angeblich) erfolgreichen Wirtschaftens: Arbeit am Wochenende gehört da ebenso dazu wie der Mangel an Schlaf. Drei, vier Stunden Bettruhe reichen völlig aus, verlautbaren Top-manager immer wieder gerne – und der Durchschnittsmensch, der nach sieben, acht Stunden Schlaf wie ein Zombie an den Frühstückstisch wankt, staunt über die schiere Energie und Willenskraft, die solche leuchtenden Vorbilder aufbringen. Die werken bis 22 Uhr im Büro, arbeiten noch daheim Unterlagen durch, schlafen einige wenigen Stunden, springen wohlgelaunt aus dem Bett, joggen eine Stunde, rasen ins Büro – und so geht es ihr (mehr oder weniger) langes Managerleben lang.

Wenn der Stress bereits als unvermeidbare Begleiterscheinung des Arbeitens gilt, wieso jammern wir dann überhaupt über zu viel Stress (und meinen damit zweifelsfrei den Dysstress) und jubeln nicht über mehr Stress (und würden damit den Eustress meinen)?

Warum meinen wir heute in so großer Zahl, dass

• der Druck auf uns immer mehr steigt, der Stress immer mehr zunimmt;
• die Anforderungen (an junge Leute generell, aber Manager im Besonderen) ständig steigen;
• die Beschleunigung in unserem Leben wächst;
• immer mehr dem Arbeitsdruck nicht gewachsen sind;
• wir mehr auf unsere „Work-Life-Balance" (was das überhaupt heißen soll?) achten sollten und überhaupt mehr auf unsere Gesundheit?

Solche Massenmeinungen sind der Mainstream – sie sind oberflächlich, irreführend, manchmal schlichtweg falsch – und wir bewerten das auch noch positiv, ob-

wohl wir nach unserem heutigen Stand des Wissens und mit unserer Geschichtser-
fahrung auf dem Buckel solchen Mainstreams eigentlich skeptisch gegenüberstehen
müssten. Zu einer weitverbreiteten Meinungs-Verirrung kann es nur kommen, weil

- das einer Menge von Interessen nützt: der Wellness-Industrie, den Psychotherapeuten und Coaches, den Gewerkschaften, den zugegebenermaßen in
  Mitteleuropa noch nicht so sehr verbreiteten Yogis, auch den Oppositionspoli-
  tikern, außerdem den Managementtrainern und den Medien natürlich (gemäß
  dem Grundsatz „only bad news are good news");
- wir besonders durch unser Schulsystem defizit-orientiert erzogen worden sind,
  also viel bewusster, rascher und präziser unsere Schwächen entdecken als unsere
  Stärken – und natürlich die Gründe für diese Schwächen: Nach Ansicht der
  anderen ist das beispielsweise unsere eigene Faulheit, nach unserer eigenen
  Ansicht sind das vornehmlich die anderen wie Eltern, Lehrer, Politiker oder
  einfach die Umstände;
- das Lamentieren und Nörgeln (auf hohem Niveau, wie wir augenzwinkernd
  immer hinzufügen) dann doch eine unserer wenigen – aber ausgeprägten –
  Stärken ist;
- schon unser Erklärungs-Vater für das Unbewusste, Herr *Sigmund Freud*, mit
  dem Begriff „Krankheitsgewinn" eine Wertschöpfung benannt hat, derer wir
  uns immer wieder gern bedienen – in ähnlicher Form zumindest;
- es schon was Heroisches, zumindest Anzuerkennendes hat, in schwierigeren
  Zeiten seinen Menschen zu stehen;
- Burnout für viele eben das einzige „Nein!" ist, das sie sich trauen hinauszu-
  schreien;
- die „alten" Zeiten doch immer die „guten" bleiben werden.

3.5   Was ist Work-Life-Balance?

„Work-Life-Balance" – welch eine sprachliche Verirrung. So, als wären Work und
Life Gegensätze und nicht die Arbeit ein ganz natürlicher – und sogar wichti-
ger – Bestandteil des Lebens. „**Work-Leisure-Balance**" müsste es richtig heißen.
Glücklicherweise hat auch da schon kritisches Denken eingesetzt, die unsägliche
Sprachschöpfung ist aber mit großer Wahrscheinlichkeit nicht mehr umzubringen.
Von übergroßen Belastungen ist die Rede. „Raus aus dem Hamsterrad" lautet die
Warnung (oder gar Aufforderung) der Anhänger der Work-Life-Balance.

Jedoch noch nie haben die Menschen (in unseren Breiten zumindest) so wenig gearbeitet wie heute. Die Arbeit war noch nie so gesund – oder wenigstens so wenig gesundheitsschädigend. Work-Life-Balance ist also ein trügerisches, falsches Versprechen – *„eine Art Opium fürs Arbeitsvolk"* (Vasek 2013). Aber: Arbeit ist ein sinnvoller Teil unseres Lebens. Freizeit macht nicht glücklicher als Arbeit – und was heißt überhaupt Arbeit? Arbeiten wir in unserer Freizeit nicht auch? Wenn „Arbeit" bezahlte Beschäftigung bedeutet, dann sollten wir tatsächlich so viel wie möglich arbeiten – wenn es uns Freude macht. Wenn die Arbeit uns keine Freude macht, sollten wir versuchen sie zu ändern. Das funktioniert extrinsisch wie intrinsisch.

Work ist kein Gegensatz zu Life

- Etliche Menschen (sogar Manager) haben aus ihrem Hobby einen Beruf gemacht und arbeiten jetzt beispielsweise als Künstler.
- Wenn jemand gerne bei der Freiwilligen Feuerwehr arbeitet, könnte er sich überlegen, ob er das nicht überhaupt zu seinem Beruf macht.
- Und bei vielen (und zwar den erfolgreichen) Politikern ist es doch so, dass sie dereinst ehrenamtlich angefangen hatten.

Wenn wir „Work-Life-Balance" wörtlich und ernst nähmen, müssten wir ja unbezahlte Beschäftigung (= Freizeit, soweit es nicht freiwillige, ehrenamtliche Tätigkeit ist) meiden wie der Teufel das Weihwasser. Auch Beschäftigung in der Freizeit kann ja eine ungeliebte sein. Manche mögen gar nicht mehr Golf spielen; manche nicht einmal mehr im Kirchenchor singen. Geliebte Beschäftigung sollten wir uns soweit wie möglich bezahlen lassen – und wenn dies nicht der Fall ist, uns zumindest darum bemühen. Muße ist natürlich auch gut. Sowohl in der Arbeit als auch außerhalb – dort ja auch wiederum „Freizeit" genannt. Work-Leisure-Balance wird uns jedenfalls besser gelingen, je mehr wir die „Work" schätzen. „Leisure" ist ein notwendiger Kontrapunkt dazu. Ein Beispiel dazu aus dem Sport: Die Waden eines 100-Meter-Leichtathletik-Sprinters sind im entspannten Zustand flockiger und weicher als die Waden eines Nicht-Hochleistungs-Sportlers!

3.6 Belastung überall

Belastung überhaupt – und vor allem deren gefühlte subjektive Wahrnehmung (so wie *„gefühlt"* heutzutage sprachlich oft verwendet wird) – ist ja bereits ein Mainstream-Thema an sich. Denn auch hier ist Geglaubtes/Gemeintes vom Faktischen wohl zu trennen. Im österreichischen Radio lief Ende 2013 wochenlang eine Einschaltung des Bundessozialamts [4] mit folgendem Inhalt: „*Ein Drittel der Bevölkerung sagt, dass sie ihren Beruf wegen körperlicher oder seelischer Belastung nicht mehr ordnungsgemäß ausüben könne.*" – Und dann wurde anonyme Beratung in Dienststellen dieses Amtes angeboten. Das ist absurd und daher drei konkrete Anmerkungen dazu:

1. Es ist gut, dass Berufstätigen mit Belastungen Beratung angeboten wird.
2. Dass „*ein Drittel*" so etwas „*sagt*", sollte nicht als Faktum dafür gelten, dass es auch tatsächlich so ist.
3. Solche Aussagen sind meinungsbildend. Die Bevölkerung (und vielleicht sogar noch mehr als ein Drittel) könnte glauben, dass dies tatsächlich so ist. (Siehe wieder einmal Einleitung „Amt für Meinungen".)

Andauernd werden wir mit solchen Nachrichten überrieselt bis überschüttet, dass die tagtägliche Belastung zunehme:

• „Stress lass nach! Termindruck, Überstunden, Dauerpower – die Arbeitswelt nagt an mancher Psyche"(Leitartikel in „Managerseminare"[5])
• Wirtschaftsforum der Führungskräfte (die Vereinigung österreichischer Führungskräfte), „Psychische Belastung steigt" (Zeitschrift „Leadership"[6])

Diese Botschaften und Artikel sind durchaus gut gemeint. Es ist unser Mainstream-Glaube, dass Belastungen heutzutage steigen. Das ist objektiv statistisch völlig absurd. Wie bereits gesagt: Die Arbeitsbelastung war noch nie so gering in unseren Breiten wie heutzutage, die Arbeit noch nie so gesund. Dass wir uns gegenwärtig viel mehr mit psychischen Belastungen auseinandersetzen als noch vor 20 oder 30 Jahren, ist auch gut. Dass wir deswegen auch mehr dieser Belastungen entdecken, ist selbstverständlich. Aber mehr von diesen Belastungen geben als vorher tut es deswegen nicht!

Siehe das Beispiel von Förster über „Wir haben eine Umwelt". . . .

Das alles soll durchaus dazu führen, dass wir uns mehr mit bestimmten Phänomenen beschäftigen – nicht aber, dass wir glauben, mehr davon zu haben.

Dazu ein weiteres Beispiel: Die psychischen Belastungen von Schülern würden steigen. Das ist unrichtig. In Zeiten eines „*Schüler Gerber*" (*Roman von Friedrich Torberg aus 1903*, in dem der massive Druck auf einen Schüler thematisiert wurde) war die (auch psychische) Belastung ungemein höher. Nur hat sich niemand darum gekümmert.

---

[4] Wiederholte Einschaltung des Bundessozialamts im österr. Rundfunk Anfang 2014.

[5] Leitartikel in „ManagerSeminare", 25.1.2013.

[6] Zeitschrift Leadership 12/2012; Wirtschaftsforum der Führungskräfte, Wien.

Positiv ist, dass der Druck auf Schüler thematisiert wird, doch von vornherein zu sagen, dieser sei heute höher als früher, ist genauso falsch wie zu behaupten, die „Jungen haben es heute besser". Jede Zeit hat ihre Herausforderungen, heute sind es unter anderem höhere Ablenkungsgefahr, vielleicht auch weniger Unterstützung durch das Elternhaus als früher. Absurd ist immer die unzulässige Vereinfachung, die Simplifizierung – oft aus fadenscheinigen Gründen.

Besonders auffällig wird die Tatsache, dass die Wahrnehmung unser Bild von dieser Welt formt, mit einer Untersuchung der Deutschen Gesellschaft für Supervision und Beratung in Zusammenarbeit mit dem Sigmund-Freud-Institut [7]. Ergebnis: Es gäbe neue Belastungen in der Arbeitswelt. Dazu sei eine Anmerkung erlaubt: Wenn sich Epigonen des Sigmund Freud, der unbestrittenermaßen deswegen zu Weltruhm gelangte, weil er sich auf Leiden konzentrierte, mit einer Gesellschaft für Supervision – die historisch leider auch auf die Behebung von Schwächen und Belastungen konzentriert ist – zusammentun, was soll dabei herauskommen: noch mehr Leiden, noch mehr Belastungen.

Belastungsarbeit abseits des Mainstreams

Wir sollten in unserem Umgang mit Gesundheit wohl wirklich diese selbst (die Gesundheit nämlich) – und weniger die „Krankheit" – im Fokus haben! Wir sollten im Bildungssystem wohl mehr die Talente als die Defizite im Auge haben! Wir sollten uns wohl überhaupt mehr auf die Stärken als auf die Schwächen konzentrieren! Dies könnte ein genereller Lerntipp im Umgang mit unserem Leben sein.

Literatur

Connor, D. R. (1993). *Managing at the speed of change: How resilient manager succeed and prosper where others fail.* Toronto: Random House.
Holtz, K. L. (2007). Resilienz und die Strategien Milton Ericksons. In D. e. Short (Hrsg.), *Hoffnung und Resilienz.* Heidelberg: Carl Auer-Verlag.
Prammer, E. (2013) Boreout. Wiesbaden: Springer.
Rothlin, P., & Werder, P. R. (2007). *Diagnose boreout.* München: Redline.
Vasek, T. (Dezember 2013). *managerSeminare,* Dezember: „Work-Life-Balance ist Opium fürs Arbeitsvolk" *189.*

---

[7] Untersuchung der Deutschen Gesellschaft für Supervision und Beratung in Zusammenarbeit mit dem Sigmund-Freud-Institut, durchgeführt 2011/2012.

Kommunikation, unverständlich

4

▷ Eines der besten Beispiele, wie sehr Menschen aneinander vorbeireden – und damit vorbei-kommunizieren – können, ist der Kurzfilm „Das Frühstücksei" von Loriot. In einer scheinbar alltäglichen Situation („Das Ei ist hart!") zeigte der 2011 verstorbene Künstler, was unendlich viele Kommunikationsseminare und -trainings nicht schaffen: Kommunikation ist mühsam, schwierig und oftmals irreführend. In besagter Szene erwächst aus einer scheinbar simplen Diskussion über die Zeit, die ein Ei braucht, um weich zu werden, eine harsche Debatte eines Ehepaars, die mit den Worten endet: „Mein Gott, was sind Männer primitiv!" und „Morgen bringe ich sie um!"

Klar ist: Dieser Bereich der Soft Skills ist wohl der, welcher all unser Leben in jeder Situation durchdringt. *„Man kann nicht nicht kommunizieren", das* hat schon Paul Watzlawick (Watzlawick et al. 1969) zutreffend festgestellt. Das Stichwort „Kommunikation" ergibt rund 63 Mio. Treffer auf Google, bei den Soft Skills nur übertroffen von Motivation (129 Mio. Treffer). Das Thema Kommunikation ist nicht nur allumfassend, sondern auch breit und vielfältig. Es ist immer wieder absurd festzustellen, was alles in diesem Bereich versucht wird, über einen Kamm zu scheren. Da heißt es beispielsweise in einer der wichtigsten Trainings-Zeitschriften im deutschsprachigen Raum „Das Einmaleins der Kommunikation"[1]. Diese frappante Vereinfachung macht natürlich neugierig. Und dann noch dazu das Versprechen: „Das Positive gleich vorweg: Alles Wesentliche ist er*lernbar*." Dann aber die Ernüchterung: *„Wenn Zielgruppe und Zweck nicht genau bestimmt sind, brauche ich nicht weiter zu arbeiten."*Jetzt ist die Katze aus dem Sack: Es geht um Texte in E-Mails, Chats und SMS einerseits und um Vorträge, Präsentatio-

---

[1] In: Training 07/2013, Wien.

nen andererseits. Ohnehin eine ganz große Palette. Aber die wesentlichste aller Kommunikationsformen, die 1:1-Kommunikation, kommt nicht vor?

Dabei spielen sich ohnedies „nur" 80 % unserer zwischenmenschlichen Kommunikation in diesem Format ab. Und hier werden auch tagtäglich die wichtigsten Weichen gestellt. In dieser häufigsten Kommunikationsform, sowohl privat wie auch beruflich, brauchen weder Zielgruppe noch Zweck – in den meisten Fällen jedenfalls – der Kommunikation geklärt zu werden. Hier geht es in erster Linie darum, Miss-Verständnisse möglichst zu vermeiden – oder um es realistischer zu sagen, möglichst gering zu halten. In der konstruktivistisch-systemischen Sprache heißt das dann, die dabei auftretende „doppelte Kontingenz" (siehe unten) möglichst gering zu halten. Das gilt im Übrigen auch für die meisten Formen der elektronischen Kommunikation. Schade, dass besonders im Bereich der zwischenmenschlichen Kommunikation die Praxisnähe der unzähligen Tipps, Trainings und Coachings weiter hinter dem Stand des Möglichen herhinkt. Denn von allen Soft Skills hat sich gerade im Bereich der Kommunikation in der letzten Zeit am meisten getan. Zwei Gründe gibt es dafür hauptsächlich:

1. Die **Technologie:** Die Möglichkeiten für zwischenmenschliche Kommunikation haben sich „virtuell" in den vergangenen 20 Jahren enorm entwickelt. Das Internet (als nur eine, aber die wohl bekannteste) Form der internationalen Kommunikation ist entstanden. Aus heutiger Sicht muss man dazu wohl „Web 1.0" sagen. Denn inzwischen haben wir schon das „Web 2.0", also die Formen globalisierter, interaktiver Informationstechnologie genutzt, vor allem als „Social Media". *Kap. 6.*

2. Aber auch **Systemtheorie** und **Konstruktivismus** haben vieles an unserem Bild der zwischenmenschlichen Kommunikation geändert. Schon immer haben wir uns im Bereich der zwischenmenschlichen Kommunikation mit der „Sender-Empfänger Problematik" beschäftigt. Das hieß und heißt: So, wie eine Botschaft von einem Sender abgeschickt wird, muss sie ja keineswegs vom Empfänger verstanden werden. Wirksam wird indes ja nur die empfangene Botschaft. Das ist nach wie vor so, aber noch viel komplexer geworden. Kommunikation unterliegt nämlich – wie alle Verhaltensweisen von Menschen – der „Kontingenz", das heißt: Bei nicht trivialen Systemen wie Menschen ist jedes Verhalten möglich, soweit es nicht unmöglich ist. Mit Sicherheit kann man dieses Verhalten daher nur in Ausnahmefällen voraussagen. Und das Ganze wird noch eine Stufe komplexer, denn Kommunikation zwischen Menschen ist immer zumindest einer „doppelten Kontingenz" ausgesetzt. Einerseits ist auf den ersten Blick niemals eindeutig klar, was eine gesendete Botschaft not-

wendigerweise heißen muss – und andererseits ist auch nicht klar, wie eine empfangene Botschaft vom Empfänger dekodiert wird. Fast immer herrscht auf beiden Seiten „Kontingenz": Keine Bedeutung muss es notwendigerweise sein und jede kann es sein, die nicht unmöglich ist. Ob sich die Spirale (bezogen auf die Qualität der Kommunikation) aufwärts oder abwärts dreht, liegt daran, wie die doppelte Kontingenz durch weitere Kommunikation eingeengt werden kann und wird – oder eben nicht.

Am besten kann man an traditionellen (und gängigen) Modellen der menschlichen Kommunikation sehen, wie sehr diese (zumindest doppelte) Kontingenz unterschätzt wird. Zum Beispiel beim berühmten „Vier-Ohren-Modell" von Friedemann Schulz von Thun (1981). Es beschreibt, dass ein und dieselbe Botschaft auf viererlei Art und Weise verstanden werden kann: als einfache Feststellung, als Imperativ, als Aussage über den Sender selbst oder als Beziehungsbotschaft. Dieses Modell ist einerseits schon kompliziert genug – und dennoch noch immer viel zu simpel. Schon modellimmanent kann man schlussfolgern, dass ein und dieselbe Botschaft auch auf jede dieser vier Arten gemeint (= gesendet) worden sein kann. Die Möglichkeiten an Missverständnissen quadrieren sich damit noch einmal. Aber das Modell ist insgesamt zu simpel – und spiegelt damit nur die Sehnsucht der Menschen, ein so überkompliziertes Phänomen wie zwischenmenschliche Kommunikation in möglichst überschaubare Bahnen zu bringen. Es ist nämlich nicht gesagt, dass eine Botschaft nur auf eine dieser vier Arten verstanden werden kann. Sie könnte auch als Trick, als Geheimcode usw. verstanden werden. Oder im extremsten Fall sogar als unverständlich empfangen werden. Und sie kann auch auf vielerlei dieser Arten gesendet werden. Und was dem Ganzen noch die Krone aufsetzt: Wie ein Mensch auf solch eine (weiß-nicht-wie) gesendete Botschaft und auf eine so (weiß-nicht-wie) empfangene Art verhaltensmäßig reagiert (mit einer Frage, einer Ohrfeige oder einer Weiß-nicht-was-sie-bedeutet-Gegenbotschaft oder...), kann überhaupt nicht vorausgesehen werden. Dem Modell von Schulz von Thun kann immerhin zugutegehalten werden, dass es ohnehin schon kompliziert ist – aber eben nicht komplex genug.

Viel absurder ist es, noch simplere Kommunikationsmodelle für noch komplexere Kommunikationen angeboten und verbreitet zu sehen. So sind zum Beispiel in (dem sehr geschätzten) Lutz von Rosenstiel, Grundlagen der Organisationspsychologie, unter dem Titel „Kommunikationsanalyse" (von Rosenstiel 2007) folgende äußerst simplifizierte Kommunikationsformen zu sehen: Abb. 4.1.

Das ist denn doch zu einfach gezeichnet! Denn gerade Gruppen zeichnen sich naturgemäß durch eine „**multiple Kontingenz**" (*eine Begriffserweiterung von Niki*

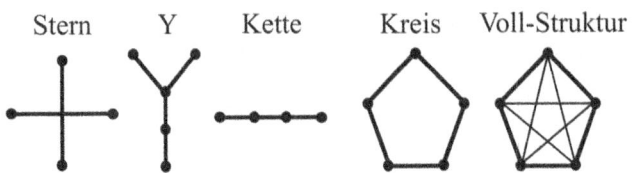

Abb. 4.1 Kommunikationsformen nach Rosenstiel

Harramach, hergeleitet aus oben genannter „doppelter Kontingenz") aus. Solche Einfachheiten wie in der Grafik dargestellt, kommen in Gruppen in Wirklichkeit nie vor.

Wo spricht schon ein Chef nur einzeln mit seinen Mitarbeitern, ohne dass die untereinander reden („Stern")? Wo reden Gruppenmitglieder nur in einer „Kette"? Wo reden alle Teammitglieder nur miteinander, nur nicht mit dem Chef („Kreis")? (Na ja, das kommt schon manchmal vor.) Und wo reden schon wirklich alle mit allen („Vollstruktur")? Nirgends!

Die Formen möglicher zwischenmenschlicher Kommunikationen steigen mit der Anzahl der beteiligten Gruppenmitglieder nämlich ins Unermessliche. Was da einzig und allein noch hilft, ist: reden, reden, reden.

Und da kommt jetzt die **Quantität** ins Spiel: Obwohl diese immer nur eine Form von Qualität ist, in der menschlichem Kommunikation ist sie eine der wichtigsten Qualitäten. Denn Verständnis heißt: Abgleich der Bilder, der Selbstbilder, der Fremdbilder. Das bedeutet: Verengung der multiplen Kontingenz. Und diese Verengung kann, wie gesagt, nur stattfinden, indem Wahrnehmungen wechselseitig ausgetauscht– das ist besonders wichtig – dadurch verändert werden. Der Ausspruch *„Das habe ich schon hundert mal gesagt!"* – ist indes kein Veränderungsindikator. Das ist ein Zeichen von Beharrung und Unverständnis. Konstruktivistisch *(„Ich bin in meiner Welt und sonst nirgendwo")* wäre das durchaus verständlich – aber damit auch zur Unwirksamkeit verurteilt.

Und nach all dem ist es ja eher verwunderlich, dass eine Botschaft in der zwischenmenschlichen Kommunikation so ankommt, wie sie ausgesendet wird – das ist ein Zufallstreffer oder Ergebnis langwieriger Abstimmungsprozesse oder sonstiger beträchtlicher Interventionen – jedenfalls ein Ausnahmefall.

4.1 Tipps zur täglichen Kommunikation

Hier einige Tipps, die sich in der tagtäglichen Kommunikation als wertvoll und vor allem wirksam herausgestellt haben:

a. Fast jedes **Feedback** sagt mehr über den Sender aus als über die Empfängerin. „Return to Sender!", so könnte man empfehlen.

b. Folgende Aussprüche haben Sie sicher schon zig Male gehört: „Ehrlich gesagt..." „Alles muss offen ausgesprochen werden!" „Alle Konflikte auf den Tisch!" Alles das ist Un-Sinn! Gescheiter-weise machen das die meisten ohnehin nicht, sondern pflegen die Formen der **„selektiven Kommunikation"** – also das Gegenteil der häufig verbreiteten (und schädlichen) Utopie, Kommunikation wäre dann gut, wenn alle allen alles sagen. Wir passen nämlich im Gegenteil sehr wohl auf, wem wir was, wann, wie und wo sagen. Und das ist gut so.

Der „EKR"
In diesem Zusammenhang ist auf ein Phänomen hinzuweisen, dem mehr Beachtung geschenkt werden sollte, dem EKR – Erweiterten KommunikationsRaum: Alles, was in einem „Raum" (das kann auch ein virtueller sein) besprochen wird, können in der Regel auch alle, die in diesem Raum sind, mitbekommen. Wenn ich daher nicht will, dass bestimmte andere (vielleicht sogar alle außer einem) an der Kommunikation (wenn auch nur passiv) teilhaben, dann sollte ich ein anderes, nämlich das passende, Format wählen, also beispielsweise ein Vieraugengespräch.
In Teams sollte zudem grundsätzlich das kleinstmögliche Format aufgesucht werden. Heißt also: Wenn möglich nur diejenigen in die Kommunikation einbeziehen, die von der Angelegenheit auch wirklich betroffen sind. Dafür gibt es mehrere Gründe:

1. Erstens: Wenn nur wenige, vielleicht nur zwei der Teammitglieder von einem Konflikt, den sie untereinander haben, betroffen sind, wird das restliche Team sehr leicht zum Tribunal. Parteinahme ist ganz natürlich, und wenn man sonst nichts zu tun hat, setzt man sich halt auf die Geschworenenbank. Die Konfliktaustragung vor dem gesamten Team hat in der Mehrzahl der Fälle also eine eskalierende Wirkung. Das kann man klarerweise sogar bewusst einsetzen. Wenn man aber an De-Eskalation interessiert ist, sollte man das kleinstmögliche Format wählen.

2. Zweiter Grund. Je größer die Gruppe, desto mehr Schwierigkeit besteht für die meisten, sich einzubringen. Mit steigender Gruppengröße steigt die Hemmung, ja sogar Angst bei den Gruppenmitgliedern. Nur die ohnehin bekannten Selbstdarsteller nützen dieses Format noch über Gebühr.

3. Dritter Grund: Tadeln, Abmahnen, ja vielleicht sogar Bestrafen vor anderen führt zu einem Gesichtsverlust und schädigt das Ansehen. Wenn man das will (beispielsweise wegen der generalpräventiven Wirkung), sollte man solche Bestrafungen vor allen aussprechen, die das gleich direkt abschreckend mitbekommen sollen. In allen anderen Fällen sollte man davon dringend Abstand nehmen. Besonders aktuell ist diese Erkenntnis in den virtuellen Räumen. Auf Twitter, auf Facebook und anderen Social-Media-Plattformen sollte man sich immer gut überlegen, wer mithört

und mitschaut – und dabei ist in erster Linie gar nicht die NSA (und ihre vielen Ge-
schwister) gemeint, sondern eher der unbekannte Nachbar ums Eck. Oder der noch
gar nicht bekannte, zukünftige Arbeitgeber. Oder, vielleicht sogar noch schlimmer:
der bekannte Nachbar, der aktuelle Chef oder gar der Gemüsehändler, zu dem man
einkaufen geht.

c. **Informelle Kommunikation** ist die schnellere. Das ist doch zumindest seit den
Buschtrommeln allen bekannt. Dennoch bekämpfen Organisationen – genauer
gesagt ihre Manager – die informelle Information und versuchen sie durch eine
formelle zu verdrängen. Das ist aber mühsam und bringt in den meisten Fällen
keinen Erfolg. Viel empfehlenswerter ist es, die informelle Kommunikation zu
nutzen. Wenn Sie wollen, dass alle Mitarbeiter schnell das wissen, was Sie wollen:
Setzen Sie die Gerüchtebörse in Gang. Nicht die Verdrängung, sondern die
Steuerung der informellen Kommunikation sollte Hauptanliegen von Managern
sein. Zumal durch das Web 2.0 ohnehin die Grenze zwischen informeller und
formeller Kommunikation verschwimmt.

d. **Direkte Kommunikation** heißt: Was ich Dir direkt sagen will, müsste und
könnte, sage ich Dir auch direkt. Ich rede also nicht mit anderen über Dich. Das
wäre nämlich die sogenannte „indirekte" Kommunikation. Und die sollte mit
Vorsicht betrachtet werden. Ein Beispiel dafür: Bei der österreichischen Anti-
terroreinheit „Cobra" ist indirekte Kommunikation absolut verboten. Bei dieser
Truppe kann es lebenswichtig sein, dass jeder weiß, was andere ihn betreffend
kommunizieren. Feuerschutz zum Beispiel. Daher: Beim dritten Verstoß gegen diese Regelung wird man in den normalen Polizeidienst zurückversetzt. So
streng muss und kann man es wohl in anderen Arbeitsteams nicht handhaben,
dennoch: Vermeiden Sie soweit möglich indirekte Kommunikation. Führen Sie
sie als Un-Wert in Ihrer Organisationskultur ein – und sonst auch in Ihrem
Leben. Kap. 5. Nichts einzuwenden ist ohnehin dagegen, über Dritte Informationen auszutauschen, soweit diese indirekte Kommunikation nicht bloß eine
Flucht vor einer direkten ist, den Dritten nicht schädigt oder sonst in irgend-
einer Form unzulässigerweise in die Rechte (bzw. Ehre) des Kommunizierten
eingreift. Manchmal ist gerade die indirekte Kommunikation ein vernünftiger
Weg, der sogar mögliche Schäden minimiert. Ein Beispiel: Ich mache mir mit
meiner Geschäftspartnerin aus, dass wir unsere Konflikte nicht auf dem Rücken
unserer Büroleiterin austragen werden. Da ist es besser, diese – doch sehr davon
betroffene – Person nicht mit hineinzuziehen. Sätze wie „direkte Kommunikation ist in Change-Projekten die beste Form" (Deutinger 2013)sind daher erst
recht wieder absurd.

Abb. 4.2 Meta-Kommunikation

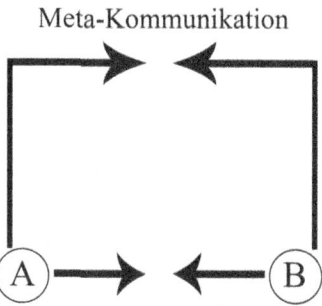

Meta-Kommunikation

Kommunikation 1. Ebene

e. Immer wenn Sie etwas über **Kommunikation in Superlativ-Werbung** („Die Beste") hören oder lesen – seien Sie skeptisch. (Dieser Tipp gilt übrigens auch für die Darstellung anderer Soft Skills!). Eine bekannte österreichische Tageszeitung hat die Strategien Prominenter, wie beispielsweise Warren Buffett, Angela Merkel, Steve Jobs und Queen Elisabeth II.[2], behandelt. Dieses Nichthandeln besteht laut Zeitungsartikel unter anderem in Liegenbleiben, Sturstellen, Ruhebewahren und „lautem Schweigen". Das als „Nichthandeln" darzustellen, muss in einem Absurd-Buch aufgegriffen werden. Der vielfach – auch in diesem Buch schon – zitierte Satz von Paul Watzlawick „Man kann nicht nicht kommunizieren", der gilt auch für das Handeln, insbesondere, wenn auch der Akt des Entscheidens als Handlung angesehen wird. Nicht zu handeln, ist sicherlich eine Entscheidung – manchmal eine gar nicht so einfach zu treffende und oft noch viel schwerer durchzuhaltende. Kap. 12.

f. Schlussendlich zu einem der wichtigsten Instrumente wirkungsvoller menschlicher Kommunikation, der **„Meta-Kommunikation"**: Darunter versteht man die Kommunikation darüber, wie kommuniziert wird (Abb. 4.2).

Während man in der „normalen" Kommunikation (Kommunikationsebene 1) die anstehenden Angelegenheiten und Aufgaben bespricht (oder auf andere Art und Weise kommuniziert), wird auf der Meta-Ebene (Kommunikationsebene 2) die Kommunikation selbst zum Gegenstand. Dadurch kann die Kommunikation an sich verbessert werden. Diese Technik wird in der tagtäglichen Kommunikation sogar häufig eingesetzt. Dass es sich dabei um eine der wichtigsten Kommunikationstechniken handelt, ist den Parteien meist nicht bewusst. Deswegen wird

---

[2] Kurier, 24.8.2013, Wien.

Meta-Kommunikation leider dann nicht explizit professionell angewendet, wenn es wegen anstehender Schwierigkeiten am notwendigsten wäre.

> **Metakommunikation**
>
> Ein Beispiel: Wenn Sie den Eindruck haben, dass Ihnen Ihr Gegenüber nicht (mehr) zuhört, sagen Sie doch im Alltag gleich: „Ich habe den Eindruck, Du hörst mir nicht zu." Damit wechseln Sie von der Kommunikation der ersten Ebene auf die Ebene der Meta-Kommunikation (zweite Ebene). In den meisten Fällen wird Ihr Gegenüber auf dieser Ebene auch einsteigen und darauf reagieren. Auf diese Art und Weise können Sie die Kommunikation der ersten Ebene reparieren und verbessert fortsetzen.

Aber Meta-Kommunikation taugt nicht nur zur Reparatur. Sie kann auch benutzt werden, um gut funktionierende Kommunikation der ersten Ebene ausdrücklich zu verstärken. Ein Beispiel: „Heute hat für mich die Kommunikation zwischen uns gut funktioniert."

4.2 Körpersprache

Widmen wir uns nun aber dem begehrten Thema Körpersprache: Es ist ebenso amüsant wie unsinnig, was alles über Körpersprache in Literatur und Seminaren angeboten wird. Denn eines gilt sicher: Körpersprache ist eine viel mehr analoge Form der Kommunikation als gesprochene Sprache – diese ist viel mehr digital. Analoge Werte beziehen ihren Sinn immer nur aus dem Kontext. Digitale Werte sind hingegen recht eindeutig. Nicht immer derart eindeutig wie das binäre System in der Informationstechnologie. Aber abgesehen von einem „Begriffshof" haben sie doch immer auch einen „Begriffskern". Was eine „Mutter" ist, hat doch einen situationsübergreifenden Charakter. Analoge Kommunikation gibt's aber auch in der Wörter-Sprache: Was heißt schon „27 Grad"? Beim Wetter: ziemlich warm. Bei der Körpertemperatur: Todesgefahr wegen Unterkühlung!

Zurück zur Körpersprache: Kopfnicken bedeutet in Bulgarien dezidiert „nein". Eine „Art von horizontalem Kopfwackeln" bedeutet hingegen „ja". Die Schuhsohlen herzeigen bedeutet im arabischen und im indischen Raum definitiv eine Beleidigung. Also nochmals: Nonverbale Kommunikation ist in ihrer Bedeutung völlig kontextabhängig, verbale Kommunikation weniger. Selbstverständlich gibt es auch

Überschneidungen und Ausnahmen: Ein Schlag ins Gesicht ist meist ein Affront, es sind kaum Ausnahmen bekannt – außer beim Watschentanz, einer bayrischen Tanzvariante. Ein „Das war nicht schlecht" kann hingegen je nach Situation eine abschätzige Bemerkung oder doch ein großes Lob sein. Auch eine leise Ansage kann statt respektvollem Charakter eine gefährliche Drohung symbolisieren. Ebenso wie eine donnernd gebellte Ansage ein „hartes" Kommando, aber auch der Respekt vor einer hart arbeitenden Gruppe sein kann.

Das bedeutet: Nonverbale Kommunikation kann nur verstanden werden, wenn man den Kontext kennt – dann allerdings meist sehr eindeutig. Ein Beispiel: Was bedeutet schon ein gehobener, ausgestreckter Zeigefinger? Ein solcher kann heißen: „Achtung, Gefahr!" oder auch „Alles ist super". Und es gibt unzählige weitere Möglichkeiten. Körpersprache ist in Kulturkreisen, Gesellschaften, Familien und auch in einzelnen Situationen unterschiedlich bedeutungs-voll. „Voller" Bedeutung heißt allerdings auch: Ganz klar ist das jeweilige Körpersprache-Signal nur, wenn aus allen Bedingungen der Situation hervorgeht, was es heißt. Ein weiteres Beispiel: Ein geschlossener Kreis mit Zeigefinger und Daumen bedeutet in der Tauchersprache: „alles ok". Im Italienischen jedoch: „Arschloch". Und was geschieht, wenn ein Italiener taucht – was will er dann kommunizieren?

Kopfbewegungen

Ein weiteres Beispiel dafür: Niki Harramach hat seine Vorbereitung für Vorträge und Workshops im arabischen Raum durch einen bulgarischen Partner aus seinem Netzwerk genossen. Dieser hat einige Jahre in Deutschland und Österreich und einige Jahre im arabisch-nordafrikanischen Raum verbracht. Seine vielfältigen Erfahrungen mit nonverbalem Verhalten, insbesondere Kopfbewegungen und Mimik, ließen letztendlich sein Haupt zu einem immer freundlichen, leicht grinsenden, niemals bewegten Kopf erstarren.

Manager und Unternehmen sollten sich daher über Körpersprache schlaumachen – aber wirklich schlau.

Absurde Trainings

Absurd sind viele Körpersprache-Seminare, -Artikel und -Aufsätze aufgrund ihrer offensichtlichen Oberflächlichkeit. Der Hinweis, dass verschränkte Arme als Abwehr-Symbol zu verstehen sind, hat sicher zu so manch verkrampfter Haltung von Bewerbern (oder auch deren Gesprächspartnern) in Bewerbungsgesprächen geführt. Dabei ist das oftmals einfach Bequemlichkeit, weil keine Armlehnen vorhanden sind und man sich nicht am Tisch aufstützen (= lümmeln) will.

Die geballte Faust, gemeinhin als Zeichen für Gewaltbereitschaft aufgefasst, kann in anderen Situationen als positive Aufforderung verstanden werden. Besonders schlimm wird es, wenn in Körpersprache-Seminaren versucht wird, scheinbar normalen Tätigkeiten wie Gehen, Sitzen oder Laufen besonders schwerwiegende Bedeutungen einzuhauchen: In einem solcher Seminare wird etwa das „proaktive dynamische Gehen" geübt. Wie dann wohl das „passive, undynamische Gehen" aussehen würde – wäre das vielleicht das Sitzen?

Und ein Beispiel, das jeder für sich selbst lösen kann: Was heißt schon ein erhobener Zeigefinger? Das kommt wohl sehr auf die Situation an. Kann heißen: Achtung! Oder: Melde mich. Oder: Schau, was da oben ist. Oder einfach nur das Unterstreichen einer Aussage. Oder: . . .

Literatur

Deutinger, G. (2013). *Kommunikation im Change*. Wiesbaden: Springer.
von Rosenstiel, L. (2007). Kommunikationsanalyse. In L. von Rosenstiel (Hrsg.), *Grundlagen der Organisationspsychologie*. Stuttgart: Schäffer-Poeschel.
Schulz von Thun, F. (1981). *Miteinander Reden*. Reinbek: Rowohlt.
Watzlawick, P., Beavin, J. H., & Jackson, D. D. (1969). *Menschliche Kommunikation*. Bern: Huber.

Leidbilder und Unwerte

5

Ach, was muss man oft von bösen Firmen hören oder lesen ... So könnte man in Abwandlung einer bekannten Geschichte die Angst der Unternehmen und ihrer Manager beschreiben, nur ja nicht als böse zu gelten, worunter wiederum jeder etwas anderes verstehen kann: ausbeuterisch zum Beispiel oder umweltzerstörerisch, raffgierig oder unverantwortlich, unsozial oder gar gewissenlos und kaltherzig. Nicht erst seit den jüngsten Wirtschaftskrisen, durch diese aber maßgeblich verstärkt, werden neue Werte für die Wirtschaft gefordert und bereits teilweise umgesetzt. Dazu zählen etwa Rücksicht auf die Umwelt, Engagement für das Gemeinwesen oder soziales Bewusstsein. Die Bandbreite des Möglichen (und Unmöglichen) ist groß, die Möglichkeiten der Interpretation ebenfalls. Beispiel Umwelt: Von der Verwendung bereits gebrauchten Papiers für Ausdrucke über den Einsatz energiesparender Kaffeemaschinen bis zum Verzicht auf Lkws im Transport reicht die Palette der Maßnahmen, die je nach Ernsthaftigkeit mehr Schein oder mehr Sein sind. Welche Werte in der Wirtschaft abseits des Gewinn- und Wettbewerbsdenkens zählen sollten, ist Inhalt heftiger Debatten. Die Werteschöpfer und -propheten ringen um Marktanteile am wachsenden Wertemarkt. So hat sich beispielsweise ein Disput zwischen den Vertretern der sogenannten Gemeinwohl-Ökonomie und den Anhängern der ökosozialen Marktwirtschaft aufgetan. Grundsätzlich geht es bei beiden um die Akzentuierung wirtschaftlichen Handelns abseits rein gewinnorientierten Strebens, allerdings mit unterschiedlich scharfer Ausformulierung.

Indes können die „alten" Werte nicht einfach beiseitegeschoben werden: Marktanteil, Gewinn, Cash-flow, Mitarbeiterzahl, Auftragseingänge und andere Kennzahlen müssen weiterhin hochgehalten werden. Zwar ist auch diese Orientierung an Zahlen nicht ganz unumstritten, etwa der Börsenwert. Wer hätte zum Beispiel vor einigen Jahren gedacht, dass Unternehmen wie Facebook oder Google, die vergleichsweise wenige Mitarbeiter aufweisen und kaum physische

N. Harramach, R. Prazak, *Management, absurd*,
DOI 10.1007/978-3-658-04041-3_5, © Springer Fachmedien Wiesbaden 2014

Güter produzieren, Riesenkonzerne wie Siemens oder General Electric überholen könnten. Zudem sind nicht alle Zahlen unbestechlich: Der Markenwert einer Firma beispielsweise, berechnet von selbsternannten Markenagenturen anhand nicht nachvollziehbarer Parameter, dient zwar als Grundlage diverser Rankings, doch die Aussagekraft ist begrenzt. Die Fixierung der Wirtschaftstreibenden auf Zahlen ist indes Grundlage einer (auf den ersten Blick) leichten Vergleichbarkeit von Unternehmen und Ländern, gibt Sicherheit und Orientierung.

Wertlose Bewertungen?

AAA, AA, B oder gar C? Die Bewertung von Staaten durch Ratingagenturen war im Zuge der Wirtschaftskrise in Europa mitsamt ihrer dramatischen Auswirkungen auf die Bevölkerung (Stichwort Jugendarbeitslosigkeit in Ländern wie Spanien) ins Gerede gekommen. Weltweit dominieren die drei Ratingagenturen Moody's, Standard & Poor's (S&P) und Fitch diesen lukrativen Markt der Beurteilung der Bonität eines Unternehmens oder eben eines ganzen Landes (sogar der EU). Damit üben sie auch große politische Macht aus, gewollt oder ungewollt. Dabei werden ihre Beurteilungen nach wie vor als wichtiger Maßstab herangezogen, selbst wenn Politiker immer wieder die Abkehr von diesem Bewertungsmodell fordern. Die ominösen „Märkte" fordern das einfach, heißt es. Wie rasch die angeblich fundamentalen Meinungen (und letztlich bleiben es Meinungen, selbst wenn sie auf Fakten beruhen) über Unternehmen und Staaten aber obsolet werden, hat gerade die Krise gezeigt. Selbst einst als unfehlbar und standfest geltende Großkonzerne, allen voran Banken, brauchten und brauchen plötzlich staatlich finanzierte Überlebenshilfe. Wenigstens bleibt die Hoffnung, dass aus der Krise etwas gelernt wurde – in der Finanzbranche ist das nicht zu beobachten, Perversitäten wie der Hochfrequenzhandel, bei dem in Bruchteilen von Sekunden gehandelt wird, werden von den Akteuren mit Zähnen und Klauen verteidigt; auch die Spekulation mit Nahrungsmitteln bleibt an der Tagesordnung. Dabei wurden speziell Finanzjongleure als Auslöser der Krise und der folgenden Debatten um neue Werte genannt, weil es vor allem ihnen an Werten wie Moral, Anständigkeit und sozialem Bewusstsein gefehlt habe, wie behauptet wird. Der Generalverdacht gegenüber der Finanzbranche : Die Verantwortlichen hantieren mit Milliarden und Billionen und wissen gar nicht, welche Menschen und welche Schicksale dahinter stehen.

5.1 Weiche Werte

Doch sich nur hinter Zahlen zu verstecken, das ist heute zu wenig. Und deshalb werden „weiche" Werte eines Unternehmens wichtiger. Doch genau bei dieser Wertediskussion gibt es eine Reihe von Un-Fällen, von Unnötigem, Unsinnigem und Irreführendem. Jeder Einzelne hat seine Werte (und seine Un-Werte), jede Familie, jede Organisation – ob Wirtschaftsunternehmen, Sportverein oder Verwaltungsbehörde. Ganze Gesellschaften, ja Völker und Nationen haben sie – sogar die EU.

Und in der Wirtschaft? Auch da soll es jetzt eben noch andere Werte geben außer den altbekannten wie Umsatz, Gewinn vor Steuern oder Anzahl der Filialen. Und plötzlich haben Unternehmern und Führungskräfte doppelgleisig zu fahren: auf der einen Seite die alten Werte, auf der anderen die neuen Werte. Die Folge davon ist eine gewisse Unsicherheit: Einerseits tun sich Manager leichter mit den bisherigen Vorgaben, also vor allem mit Zahlen – letztlich werden sie und ihre (Miss-)Erfolge ja weiterhin vorwiegend daran gemessen. Andererseits sollen sie jetzt auch auf die neuen Maßstäbe achten. Dieser Spagat ist nicht leicht.

Werte haben indes einen angenehmen Nebeneffekt: Sie können als Vorbeugung gegen rechtsverbindliche Regeln verwendet werden – nach dem Motto: Wir schaffen uns ein paar Werte und eigene hausgemachte Regeln an, dann braucht es keine gesetzlichen Regelungen. Denken wir nur an Compliance-Richtlinien. Es ist in vielen Fällen ein Deckmantel, auf dem außen ein paar hübsche Schlagworte angenäht werden: zum Beispiel Ethik, Verantwortung, Nachhaltigkeit (siehe Kapitel „Nachhaltig wirtschaften"), soziales Gewissen, Umweltbewusstsein. Besonders, wenn wir dann in den Bereich von CSR, Corporate Social Responsibility, kommen. Damit wollten viele Branchen auch möglichen Einschränkungen ihrer Freiheiten vorbeugen, weil ja Gesetze oft erst auf Druck der öffentlichen Meinung entstehen – man denke nur an die finanziellen Hasardspiele vor und während der Krise 2008 und die darauf folgenden Aufregungen. Also: Besser selbst ein bisserl einschränken und diese Einschränkung gut verkaufen als von außen einen Riegel vorgeschoben bekommen. Die strengere Regulierung der Finanzwirtschaft wurde als Folge der Krisen heftig gefordert – und kaum umgesetzt. Eine Abwehr allzu heftiger Regulierungen gehört zum täglich Brot von Wirtschaftstreibenden.

Das Besondere an oben erwähnten Werten wie Ethik oder Verantwortung: Es handelt sich oft um leere Hüllen, in die jeder hineinstopfen kann, was ihm gefällt oder was ihm gerade recht ist. Daher gehört aufgeräumt mit all dem semantischen Unfug. Aus zwei Gründen: Weil erstens richtiger Sprachgebrauch wichtig ist, damit das hinter dem Wort Liegende nicht verschleiert oder gar verborgen werden kann. Und weil zweitens die Wahl falscher Worte zwangsweise die Wahl falscher Methoden, Interventionen, Vorgangsweisen nach sich zieht. Ein Beispiel dafür: Immer wieder hört man den Satz: „Wir haben keine Kultur bei uns im Unternehmen." Eine irreführende und falsche Behauptung. Höchstens am allerersten Tag eines Unternehmens könnte dem Satz noch etwas abgewonnen werden. Denn Kultur (in diesem Sinn) sind die tatsächlich von den Unternehmensmitgliedern gelebten Verhaltensmuster. Da man sich aber nicht nicht verhalten kann, gibt es spätestens ab dem zweiten Tag bestimmte Verhaltensmuster dieser Mitglieder, es können höchstens nicht viele konforme Muster erkannt werden. Doch selbst das wäre bereits eine Unternehmenskultur, die man mit „Bei uns verhalten sich al-

le anders" beschreiben könnten (was im Übrigen sogar eine sehr prägnante, weil
seltene Firmenkultur wäre, selbst wenn diese wahrscheinlich nicht lange aufrecht-
zuerhalten wäre). Wer also von „keiner Kultur" im Unternehmen spricht, meint in
Wirklichkeit wohl etwas anderes.

Drei Möglichkeiten dafür:

- Gemeint ist: „Ich kann keine Kultur in unserem Unternehmen erkennen." Das
  bedeutet also, dass man nicht sagen kann, was das besondere Gemeinsame im
  Verhalten der Unternehmens-mitglieder ist.
- Häufiger kommt vor, dass gemeint ist: „Wir haben eine schlechte Kultur in
  unserem Unternehmen", was exakter eigentlich heißen müsste: „Mir gefällt
  nicht, wie sich die Leute in unserem Unternehmen verhalten."
- Am häufigsten aber ist gemeint: „Bei uns ist Unternehmenskultur kein Thema."

Unternehmens- oder Organisationskultur umfasst laut Fachliteratur jene Normen
und Werte, die in einer Organisation von allen geteilt werden und größtenteils
ungeschrieben sind und eben typischer-weise gelebt werden.

5.2   Kultur und Makulatur

Das, wogegen in der theoretischen Behandlung von Unternehmenskultur oft, in
der gelebten unternehmerischen Praxis aber noch viel öfter, verstoßen wird, ist der
im Gegensatz dazu eherne Grundsatz: Unternehmenskultur ist das, was von den
meisten Mitgliedern eines Unternehmens typischerweise an Verhaltensweisen an
den Tag gelegt wird.

Nicht das, was in irgendwelchen Fibeln oder Leitbildern, an Werten oder sonstigen Grundsätzen aufgeschrieben ist: Das nennen wir „Makulatur", soweit die
darin festgehaltenen Wunschvorstellungen nicht der tatsächlich gelebten Kultur
entsprechen. Also nochmals (man kann das nach unserer Erfahrung nicht oft genug
wiederholen): Leitbilder und Richtlinien werden wohl die gewünschte Unternehmenskultur repräsentieren – aber die Soll-Unternehmenskultur ist nicht die gelebte
Ist-Kultur. Wenn das Soll zu weit vom Ist abweicht, sprechen wir lieber von „Leid-
Bildern" als von Leitbildern. Sie „leiten" nämlich nicht. Die Differenz zwischen
Wunsch und Wirklichkeit ist zu groß. Daraus entstehen Schmerzen und Enttäu-
schung, wie aus nicht erfüllten (schier unmöglichen) Weihnachtswünschen. Alle
„leiden" unter der Unerfüllbarkeit unrealistischer Wunschvorstellungen. Natürlich ist es nicht nur legitim, sondern eine originäre Aufgabe von Managern und

Unternehmern, die (gelebte) Unternehmenskultur in einem gewünschten Sinn zu beeinflussen. Dazu sind Richtlinien und Leitbilder grundsätzlich schon geeignet. Nur: Was muss dabei unbedingt beachtet werden?

▶ **Tipps zur Unternehmenskultur** Gebot Nr. 1: Der Abstand zwischen gewünschter und tatsächlicher Kultur darf nicht zu groß sein. Anders ausgedrückt: Die Soll-Vorstellungen müssen an die Ist-Werte andocken. Ist der Unterschied zu groß, reißt der „Rapport", also die Beziehung zwischen Gewünschtem und Gelebtem – und die Kluft wird unüberbrückbar.

Gebot Nr. 2: Um dieses sicherzustellen, müssen Manager/Unternehmer unbedingt die tatsächlich gelebte Kultur kennen. Bevor ich mir vornehme, so oder so zu sein (eigentlich zu werden), muss ich doch schauen, wie ich wirklich bin. Und ob das Gewünschte überhaupt halbwegs realistisch ist. Vor dem Abfassen von Richtlinien/Leitbildern ist daher stets die tatsächlich gelebte Kultur festzustellen.

Dazu gibt es einige Möglichkeiten.

• Eine äußerst wirksame Methode stellt die sogenannte „**Institutionenanalyse**" dar, die mit teils sehr kreativen, aber dennoch (oder gerade deswegen) sehr realitätsnahen Methoden vorgeht. So werden zum Beispiel sogenannte „Non Dits" – also Dinge, worüber man in einer Organisation keineswegs öffentlich sprechen darf – bevorzugt auf den Toiletten erforscht. Oder: Wo die wirklichen Kommunikationsfäden zusammenlaufen, wird dadurch festgestellt, dass die Mitarbeiter immer wieder Talkpuder-Behälter durchqueren müssen, damit ihre Fußspuren im Unternehmen sichtbar werden. Übrigens: Der häufigste, sich dadurch ergebende Kommunikations-Knoten ist die Assistenz der Geschäftsführung. Sie haben das wahrscheinlich auch vermutet, oder? Eine Anmerkung dazu: Diese „sonderbaren" Methoden sind im Übrigen sehr themenkonform. Denn: Wir wollen ja das Tatsächliche, nicht das Erdachte erforschen. Hier helfen nur reale Aufnahmen, Fotos, Filme, Abbildungen. Es muss ja umgekehrt als absurd gelten, dass uns reale Abbildungen als „sonderbar" erscheinen. Aufzeichnungen von Mitarbeitern, zum Beispiel wohin sie tatsächlich gegangen sind und was wohl die „Non Dits" ihrer Meinung nach wären, dies alles ist schon verfremdet durch die subjektive Wahrnehmung des Beobachtenden/Wahrnehmenden. Talkpuder-Fußabdrücke und Toiletten-Geschichten sind das hingegen nicht. Quellenangaben zu dieser Methode sind kaum aufzutreiben (was übrigens durchaus dieser Methode entspricht und für sie spricht).

Am besten anfragen bei: *Werner Zbinden (zbindenwerner@bluewin.ch)* oder *Niki Harramach (office @harramach.com)*.

- Eine weitere, viel bekanntere Methode ist das **„Eisberg-Modell"** nach Ed Schein(Schein 1985). Dies wird aber häufig sehr missverstanden angewendet (woran man den Verfasser nicht schuldlos sprechen kann). In völliger (wie zu hoffen ist) Unkenntnis wurde hier ein Naturphänomen seiner eigentlichen Bedeutung entfremdet und damit missbraucht: Richtig ist nämlich, dass man an der Spitze eines Eisbergs natürlich nicht genau erkennen kann, wie es unter der Wasseroberfläche aussieht.
- Allerdings sind ein paar Fakten schon indiziert:
  1. Wenn wir die Spitze eines Eisbergs sehen, dann gibt es einen Eisberg. Daraus ergibt sich „An der Spitze sollt Ihr sie erkennen".Siehe Unterkapitel 1. „Unternehmenskultur" Kap. 1.
  2. Die 1 : 10-Regel ist physikalisch gut abgesichert. Neun Zehntel des Eisbergs liegen unter der Wasseroberfläche. Das heißt: Schon allein durch die Spitze kann ich mir eine Vorstellung zumindest von der Wirkmächtigkeit des Eisbergs machen. Das hätte schon seinerzeit bei der Titanic gut getan.
  3. Im Unterschied zur Nautik brauche ich mich – ja muss ich mich sogar – nur auf den sichtbaren Teil konzentrieren, um den typischen Charakter der Unternehmenskultur zu erkennen. Denn: Was ich nicht direkt wahrnehmen kann, ist ohnehin nicht die gelebte Unternehmenskultur.

Natürlich darf und kann ich mir auch darüber Gedanken machen, welche tiefer liegenden Glaubenssätze zu den wahrnehmbaren Verhaltensweisen führen. Das kann aber auch in die Irre führen. Vor allem kann es unzutreffende Hypothesen generieren. Und: Das alles brauche ich nicht wirklich, um die Unternehmenskultur zu ändern. Denn wenn die Unternehmenskultur die tatsächlich gelebten, erkennbaren Verhaltensweisen sind, muss ich eben nur diese ändern, um die Kultur geändert zu haben. Das allerdings erfordert verhaltensorientierte, keine mystisch intellektuellen Methoden.

5.3 Un-Werte statt Werte

Zwischen der großen Unternehmenskultur und den kleinen täglichen Problemen, zwischen Werte-diskussion und schlechtem Gewissen, zwischen Gewinnmaximierung und Schadensbegrenzung verliert das Management zusehends den Überblick und den Kopf. Was also ist zu tun als aufrichtiger, verantwortungsbewusster, moralisch denkender Manager? Auf Werte kann heute nicht verzichtet werden, doch wo findet man sie? Beim Consulter, wäre die kostenpflichtige Antwort, doch das wäre zu einfach. Im Zuge der Demokratisierungswelle, die auch die europäische Politik gerade wieder erfasst (siehe Trend zur Volksbefragung), sind natürlich die Befragung und Einbeziehung der Mitarbeiter ethisch einwandfreie Instrumente, um Werte zu finden und zu halten. Doch da steckt die Tücke im Detail, denn möglicherweise kommt nur wenig nachhaltig verwertbares Wertematerial heraus bei einer solchen Volksbefragung im Unternehmen: Während die einen eher profane Wünsche wie gratis Mineralwasser, größere Schreibtische und neue Klimaanlage als wert-voll empfinden, sehen sich andere als Revoluzzer und fordern komplette Neuorientierung der Firmenstrategie, Verlegung des Firmenstandorts um 300 Km oder gar Verzicht auf Firmenautos.

Welche Werte sollten also zählen in einem modernen, verantwortungsbewussten Unternehmen, das noch dazu die Parameter der Wirtschaftlichkeit nicht außer Acht lassen darf? Denn bei aller Nachhaltigkeit und trotz CSR: Den Mitarbeitern (und hoffentlich auch den Kunden) wäre es dennoch wichtig, wenn die Firma noch eine Zeitlang überleben könnte, also im Wettbewerb besteht. Wie wäre es daher mit der Definition von **Un-Werten**. Zum Beispiel: „Bei uns werden andere Meinungen nicht heruntergemacht." Das wäre ein mutiger Schritt weg von der Laisser-faire-Politik vieler Unternehmen, die eher eine Lass-mich-in-Ruhe-Politik ist. Weil wenn alle Betroffenen wissen, was sie nicht dürfen, gibt es mehr Sicherheit für jeden einzelnen Mitarbeiter, für jede Führungskraft und in der gesamten Organisation. Mobbing zum Beispiel ist so ein Un-Wert. Oder: Nie da sein, wenn die Mitarbeiter etwas wollen. Oder: Sich nur um sich selbst kümmern. Zugegeben: Die Formulierung der Un-Werte ist auf den ersten Blick schwieriger als jene der Werte. Das liegt vor allem daran, dass für unsere Marketing-getriggerten Hirne das Positive die einzig wahre Möglichkeit scheint, etwa zu vermitteln. „Unsere Mitarbeiter arbeiten in einer wertschätzenden, positiven Umgebung", das klingt doch besser als „Mobbing ist bei uns verboten". Aber seien Sie ehrlich: Letzteres ist handgreiflicher, realistischer – und die Nichtbefolgung auch besser zu überprüfen als irgendwelche Wischiwaschi-Aussagen. Es ist ein wenig wie bei der Kindererziehung: Nur mit fröhlichem Gedudel ist auf Dauer nichts zu erreichen, ab und zu braucht es ein deutliches „Nein!".

Jedenfalls halten wir die Definition von Un-Werten für den besseren, geradlinigeren Weg, echte Werte ins Unternehmen zu bringen (oder dort zu halten), statt die Formulierung hohler Wertefloskeln. Kommt noch hinzu, dass sich bei der Definition von Un-Werten zwei weitere Vorteile dazu gesellen würden:

1. Es ist leichter, die Nichteinhaltung von Un-Werten als die Einhaltung von Werten zu verfolgen und auch zu sanktionieren!
2. Unternehmen und ihre Führungskräfte machen das ohnehin immer bei der Einweisung neuer Mitarbeiter: Dabei wird (hoffentlich) sofort gesagt, was man hier auf keinen Fall tun darf.

Weitere Vorschläge von Un-Werten, die sich Unternehmen bzw. Unternehmenslenker verbitten dürfen, ja sollen:

- Missachtung von Diversitäten jeder Art (*siehe Kapitel „Diverse Diversitäten"*);
- Festhalten an sinnlosen Hierarchien;
- Freunderlwirtschaft = Vetternwirtschaft;
- Form der Kommunikation wichtiger als deren Inhalt;
- neue Ideen werden blockiert (etwa aus Eitelkeit, Eifersucht, Hierarchiedenken);
- Change um des Change willen (*siehe Kapitel „Change-Management-Prophylaxe"*);
- statt der üblichen Allgemeinplätze wie „Innovation" oder „Fortschritt" lieber bestimmen, was nicht gewünscht und (strenger ausgedrückt) nicht erlaubt ist: Stillstand, Rückschritte, Verharren, Langeweile zum Beispiel;
- an religiös anmutende Floskeln wie „Ein besseres Leben schaffen" glaubt nicht mal der treueste Mitarbeiter und schon gar kein Kunde – weg damit;
- ethischen Größenwahn (beispielsweise „der Gesellschaft helfen" oder „Welt verbessern") vermeiden und statt dessen sagen, was im Rahmen der sonstigen wirtschaftlichen Parameter (oder diese sprengend) vermieden werden soll: Schädigung der Umwelt, Ausbeutung von Mitarbeitern etc. – mit dem Hinweis, dass man es zumindest versucht;
- also: Mut zum negativen Wort, das im Prinzip stärker als das gute Wort ist – aber in der Marketingsprache halt verpönt ist. Hier schließt sich der Kreis zu den vorher erwähnten Un-Werten. In beiden Fällen wird der Mut belohnt, Klartext zu kommunizieren.

5.4   Was ist schon ethisch?

Ethik ist ein Maßstab, den viele Unternehmen anlegen oder genauer: anlegen müssen. Schon bei der Ausbildung neuer Manager wird darauf geachtet, Aspekte wie „soziale Verantwortung" oder „CSR" finden in MBA-Programmen ihren

Niederschlag. Beispielsweise bietet etwa die Executive Academy der Wiener Wirtschaftsuniversität in ihren MBA-Programmen[1] einen Schwerpunkt zu „Responsible Leadership" an; die Donau-Universität in Krems macht Führungskräfte zu „Certified Manager in Corporate Social Responsibility and Business Ethics", an der Universität Zürich ist „Ethik und Leadership" ein Bestandteil des Executive MBA[2], und beim MBA-Programm der Mannheim Business School ist ein sogenanntes „Social Sustainability Project" (SSP)[3] zum fixen Bestandteil geworden – dort sollen die Studierenden lernen, einen „positiven Beitrag zur Gesellschaft" zu leisten. Allerdings sind die ethischen Bestandteile der Management-Lehrgänge noch immer vorwiegend freiwilliger Natur. Und passend zur Unverbindlichkeit der meisten Ethik-Vorgaben in der Wirtschaft mangelt es an erfahrenen Vortragenden und bisweilen an Fallbeispielen abseits üblicher PR-Floskeln oder oberflächlicher Marketingaktionen.

Die Manager und die Manager in spe werden also auf Ethik eingeschworen. Doch was nützt der beste Schwur, wenn eine Nichtbefolgung keine Folgen hat? Hier soll erst recht wieder der Markt regulierend tätig sein. Doch Märkte sind nicht von sich aus moralisch oder unmoralisch, nur Menschen und in Folge deren Organisationen oder Unternehmen können ethisch handeln – oder eben nicht. Dennoch soll der Markt regeln, was sich die Manager/Unternehmer nicht zu regeln trauen. Unethische, unmoralische Unternehmen würden vom Konsumenten ohnedies abgestraft, heißt es. Ist das wirklich so? Beispiele aus der Praxis zeigen, dass auch Konsumenten nicht primär ethische Gedanken hegen, sondern andere Aspekte wie Preis und Image noch immer wichtiger sind.

- Beispiel Lebensmittel: „Gute" Produkte, etwa Bio-Gemüse oder Eier von glücklichen Freilandhühnern, stellen in den Regalen der Handelsgeschäfte noch immer die Minderheit dar. Beim Schweinefleisch, in vielen westlichen Ländern heute als Grundnahrungsmittel etabliert und als tägliches Produkt in den Haushalten eine Selbstverständlichkeit, verfallen die Preise: Handelskonzerne stellen den Käufern lieber Billigstware aus Fleischfabriken zur Verfügung. Wo, wie und mit wem die Tiere leben, interessiert angesichts des Preiskampfs im Handel nur eine Minderheit, lautet die Erklärung.
- Bei den Lebensmitteln zeigt sich auch, dass Ethik nicht bloß unter einem Gesichtspunkt zu betrachten ist. Sind Lebensmittel billig, wird dadurch ga-

---

[1] MBA-Programm der Executive Academy der WU Wien: www.executiveacademy.at.

[2] MBA der Universität Zürich: www.emba.uzh.ch.

[3] MBA der Hochschule Mannheim: www.hs-mannheim.de/.

rantiert, dass sich auch Menschen mit niedrigem Einkommen beispielsweise
öfter Fleisch leisten können, das früher als Nahrung den Besserverdienenden
vorbehalten war. Auch dieser Aspekt könnte zur Ethik gezählt werden, ebenso
wie Umweltschutz und Nachhaltigkeit.

• Beispiel Elektroautos: Zwar gibt es bereits viele Autos, die ausschließlich oder
teilweise mit Strom fahren, doch deren Absatz ist bisher überschaubar. Das liege
am Fehlen entsprechender Infrastruktur – etwa Stromtankstellen – und auch
an fehlenden Vorgaben seitens der Staaten, sagen die einen. Die Konsumenten
nutzen nach wie vor lieber (billigere) Autos mit Benzinmotor, statt der Umwelt
zuliebe tiefer in die Tasche zu greifen und Unannehmlichkeiten wie kürzere
Reichweite in Kauf zu nehmen, meinen die anderen. Die Wahrheit liegt wohl
in der Mitte: Es braucht entsprechende gesetzliche Vorgaben, aber auch ein
Umdenken bei Herstellern und Konsumenten.

Man sieht also: Ethik ist nicht einfach zu definieren und vor allem nicht einfach zu
erlangen. Das gilt nicht nur für Konsumenten, die zwischen Bio-Schnitzeln, angeblichen Gütesiegeln für Möbel ohne Regenwaldschädigung und der CO_2-Bilanz von
Computer-Festplatten längst den Durchblick verloren haben. Das gilt auch für Manager, die zwar privat höchst moralischen Ansprüchen genügen, in der feindlichen
Wirtschaftswelt aber plötzlich ganz andere Maßstäbe anlegen. Mit einer solchen
Diskrepanz werden in Zukunft nicht nur wir Menschen uns auseinandersetzen
müssen, sondern auch unsere automatisierten Helfer: Roboter- Forscher diskutieren bereits über ethische Aspekte der Maschinen, selbst wenn derzeit höchstens
primitive Saugroboter die Wohnzimmer unsicher machen. Eine Grundsatzfrage
für zukünftige, menschenähnliche Hilfskräfte ist dabei durchaus humaner Natur,
nämlich wie ethisch in der Praxis entschieden werden kann – noch dazu in hei-
klen Situationen. Ein Experte brachte bei einem Roboter-Kongress[4] ein Beispiel:
Wenn ein Schulbuslenker vor einem Reh auf der Straße ausweicht, um es nicht zu
überfahren, dabei aber seine Passagiere in Gefahr bringt, kann er meist gar nicht
anders – sein Unterbewusstsein zwingt ihn quasi zu dieser Reaktion. Ein Roboter
könnte so programmiert werden, dass er zwischen verschiedenen ethischen Wi-
dersprüchen jenen wählt, der ein wenig ethischer ist. Doch nicht immer wird die
Wahl so einfach sein wie zwischen einem Tier und einer Gruppe Schulkinder – und
hoffentlich nicht immer so dramatisch.

---

[4] Experte bei Roboter-Kongress: APA-Meldung (Austria Presse Agentur) November 2013.

Mitarbeiter und Kunden wollen nicht belogen werden und können es auch gar nicht. Die Umsetzung von ethischen Werten ist entweder ernst gemeint und realistisch – oder zum Scheitern verurteilt. „Die, anstatt durch weise Lehren sich zum Guten zu bekehren, oftmals noch darüber lachten und sich heimlich lustig machten", so hieß es in der anfangs zitierten Bildergeschichte von Wilhelm Busch weiter. Genau das trifft auf viele vordergründige Ethik-Offensiven, Moral-Predigten und pseudo-guten Leitbilder zu, die Unternehmen derzeit aufgesetzt haben.

Wir basteln uns ein Leitbild
99 % aller großen Unternehmen erstellen ein Leitbild. Da diese Leitbilder aber meist eine Anhäufung von Gemeinplätzen abseits inhaltlicher Fülle sind, ist das Finden bzw. Erfinden gar nicht so schwierig. Unser Bastelbogen kann helfen, ein typisch positives Leitbild zu schaffen, das unverfänglich, nichtssagend und dennoch (oder gerade deshalb) jederzeit verwendbar ist (Abb. 5.1).

Hier noch zwei Beispiele originellerer Leitbilder. Eine Anmerkung dazu: Das Unoriginelle der meisten Leitbilder liegt ja auch darin, dass sie sich voneinander kaum unterscheiden. Sinn macht eine gelebte Kultur für ein Unternehmen aber gerade dann, wenn sie unterscheidungskräftig zum Mitbewerber ist. Bei nachfolgenden Beispielen ist das schon besser verwirklicht. Noch immer ist jedoch zu beachten, dass ein noch so originell formuliertes Leitbild die Wirklichkeit nicht ersetzen kann. Aber das haben wir ja schon ausgiebig erörtert.

GORE-CULTURE: Handelsname der W. L. Gore & Associates, Newark, Delaware, Herstellung von Funktionstextilien

- Main principle: Money and Funny
- Waterline-principle
- Natural leadership
- Self-responsibility
- Amoeba Model
- Processes before structures!
- Emphasize Strength

PLANSEE: ein international führendes Hightech-Unternehmen, mit Hochtechnologieprodukten aus Metallen, die ganz besondere Eigenschaften haben

- Manche große Sache ist auch eine Frage der Betrachtungsweise.
- Ohne Kunden gäbe es weniger Probleme. Und keine Aufträge.

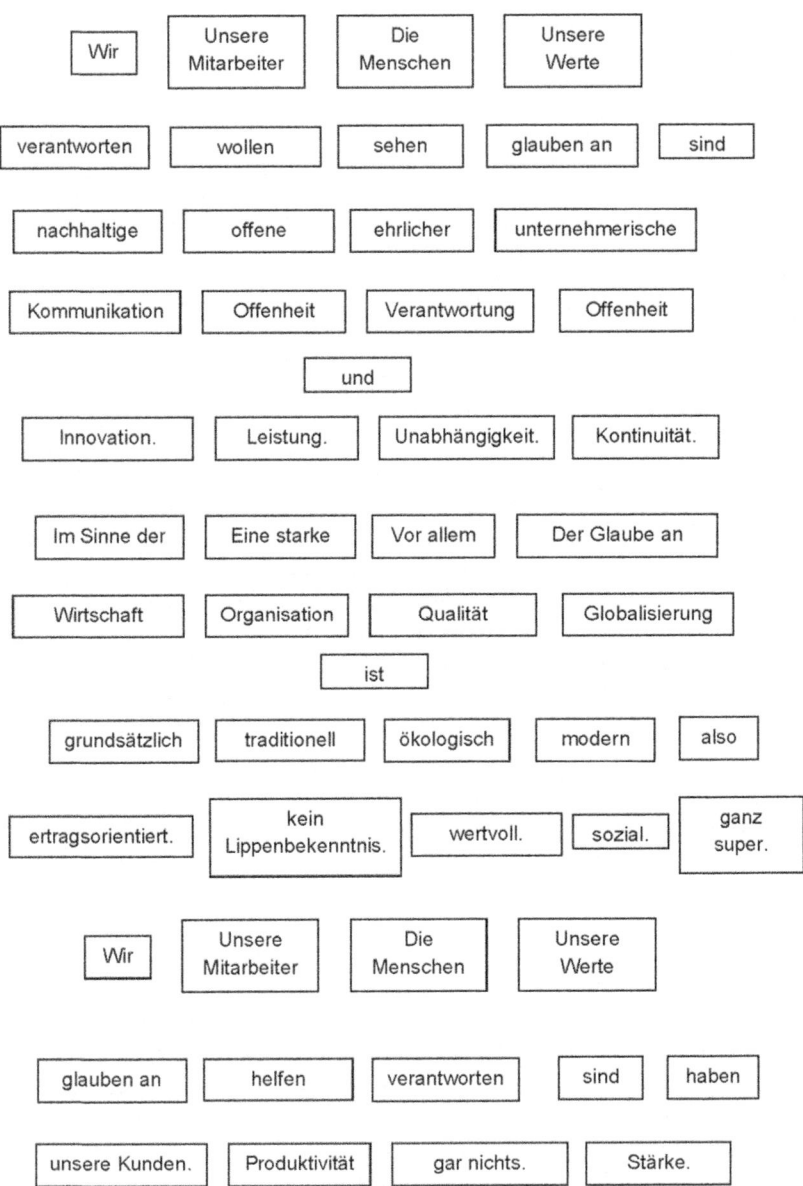

Abb. 5.1 Bastelbogen für ein ganz gewöhnliches Leitbild

- Der Köder muss dem Fisch gefallen, nicht dem Angler.
- Man muss etwas reinstecken, wenn etwas rauskommen soll.
- Wer nur den eigenen Worten lauscht, erfährt nichts Neues.
- Wer viel ernten will, muss tüchtig säen.
- Je höher das Ziel, desto schwieriger der Weg.
- Qualität kennt keine faulen Kompromisse.

Literatur

Schein, E. H. (1985). *Organizational culture and leadership.* San Francisco: Jossey-Bass.

(Un-)Social Media

6

Der für Menschen unumgängliche Ausscheidungsprozess hatte einstmals durchaus geselligen Charakter: Die Römer beispielsweise erleichterten sich vorzugsweise in Gemeinschaftslatrinen. Bei diesen gemeinsamen Sitzungen wurden dann auch die jüngsten Gerüchte ausgetauscht – angeblich entstand so der Begriff des Latrinengerüchts. Auch in den nachfolgenden Jahrhunderten war das, was der menschliche Körper in regelmäßigen Abständen von sich geben muss, an sich nichts Verwerfliches. Erst der Siegeszug der Hygiene sorgte für einen verschämteren Umgang mit dem Thema. Doch jetzt kommt es zu einer Renaissance der Latrinengeschichten: Dank Twitter, Facebook, Google+ und anderen Internet-Plattformen verbreiten sich nun die kommunikativen Ausscheidungen von Menschen in Windeseile in aller Welt.

Da mag vieles dabei sein, das die meisten nicht riechen wollen oder können – und doch haben die Neuen Medien ihren Charakter als belächeltes Spielzeug der jüngeren Generationen verloren. Politiker aller Couleur, Konzernbosse, ja sogar der Papst twittern ihre Erlebnisse; kein Mensch mit Sinn für Selbstvermarktung kann es sich leisten, im Web 2.0 nicht präsent zu sein. Wer seine Mitmenschen erreichen oder zumindest belästigen will, muss ihnen auf diesen Kanälen begegnen. Und sogar die Pflanzenwelt sendet „Tweets" an ihre „Follower": Ein Baum in Erlangen zum Beispiel teilt via Internet mit, ob er gerade Blätter verliert, wie die Luftqualität ist und dass er auf Regen hofft. Dieser „Talking Tree"[1] hat immerhin mehrere tausend Menschen für diesen ganz speziellen Auswuchs der Social-Media-Hysterie begeistern können. Nichts ist unwichtig genug, um nicht in die weite Welt hinausposaunt zu werden, und so kreucht und fleucht eine unüberschaubare Masse im Internet.

---

[1] Talking Tree: Projekt der Naturwissenschaftlichen Fakultät der Friedrich-Alexander-Universität Erlangen-Nürnberg.

N. Harramach, R. Prazak, *Management, absurd*,
DOI 10.1007/978-3-658-04041-3_6, © Springer Fachmedien Wiesbaden 2014

6.1   Kehrseite der Medaille

Das Instrument dieses unheilbaren Mittelungsbedürfnisses nennt sich „Social Media". Das konnte auch nur dem Homo sapiens einfallen, rein technische Medien
„sozial" zu nennen. Es hat zwei wesentliche Gründe, warum wir immer versuchen,
alles zu vermenschlichen: Erstens können wir weite Teile unseres Verständnisses
besser emotional als rational ausdrücken; auch mit unseren Gefühlen zu den Dingen können wir dann besser umgehen („dieser blöde Computer!"). Und zweitens
können wir dann den Dingen selbst die Schuld geben.

Wenn die Menschen also bestimmte Internet-Medien so ganz allgemein und
selbstverständlich „sozial" nennen – dann dürfen, nein, müssen wir die Kehrseite
der Medaille betrachten. Deswegen sagen wir nicht per se „Social Media", sondern
setzen ein „Un" in Klammer davor: (Un-)Social Media wie Facebook, Xing, Twitter,
Google+ können nämlich so und so genutzt werden – sozial und unsozial. Zweifellos sind die sogenannten „Social Media" zu diesem ihren Namen gekommen, weil
sie helfen können, viele Menschen zusammenzuführen; weil sie unabhängig von
physischer Präsenz Gemeinschaften bilden können; weil sie zeit- und ortsunab-
hängig Kommunikation ermöglichen. Das tun übrigens andere Medien auch, wie
beispielsweise das Internet überhaupt, aber auch die Telefonie (nicht nur die mobile) und der Funk. Dass wir diese Eigenschaften schon per se als „sozial" bezeichnen,
mag uns ehren, unsere Sehnsucht nach Gemeinschaft – aber auch nach dem Positiven – symbolisieren; uns schlicht und einfach (mainstreamig) als Gutmenschen
ausweisen oder uns als naiv und gutmütig enttarnen. Denn zweifellos lassen sich
Massenmedien (und das nicht erst seit der Erfindung des Internets) auch unsozial
verwenden.

Eine gesellschaftspolitisch brisante Frage ist auch der gerade wieder laut ge-
wordene Ruf nach mehr Datenschutz, vor allem Schutz vor ungerechtfertigter
Datenweitergabe. Zweifellos besteht heute die gleichzeitig sofortige wie auch welt-
weite Möglichkeit für einen Exhibitionismus, dessen Konsequenzen in dieser
Reichweite oftmals unbeabsichtigt sind. Früher konnten sogenannte „Flitzer", wenn
sie Erfolg hatten, mal ein ganzes Fußballstadion für sich als Öffentlichkeit gewinnen. Die Fotos von solchen Happenings waren meist unscharf, allfällige Videos
auch. Heute können weltweit theoretisch alle sehen, wenn man ein Bild von sich
in Unterhose – oder gar ohne – auf Facebook postet. Und die Enkel und Urenkel
sehen es wahrscheinlich auch noch. Angesichts dessen ist die Forderung nach einem besseren staatlichen Schutz bei Datenweitergabe anachronistisch und absurd,
denn:

1. Alle Beteiligten und Betroffenen sollten ihr Augenmerk in erster Linie nicht auf die Datenweitergabe, sondern vielmehr auf die Dateneingabe richten. Danach ist fast nichts mehr Sache des Urhebers. Und deswegen

2. ist bei der Weitergabe die Vor-Sicht der Betroffenen gar nicht mehr gefragt. Rück-Sicht der Weitergabemächtigen wäre vielmehr notwendig, denn dann kommt auch niemand mehr an bestimmten Eingaben vorbei: Gesundheitsdaten, Standesdaten überall – von Versicherung bis Führerschein. Und viele andere „freiwillige" Dateneingaben, wenn man nicht ein „Kaspar-Hauser-Dasein" führen will.

3. Der Ruf nach mehr Staat ist just in diesem Fall bildungspolitisch kontraproduktiv. Der Einzelne sollte vielmehr lernen, seine Selbstverantwortung besser wahrzunehmen. Gerade diese Problemstellung würde sich gut dazu eignen. Auch der notabene noch immer bestehende Schutz des Briefgeheimnisses setzt voraus, dass der Brief vom Absender zugeklebt wird.

Beispiel für ungeschützte Datenweitergabe

Dazu eine wahre Anekdote: Es ist wohl 15 Jahre her, dass ein bekannter Trainer (Typ zerstreuter Professor) bei einer größeren Briefsendung an einen Kunden das Kuvert nicht zuklebte, sondern vielmehr den Inhalt beim Einwurf in den Briefkasten in diesen frei entleerte. Es war allein dem Briefträger (den damals noch eine größere Bekanntschaft zu seinen Kunden auszeichnete) zu verdanken, dass der umfangreiche Inhalt dieser geplanten Sendung wieder eingesammelt und dann ordnungsgemäß verfrachtet werden konnte. Es wäre aber damals niemandem eingefallen, von der Post oder gar dem Staat mehr Schutz bei der Datenweitergabe zu verlangen.

Nicht nur politisch brisant, sondern auch soziologisch und psychologisch im wahrsten Sinn des Wortes phänomenal sind in diesem Zusammenhang die Aktivitäten von Anonymous. Das Besondere an Bewegungen wie dieser ist jedenfalls: Ohne formelle Hierarchie beginnen sich Schwärme von Menschen in eine bestimmte Stoßrichtung zu bewegen, um etwas zu bewegen. Gut, das war beispielsweise auch in der DDR so und in China am Platz des Himmlischen Friedens. Doch bei Bewegungen wie Anonymous mitzumachen ist – zur Zeit zumindest – bei Weitem nicht so gefährlich. Und darin liegt auch schon ein sehr unsoziales Potenzial dieser Medien: Nicht nur der Möglichkeit, Missstände aufzudecken und den Mächten eine Kontrolle „von unten" entgegenzusetzen, sind damit Tür und Tor geöffnet, sondern auch der Massenhetze. Die Gefahr: Anonyme Schwarm-Unintelligenz kann sich ungestraft, aber Opfer hinterlassend, entfalten. Klar, schon im Web 1.0 konnte man Rufmord vor einem Weltpublikum begehen.

Aber das Internet konnte noch nicht so lawinenartig eskalieren und explodieren. Man darf gespannt sein, wie sich Legalität und ihr Gegenteil da begegnen werden – in welcher Form von Asymmetrie, um genauer zu sein. Was Anonymous im Großen ist, sind die diversen Meinungsforen im Kleinen. Hinter dem Deckmantel einer Schein-Anonymität zeigen sich die Internet-Nutzer oft von ihren schlimmsten Seiten: Gefährliches Halbwissen, gepaart mit hohem Aggressionspotenzial und dem Gefühl, quasi aus dem Hinterhalt heraus mit Worten scharf schießen zu können, führt bisweilen zu echten Tatbeständen. Aus diesem Grund wird auch überlegt, Postings, also anonyme Kommentare, online zu verbieten und eine Ausweispflicht für die Verfasser der Postings einzuführen.

Real, irreal, ganz egal?

Für Anhänger des radikalen Konstruktivismus – und es werden ihrer immer mehr – ist der Unterschied zwischen sogenannten „virtuellen" und „realen" Welten unsinnig. Wahrnehmung spielt sich ohnehin ausschließlich innerhalb unseres Gehirns ab. Oder wie ein berühmter Hirnforscher einmal gesagt hat: „Doch, es gibt die Welt da draußen. Aber Sie sind dort nie gewesen, nicht einmal zu Besuch. Der einzige Ort, wo Sie jemals waren, ist das Gehirn." Aber man muss sich gar nicht großartig mit Hirnforschung und Konstruktivismus beschäftigen, um eines klar zu bekommen: Für uns ist alles „real", was wir in dieser unserer Lebenszeit erleben. Und wenn wir eine Stunde vor dem Computer sitzen, dann ist alles, was wir auf dem Bildschirm sehen, eben alles, was wir sehen, allenfalls hören. Jedenfalls alles, was wir in dieser Stunde wahrnehmen. Das und nichts anderes ist dann in dieser Stunde unser Leben. Und dann ist diese Stunde auch real vorbei, selbst wenn wir diese Stunde lang sogenannte „Computerspiele" gespielt haben.Erstaunlich bis absurd daher das Erstaunen der Wissenschaftler der deutschen Universität Witten/Herdecke über die Ergebnisse einer Studie, die sie an der Melbourne University in Australien[2] vor Kurzem durchgeführt haben. Um das Resümee auf den Punkt zu bringen: Die Psychologen sahen die „Grenze zwischen menschlicher und maschinenhafter Realität verschwimmen". Haben sie – was doch heutzutage für Psychologen erstaunlich ist – übersehen, dass wir Menschen nur eine Realität haben? Ob die aus einer Maschine wie einem Bankomaten oder einem Armaturenbrett im Auto, einer Waschmaschine oder einem Computer beim Spielen kommt, spielt da keine Rolle. Dass deswegen aber Grenzen zwischen Mensch und Maschine mehr und mehr verschwimmen sollten, ist aus Sicht der Wahrnehmungspsychologie nicht einzusehen. Der Mensch nimmt die Maschine – und was sie produziert – wahr, nicht umgekehrt, und er wird auch nicht zur Maschine. Das könnte jeder/jede testen, indem er/sie auf eine heiße Herdplatte greift. – Wovon aber in der Realität (wo sonst?) abgeraten wird. Korrektur: Realität durchaus möglich, aber bitte nur die der Gedanken.

---

[2] Studie der Uni Witten/Herdecke.

Apropos Gedanken: Die Wissenschaftler führen auch an, dass das Schmerzempfinden von intensiven Avatar- Rollenspielern herabgesetzt worden sei. Es ist zu hoffen, dass sie, die Wissenschaftler, das nicht auch noch erstaunt. Es ist allerdings (wieder einmal) ein schöner Beweis dafür, dass sich Wahrnehmung und Erleben innerhalb unseres Gehirns abspielen. Auch Kunst- und Sportschützen trainieren ihren kunstfertigen Schusswaffengebrauch teilweise in Gedanken und präzisieren damit ihren Waffengebrauch realiter beträchtlich. Mentales Training ist doch in der Zwischenzeit nicht nur indischen Yogis bekannt. Und wer von uns hat nicht schon einmal im Geiste (wo sonst?) Napoleon oder Prinz Eisenherz oder Harry Potter gespielt und ist damit um einiges mutiger geworden. Weniger „Verspielte" unter uns üben über ihre Präsentation, die sie am nächsten Tag vor der Geschäftsführung halten müssen, im Geist durch; andere den bald bevorstehenden Ski-Abfahrtslauf oder wieder andere das Gedicht, das sie am nächsten Muttertag aufsagen müssen. „Die wahren Abenteuer sind im Kopf. Und sind sie nicht im Kopf, dann sind sie nirgendwo", das sang schon der bekannte österreichische Künstler André Heller. Und wie recht er doch hat.

Zusammengefasst: Wir haben in jedem Moment unseres Lebens nur eine Realität. Und „virtuell" ist wohl nur ein Ausdruck für Simulation, Vorgetäuschtes (aber in diesem Simulierten, in diesem Vorgetäuschten natürlich Wirkliches). Die eine und einzige Realität, die wir in jedem Moment unseres Lebens haben, mit bestimmten Eigenschaftswörtern zu bezeichnen, kann sinnvoll sein. Aber auch verrückt machen. Insbesondere, wenn wir versuchen, andere Realitäten zu finden als die reale. Nichts einzuwenden also gegen Beschreibungen wie eine „schöne" Realität oder eine „unglücklich machende". Die Bezeichnung „virtuell" birgt allerdings die Gefahr in sich, bloß das Gegenteil von „real" zu sein – und das ist die Realität eben nie und nimmer.

6.2 Positives – Negatives

Natürlich überwiegen auf den allerersten Blick die „sozialen Seiten" von Social Media – etwa dass man mit Menschen, die man sonst aus den Augen verlieren würde, über solche Online-Plattformen ganz leicht (wieder) in Kontakt treten kann. Allerdings muss man auch „nein!" sagen können, wenn man gar nicht reden, schreiben, chatten, Fotos teilen und Ähnliches will. Man musste ja auch niemals den Telefonhörer abheben, wenn es klingelt. Nicht das Medium an sich ist schuld, sondern der Mensch, der es nutzt – zum Beispiel wenn zu oft, zu lange, zu intensiv oder falsch genutzt wird. Was im Privaten gilt, gilt auch im Politischen: Die Nutzung des Internet kann Positives zumindest unterstützen. Bei den Revolutionen in arabischen Ländern spielten Facebook und andere Plattformen eine Rolle – wie sehr sie den Lauf der Geschichte tatsächlich beeinflusst haben, darüber streiten Experten. Die einen behaupten, ohne sie wäre der Umbruch nicht so rasch in Gang gekommen. Die anderen verweisen darauf, dass mit ein paar Internet-Kommentaren noch lange nichts erreicht war und dass die Machthaber nun noch stärker das Internet für ihre eigenen Zwecke missbrauchen.

Wie sehr das Internet, einstmals als Hort der Freiheit und der grenzenlosen Kommunikation gepriesen, auch für gegenteilige Maßnahmen genutzt werden kann, zeigt die Überwachung von Telefonaten, Mobilnachrichten und des gesamten Internetverkehrs durch den US-Geheimdienst NSA. In grenzenloser Datengier wurde nicht einmal davor zurückgescheut, scheinbar harmlose Spiele zu nutzen[3], um Daten über die Nutzer zu sammeln. Auf den ersten Blick scheint es widersinnig, irgendetwas aus der Beschäftigung des Durchschnittsbürgers mit hochtrabenden Spielen wie „Angry Birds" (wobei mit Vögeln auf Schweine geschossen wird) lernen zu wollen. Doch unsere Handys und sonstigen Internet-Geräte sammeln ja unentwegt und ungefragt ständig irgendwelche Informationen über uns – etwa unseren Aufenthaltsort oder wie lange wir etwas tun (oder nicht tun). Dies alles hilft gesteigertem Vertrieb. Das mag uns dann recht sein, wenn es uns wie bei Amazon gezieltere individuelle Tipps für unseren Einkauf gibt. Es kann uns aber auch auf die Nerven gehen. Jedenfalls aber kann es auch behördlicher Verfolgung dienen. Dies kann uns wieder reuen, wenn es zu effektiverer Verfolgung und Verhinderung von Kriminalität führt. Es kann uns aber auch ängstigen und empören, wie im Fall der US-Behörden. Kapitel 12 (und die dortigen Ausführungen zu „Big Data").

6.3   Umbruch in der Wirtschaft

Sicher ist: Das Internet und die neuen Möglichkeiten zu rascher und grenzenloser Kommunikation lösen auch in der Wirtschaft einen Umbruch aus. Rein vordergründig geht es für die Unternehmen nur um eine Teilnahme an Märkten, etwa um neue Mitarbeiter zu finden (Personalmarkt) oder neue Produkte zu bewerben (Absatzmarkt). „Besuchen Sie uns auf Facebook!"; „Folgen Sie uns auf Twitter"; „Nehmen Sie Kontakt auf über Google+ ". Ohne diese Plattformen geht in der Wirtschaft gar nichts mehr: Biobauernhof, Einzelhandelskette, Nagelstudio, Sportartikelkonzern, selbstständiger IT-Berater, Juwelier – niemand mag darauf verzichten, sich online mitzuteilen. Und eine ganze Heerschar an Online-Experten ist angetreten, die ahnungs- und wehrlosen Unternehmen mit Begriffen wie Viralkampagnen, Twitterfeed und Seeding zu erschlagen. Dubiose Zugriffszahlen, Amateurblogs und Video Advertising müssen herhalten, denn das Technikerlatein ist die neue Umgangsform im modernen Unternehmen. Und wenn das alles nicht

---

[3] Süddeutsche Zeitung, 27.1.2014.

verstanden wird, gibt es immer noch das Killerargument Nummer eins: Das ist alles viel billiger als herkömmliche Maßnahmen!

Die wahre Bedeutung von Social Media haben die wenigsten Unternehmen verstanden: Es kommt zu einem Machtwechsel und zu einem Kontrollwechsel; die alten Strukturen sind durch das Internet endgültig obsolet geworden. Es sind dabei weniger die technischen Möglichkeiten, die eine andere Form der Kommunikation und generell der Unternehmensführung erfordern, sondern vielmehr das zunehmend vernetzte Denken und Fühlen der Mitarbeiter – und ihr Verlangen nach einem solchen vernetzten Denken auch im beruflichen Umfeld. Via Smartphone und Tablet werden Informationen innerhalb weniger Minuten unkompliziert ausgetauscht – doch in der Firma dauert es noch immer zwei Wochen, bis der Rundbrief über die neuesten Vorgaben von oben ankommt.

Keine Frage: Da kommt auf die sogenannten Entscheider in den Unternehmen wirklich Neues zu. Das Gerede von den flachen Hierarchien und den ständig offenen Türen war ja bisher eher was für die Galerie – nun wollen die Mitarbeiter tatsächlich mitreden. Aber wo kommen wir da hin, wenn jeder seine Ideen, seine Probleme, seine Meinung kundtut? Wie lässt sich ein Unternehmen überhaupt noch steuern, wenn es keinen Trommler mehr gibt, sondern jeder sein Ruder nach dem eigenen Taktgefühl schlägt? Die Chefs werden noch stärker als bisher gefordert sein, einen Korridor vorzugeben, in dem das Schiff die Richtung hält – also die Grenzen nicht zu eng setzen, aber auch nicht ganz auf Grenzen verzichten. Ob man diese Korridorsteuerung mag oder nicht – der Effekt der neuen Medien für Organisationsentwicklung und Unternehmenskultur wird tatsächlich gewaltige Umbrüche bewirken. Im Enterprise 2.0 werden zwar noch klarere Entscheidungen von den verantwortlichen Hierarchen gefordert sein, aber es wird ganz anders geführt werden müssen. Enge Kommunikations-Schlote werden aufzumachen sein oder aufgebrochen werden. Fast alles wird kommuniziert werden können, aber doch nicht erwünscht sein. Verbote werden mögliche Wertschöpfung ruinieren und damit möglicherweise ganze Unternehmen. Neue Erfolgreiche werden sich herausstellen. Geführt wird über Korridore werden. Die aber werden auch erst zu bilden sein. Aber mit bloßen Befehlen wird da nichts zu holen sein. Die Führenden werden oft nicht die Hierarchen sein. Kapitel 2.

Alle – vor allem die Führenden – werden viel Unsicherheit auszuhalten haben. Wer führen will, muss mitmachen. Werte und Unwerte – und damit die Unternehmenskultur – werden viel entscheidender sein. Denn die Menschen-Schwärme werden „von selbst" wissen müssen, was sie tun dürfen/sollen. Das wird spannend (Abb. 6.1).

Abb. 6.1 Unsocial Head

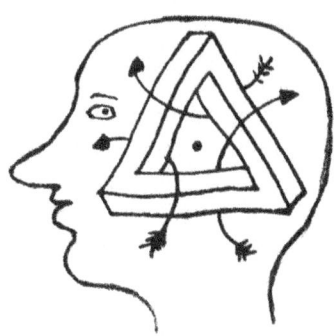

6.4   Beruflich, privat oder beides?

Eine weitere Dimension ist die zunehmende Verwebung von privaten und beruflichen Inhalten – zwar wollen die Unternehmen, im Speziellen die Konsumgüterindustrie, ja den Konsumenten mindestens bis ins Wohnzimmer folgen. Doch wenn diese dann im Gegenzug selbst einen Blick in die Unternehmen werfen wollen, wird der Bildschirm dunkel. Videobotschaften vom Chef ins Netz stellen – ja bitte. Heikle Anfragen im Chat beantworten – nein danke. Und überhaupt: Was, wenn in Zukunft jeder Mitarbeiter mit denen da draußen zu tun hat? Hier eine Grenze zwischen Intern und Extern zu ziehen ist schwierig – man wird niemandem verbieten können, auf Facebook den Freunden und Bekannten ein paar Nettigkeiten über den Chef zu erzählen. Es ist also zu befürchten, dass das gläserne Unternehmen mindestens so Realität ist wie der gläserne Mensch. Da hat man mit einer überkommenen Organisationskultur („Wir reden, Du hörst zu!") ganz sicher nicht den Durchblick.

Aber: Jüngsten Prognosen zufolge könnte Facebook in zwei Jahren bis zu 80 % seiner Nutzer verlieren.[4] Jedoch auch nur, weil viele der Nutzer auf (andere) Apps umsteigen werden. An der aufgezeigten Problematik würde dies daher nichts ändern. Das Smartphone ist der umfassendste Detektor!

Rückgewinnung

In „modernen" politischen Strömungen ist viel von der „Rückgewinnung der politischen Gestaltung" durch die Bürger und die Zivilgesellschaft insgesamt die Rede. Mehr „direkte Demokratie" heißt das auch. Wenn es dadurch gelingt, mehr (besonders junge) Menschen

---

[4] golem.de, 23.1.2014.

für politische Teilhabe, ja sogar Aktivität zu gewinnen, ist dies durchaus begrüßenswert. Bisherige Erfahrungen haben aber eher gezeigt, dass Informationstechnologie kein geeignetes Mittel ist, um die politische Aktivität, insbesondere von jungen Leuten, zu erhöhen.Dazu zwei Beispiele: In Österreich wollte man bei der Hochschülerschaftswahl 2009 den Studierenden die Stimmabgabe per E-Voting ermöglichen. Das wurde mehr als ein Flop, es gab sogar Proteste dagegen[5]. Und in Deutschland ist der Widerstand gegen Online-Wahlen noch immer groß, obwohl sich die Briefwahl durchgesetzt hat (bei der Bundestagswahl im Herbst 2013 gaben bereits 24 % der Wähler ihre Stimme auf diese Weise ab, 2009 waren es erst rund 21 % gewesen, 1990 erst knapp zehn Prozent[6]. Frühestens 2018, eher aber viel später, wird es möglich sein, seine Stimme bei politischen Wahlen auch online abzugeben. Immerhin will zumindest Bayern ab 2018 ein solches E-Voting bei der Landtagswahl möglich machen.[7] Man sieht also: Gut Ding (?) braucht Weile.

Generell muss eher bezweifelt werden, dass eine „Rückgewinnung" der politischen Gestaltungsmöglichkeiten stattfindet, unabhängig davon, wie die juristischen Ausgestaltungen der direkten Demokratie aussehen mögen. Bei indirekter Demokratie hatte man einen Mandatar als Repräsentanten. Diesen konnte man auch (manchmal schwierig vielleicht, aber eben doch) zur Rede stellen. Wie wird das bei der direkten Demokratie sein? Wird der/die Einzelne mehr Mitbestimmungsmöglichkeit bekommen als die bloß statistische Häufigkeit? Werden Shitstorms massendynamische Kraft erzeugen – und wenn ja: für wessen Shit?

Eine Folge der (Un-)Social Media ist jedenfalls auch die Vermassung. Diese gab es immer schon. Aber derart inkognito, derart rasch viel und derart relativ unanstrengend ging es noch nie. Auch diese Tatsache hat natürlich ihre zwei Seiten: Es kann gut in die Masse eingetaucht werden, und es kann relativ problemlos darin geschwommen werden – wenn einem diese jedoch anonym, amorph und übermächtig und unstrafbar entgegenbrandet, sieht es naturgemäß ganz anders aus. Und je nachdem, auf welcher Seite ich bin, kann das wunderschön sozial oder abgrundtief hässlich asozial sein.

Jedenfalls muss es beide Seiten haben – auch eine Münze mit nur einer Seite ist nicht bekannt. Umso verwunderlicher, ja gar absurder ist es, wenn sich Benutzer und Benutzte völlig überrascht (?) in beiden Positionen wiederfinden. Der Ruf nach Datenschutz auf der einen Seite paart sich mit einem noch nie da gewesenen Exhibitionismus auf der anderen Seite. Und in großer Zahl ist es gerade die junge Generation, in der sich diese widersprüchlichen Vorgangsweisen vermischen. Die Veröffentlichung des Selbst ist ja – besonders auf Facebook – derart fortgeschritten, dass es für „Bespitzelung" sehr eng wird. Es wird ohnehin schon fast alles freiwillig preisgegeben. Was kann man da noch auskundschaften? Wo sind die Zeiten, wo sich sogenannte Führungskräfte gescheut haben, gemeinsam mit ihren Mitarbeitern

[5] APA-Meldung 2009.

[6] APA-Meldungen September 2013, Statistisches Bundesamt Deutschland.

[7] focus.de, 11.1.2014.

ein Teamtraining zu absolvieren mit der Begründung: „Da könnten mich ja alle so sehen, wie ich wirklich bin." Für die sogenannten Social Skills wie Kommunikation bringt das auch einiges an Veränderung. Schon bisher haben sich Kommunikationsprofis vor allem durch die Selektivität ihrer Kommunikation ausgezeichnet. Schon bisher war es ein Zeichen von besonderer Expertise, den sogenannten „EKR – Erweiterten KommunikationsRaum" (das bedeutet, dass jeder mithören kann, auch wenn nur zwei sich unterhalten) und seine Wirkungen gut zu kennen und einzusetzen. Ausführlich dazu siehe Kap. 4. „. . . Kommunikation"). Diese Fähigkeit gewinnt heute noch mehr an Stellenwert. Die Unwissenheit vieler „User" auf diesem Gebiet eröffnet ein weites Feld für Trainings und Coachings. Die Kunst eines guten „Vieraugengesprächs" ist schon zu einer Rarität geworden. Klar, es ist schon was Tolles, auf Knopfdruck mit der ganzen Welt in Kontakt sein zu können. Und wenn dann die Zutrittsbarrieren zu diesem Knopfdruck so niedrig sind wie bei diesen Medien; wenn wir das also alle ganz leicht machen können – dann müssen wir die ernsthafte Diskussion, ob der Gebrauch dieser Möglichkeiten nicht auch sehr schädlich sein könnte, mit uns allen führen – nicht nur mit ein paar verantwortlichen Experten wie bei Atomkraft oder Genmanipulation.

Klar, da ist die Verführung groß und sind die Kosten anscheinend niedrig. Wie heißt es in Goethes Gedicht „Der Fischer" doch so schön?

Sie sprach zu ihm, sie sang zu ihm;
da war's um ihn geschehen,
halb zog sie ihn, halb sank er hin
und ward nicht mehr gesehen.

Bei aller Ähnlichkeit, eines ist sicher: Die letzte Zeile stimmt nicht. Die Halbwertszeit der Sichtbarkeit in diesen Medien gleicht in etwa (auf ein paar tausend Jahre kommt es da nicht an) der Atommüllverrottung.

Wenn dann schon erste (sekundäre) Krankheitsmerkmale auftreten, sind natürlich auch gleich wieder die Heiler auf dem Plan. Schon gibt es den Ruf nach sogenannten „digitalen Therapeuten". Dass der Ruf nach einer Profession immer zuerst von denen angestimmt wird, die sie anbieten, soll auch in diesem Fall nicht übersehen werden. Jetzt, in der Geburtsstunde für diesen neuen Markt, kann man das ewig gültige Gesetz, dass eher das Angebot als die Nachfrage einen Markt schafft, noch sehr gut beobachten. Spannend könnte noch werden, was das „digital" bei dieser Therapieform bedeutet. Dass auch die Therapie selbst über digitale Medien erfolgt? Oder dass sie sich gegen die digitalen Medien wendet, so wie die Suchttherapie gegen die Suchtmittel; oder bloß gegen den zerstörerischen Gebrauch derselben und damit gegen bestimmte Verhaltensweisen der Menschen im Umgang damit? Womit wir wieder zur Erkenntnis kommen, dass alle Welt, also auch die sogenannte „virtuelle", nur in uns selbst Realität wird.

Egal, wie die Therapie aussehen könnte: Was diese neuen Medien angeblich so sozial macht, ist dieses Gefühl der sozialen Nähe und Wärme. Selbst Menschen, die sogar zu ihren Zierfischen unfreundlich sind und als Chefs so viel Empathie ausstrahlen wie ebendiese, haben im Internet einen ganzen Haufen von Freunden. Die Gefahr besteht da, dass oberflächlich hingeworfene Kommunikationsschnipsel eine echte Unterhaltung ersetzen. Zweiter Effekt: Vor lauter Kommunizieren kommt man ja kaum mehr zum Arbeiten oder im Gegenzug auch gar nicht mehr weg von der Arbeit. Ein Mail vom Chef am Freitagabend ist längst eine Selbstverständlichkeit (in die Gegenrichtung natürlich nicht). Der rasche Fluss an Informationen darf niemals stocken. Das überfordert den Einzelnen ebenso wie die gesamte Organisation: Welche Informationen, welche Daten sind es wert, genauer betrachtet zu werden.

„Business Intelligence" nennt sich ein relativ neuer Zweig der Informationstechnologie, der die professionelle Auswertung von Daten für ein Unternehmen bedeutet. Gemeint sind da aber vorwiegend die Datenmassen, die von außen hereinströmen. Wie man mit den eigenen Daten umgeht, ist da eine ganz andere Frage. Sich diesen zu stellen, dazu kommen die meisten Unternehmen aber gar nicht: Wichtiger ist es im Moment, auf Twitter, Facebook und YouTube präsent zu sein – und sei es nur, um ein paar Latrinengerüchte loszuwerden.

Große Datenmengen, wenig Durchblick

Big Data ist nach Ansicht von Experten einer der großen Trends in der IT. Gemeint ist damit das Sammeln, Analysieren und Verwerten riesiger Datenmengen, die bisher nicht genutzt wurden, nun aber wegen neuer Technologien (etwa Ortsdaten von Handynutzern) zur Verfügung stehen. Dazu gibt es aber mindestens zwei Einwände:

Erstens: Wie sehr versklavt uns Big Data? Oder noch schlimmer: Wie sehr versklaven wir uns selbst mit Big Data? Dazu zwei Zitate:

Alle Daten sind Kreditdaten, wir wissen nur noch nicht, wie wir sie richtig einsetzen. (Douglas Merrill[8])
Da man Punkte, die man nicht hat, auch nicht miteinander verbinden kann, versuchen wir, alles zu sammeln und auf ewig aufzubewahren. (Gus Hunt, Ex-Cheftechniker der CIA[9])

Zweitens: Und was bringt Big Data überhaupt? Es ist zu befürchten, dass es uns in Situationen der Ungewissheit gar nicht helfen kann, denn da ist **„weniger mehr"**, *siehe Kap. 12. „Entscheiden – aber falsch".*

---

[8] Zitat Douglas Merrill, ehemaliger CIO von Google und nun CEO von ZestCash.
[9] Zitat Gus Hunt, ehemaliger Cheftechniker CIA.

Pro & Contra Anonymous

Zweifellos lassen sich Massenmedien (und das nicht erst seit der Erfindung des Internets) auch unsozial verwenden. Darin stimmen die beiden Autoren überein. Was allerdings eine besondere Ausprägung dieser Internet-Benutzung betrifft, sind sie unterschiedlicher Meinung. Es geht um Anonymous – und darüber streiten jetzt die beiden Autoren dieses Buches:

Harramach: Anonymous erinnert doch frappant an „Ku-Klux-Klan" – wohl nicht nur im Aussehen, sondern auch in der Vorgehensweise.

Prazak: Der Vergleich ist sehr weit hergeholt. Man mag über die Beweggründe und die Vorgehensweise von Anonymous debattieren, aber es wurden und werden ja auch viele Missstände aufgezeigt.

H: Welche?

P: Beispielsweise die Methoden von Scientology oder auch Auswüchse bei der Überwachung und Zensur des Internets. Auch beim Arabischen Frühling konnte Anonymous helfen.

H: Aber beides sind durchaus missionarische Bewegungen. Die einen hatten ihre glühenden Anhänger, die anderen haben sie. Die Mitglieder beider Bewegungen treten maskiert, weil anonymisiert auf und versuchen auf diese Art und Weise einer individuellen Verfolgung ihrer – in beiden Fällen – illegalen Tätigkeiten zu entgehen.

P: Aber bei Anonymous überwiegen die positiven Beweggründe.

H: Halt! Dasselbe würde der Ku-Klux-Klan für sich in Anspruch nehmen. Was positiv ist, ist doch nur eine Frage des Standpunkts.

P: Das kann man nicht vergleichen. Sicher ist jedenfalls: Um der Verfolgung durch potente Mächtige, darunter Staaten und Weltkonzerne, zu entgehen, bedarf es eben der Anonymität. Kein gutes Zeichen für unsere Rechtssysteme eigentlich.

H: Das hat nichts mit „unserem" Rechtssystem zu tun. Wäre absurd, von irgendeinem Rechtssystem zu verlangen, dass es das von ihm Verbotene erlaubt. Illegal ist illegal!

P: Illegalität ist auch nur ein Standpunkt. Und ziviler Ungehorsam war immer schon ein Aspekt, zumal ja Bewegungen wie Anonymous per se gewaltfrei agieren.

H: In vielen Fällen bewegen sich Aktionen mithilfe dieser Medien im Grenzbereich der Illegalität, oft aber auch in moralischen Bereichen, die nur vor dem Hintergrund unserer derzeitigen Gesellschaftsordnung diskussionswürdig sind.

P: Eher Gesellschafts-Unordnung. Anonymous ist eben ein Zeichen unserer Zeit – also eher Symptom, dass es viele Krankheiten gibt. Man sollte froh sein, dass es die gibt.

H: Wüsste nicht, was wir durch Anonymous erkennen konnten, was wir nicht schon wussten. Aber wahr ist: Diese Bewegungen in Unrechtsbereichen oder Grenzbereichen der Moral sind nicht Erfindungen des Internets und seiner Weiterentwicklungen. Immer schon war es nicht nur möglich, sondern real, wurde tatsächlich in Gemeinschaft, also in Sozietät, also „sozial" in diesen Grenzbereichen agiert. Die Intrige, das Gerücht und andere derartige Machenschaften hat es immer schon gegeben.

P: Eben. Diese Gerüchte sind aber nicht asozial, sondern meist dienen sie eher sozialen Belangen. Die offiziellen Medien sind eben vor allem Instrumente des Machterhalts, da braucht es Medien sozusagen für unten.

H: Der Sturm auf die Bastille hat halt nicht „Flashmob" geheißen und die Ok-
toberrevolution nicht „Shitstorm". Der Unterschied zu Gemeinschafts- sprich
Massenbewegungen in sogenannten „virtuellen" Medien ist der, dass heute besserer Schutz in Anonymität gefunden werden kann. Man kann nicht einmal mehr die
in der ersten Reihe identifizieren.

P: Zum Glück. Sonst würden wir nur das wiederkäuen, was die angeblich so kritischen
Massenmedien verbreiten, das aber in Wirklichkeit nur zur Verfestigung bestehender
Verhältnisse dient.

H: Aber mithilfe der virtuellen Medien ist es leichter, etwas oder jemanden fertigzu-
machen.

P: Das können offizielle Medien aber auch: Boulevardmedien etwas schärfer, aber
auch sogenannte Qualitätsmedien.

H: Ja, aber immer könnte noch jemand Bestimmter belangt werden. Bei Anonymous
niemand mehr.

Härte der Soft Skills 7

Sanierer, Aufräumer, Erfinder, Netzwerker, Anpacker, Revolutionäre – die Wirtschaftswelt wimmelt nur so von starken, harten Persönlichkeiten. Doch wer hat schon von Managern gehört, die lieber ihre „weichen" Fähigkeiten betonen? Wieso werden Fertigkeiten wie Kommunikation, Führung, Teamwork, Konfliktmanagement und Motivation fortlaufend unter ihrem Wert gehandelt? Sie haben doch schon immer unser Mensch-Sein durchdrungen wie kaum eine der „Hard Skills". Gut, die „harten" Fähigkeiten wie Speereschnitzen und Feuerschlagen waren in der Steinzeit von Bedeutung, ebenso wie heute das Programmieren von Software oder der Umgang mit Wirtschaftskennzahlen. Doch weder Speereschnitzen noch Programmieren kann ohne geeignete Kommunikation funktionieren: kein Überleben ohne Soft Skills also. Und das gilt in der Wirtschaft noch heute.

Was also hat diese unselige Unterscheidung zwischen fachlichen Fertigkeiten und Soft Skills ausgelöst? Wäre es nicht besser, auch die sozialen Dimensionen als fachliche Fertigkeiten zu qualifizieren? Ist es nicht viel schwieriger, Verhalten zu üben als Wissen zu generieren? Und würde dann vielleicht auch in Fächern wie Kommunikation, Konfliktmanagement, Führung und Teamwork in der Schule unterrichtet?

Ein kurzer historischer Exkurs: In der Antike, vielleicht auch schon vorher, haben das Rationale und das Wissen die Vormachtstellung vor dem Emotionalen, vor den gelebten Fertigkeiten und Fähigkeiten errungen. Vorangetrieben wurde das durch die großen griechischen Philosophen. Erst im Hochmittelalter, zu den Zeiten der Gilden und Zünfte, bekam dann implizites Wissen, das sich ja nur in Verhaltensweisen manifestiert, wieder einen höheren Stellenwert und wurde juristisch (und damit gesellschaftlich) in „Zunftordnungen" geadelt. Am Beginn des 20. Jahrhunderts schließlich waren es die „psychologischen" Aspekte, die einen gewaltigen Vormarsch antraten. Dies basierte einerseits auf damals abenteuerlichen, aber attraktiven Spekulationen, etwa von Sigmund Freud und der von ihm ins Leben gerufenen Psychoanalyse. Andererseits lagen die Gründe in gesellschaftspolitisch herbeigeführten Missverständnissen, man könnte sie klarer auch Verfälschungen nennen, wie beispielsweise durch die berühmten „Hawthorne-Experimente".

Hawthorne-Effekt

Darunter versteht man ein Phänomen, das bei Experimenten in der Hawthorne-Fabrik der Western Electric Company in Chicago in den 1920er-Jahren[1] (angeblich, müsste man heute sagen) entdeckt wurde. Die Teilnehmer der Studie (so die damalige Erkenntnis) änderten nämlich ihr Verhalten im Sinne höherer Produktivität nicht aufgrund der veränderten, also verbesserten Arbeitsbedingungen, sondern aufgrund der Tatsache, dass sie an einem Experiment teilnahmen, folglich beobachtet wurden und somit gesteigerte Aufmerksamkeit erfuhren. Das wird heute in der Experimentalpsychologie als „Hawthorne-Effekt" bezeichnet – und soll vor irrigen Interpretationen von Versuchsergebnissen schützen. Das Paradoxe daran: So richtig diese Erkenntnis grundsätzlich ist, gerade für diejenige Untersuchung, aus der sie abgeleitet wurde, darf sie nach heutigem Wissensstand nicht gelten. Heute wissen wir: In diesen Experimenten waren „geschwätzige" Arbeiterinnen gegen „kooperationswilligere und als besonders leistungsfähig bekannte" Probandinnen ausgetauscht worden, zudem war den Mitarbeitern angedroht worden, wieder an ihre alten Arbeitsplätze zurückgeschickt zu werden, wenn sie ihre Arbeitsleistung nicht steigern würden. Die Teilnehmer erhielten ein regelmäßiges Leistungs-Feedback verbunden mit der Aufforderung, so schnell wie möglich zu arbeiten – ja, sie erhielten sogar höhere Löhne. Im Klartext: Diese drei Experimente waren durchgeführt worden, um herauszufinden, ob durch bessere Arbeitsbedingungen – in diesem Fall bessere Beleuchtung – höhere Produktivität erzielt werden könnte. Tatsächlich stieg bei besserer Beleuchtung die Produktivität der Versuchsgruppe. Danach sank die Produktivität bei gleichbleibend besserer Beleuchtung wieder ab. Als die bessere Beleuchtung abgedreht wurde, stieg aber die Arbeitsproduktivität wieder leicht an. Das verwunderte die Versuchsleiter. Als sich dieser Effekt wiederholte, stellte man die Hypothese auf, dass die Steigerung der Produktivität eben nicht auf die Verbesserung der Arbeitsbedingungen, sondern auf die erhöhte Aufmerksamkeit für die Mitarbeiter der Versuchsgruppe zurückzuführen sei. Der „Hawthorne-Effekt" war geboren. Nach heutigem Wissensstand darf man annehmen, dass die erhöhte Produktivität der Arbeiterinnen in der Versuchsgruppe nicht auf die verbesserte Beleuchtung, sondern auf die anderen genannten Maßnahmen zurückzuführen war. Auch nicht die erhöhte Aufmerksamkeit, sondern andere positive und negative Anreize (bessere Bezahlung, dauerndes Feedback, expliziter Druck, Auswechslung von Arbeiterinnen) waren für die höhere Produktivität ausschlaggebend gewesen. Auch der sogenannte „Hawthorne-Effekt" war also nur Schimäre!

Was blieb von diesen, heute im Wesentlichen als gefälscht anzunehmenden Studien? Es etablierte sich ein neues Menschenbild, als „Social Man" bezeichnet. In die Arbeitswissenschaften fand die Wichtigkeit sozialer Beziehungen Eingang, und überhaupt gelten diese Studien als die Wiege der „Human-Relations-Bewegung". Das kann als positiv bewertet werden. Viele Verbesserungen der Arbeitswelt beruhen auf dieser – wenn auch unrichtigen – Grundlage. Manchmal heiligt eben doch der Zweck die Mittel. Das Negative daran: Die wah-

---

[1] Experimente in der Hawthorne-Fabrik der Western Electric Company in Chicago in den 1920er-Jahren.

re Ursache für Produktivitätssteigerung wurde verhüllt und zugedeckt, nämlich das explizite In-Aussicht-Stellen positiver und negativer Konsequenzen (Strafe und Belohnung).

All dies tat und tut dem Siegeszug des Emotionalen keinen Abbruch. Vielerorts war auch der Wunsch nach mehr Bedeutung für das Zwischen-Menschliche Vater der Gedanken. Psychotherapie auf der einen Seite und die „Human Relations-Bewegung" auf der anderen waren gekommen, um zu bleiben. Die Schrecken des Nationalsozialismus und des Stalinismus haben kurzfristig eine Wieder-belebung der rein fachlichen Fertigkeiten ausgelöst, langfristig aber eher die Vorwärtsbewegung der emotionalen, sozialen Kompetenzen bewirkt.

Heute ist es schwierig, eine ausgewogene Sichtweise der sozialen Dimensionen zu erreichen, also die richtige Balance von Bedeutung und Einsatzmöglichkeiten von Soft Skills. Absurdes zeigt sich sowohl in deren Vernachlässigung als auch in ihrer Überhöhung:

- Vernachlässigung: Wie gesagt, die Bedeutung der „weichen" Faktoren im Management wird unterschätzt, zumindest in ihrer öffentlichen Wahrnehmung. Manager haben generell als „hart" zu wirken, da sind die „soften" Seiten weniger wichtig. Dabei wäre im Gegenteil die ausdrückliche Beschäftigung mit den sozialen Dimensionen zu fördern.
- Absurde Überhöhungen: Auf der anderen Seite ist vor Überhöhungen zu warnen. In den nunmehr schon Generationen überdauernden Wohlstands-Friedens-Zeiten der sogenannten westlichen Welt mit dem Zeitgeist der „Gutmenschen" (wenn man es etwas kritisch-zynisch ausdrücken will) ist es gar nicht so einfach, die Soft Skills auf ihren rechten Platz zu rücken oder dort zu halten.

Zu sehr sind die „Soft" Skills im Managementbewusstsein ausschließlich mit ih-ren positiven Seiten verbunden – vielleicht ist genau das auch ein Grund, weshalb sie lieber „soft" als „hard" genannt werden. Von „gewaltfreier Kommunikation" und „gesundem Führen", von „Harmonie im Teams" und „allparteilicher Media-tion" über „Anti-Stress-Programme" bis zur „Anleitung zum glücklichen Leben" – überall wird nur die Sonnenseite beleuchtet. Selbst wenn uns die populistische Hirnforschung verheißt, dass man besser lernen kann, wenn Glücksbotenstoffe ausgeschüttet werden: Auch Soft Skills haben ihre unangenehmen Seiten, müssen sie sogar haben. Gelernt wird nämlich auch unter Leidensdruck und negativen Konsequenzen. Überhaupt ist Ent-Lernen eine Voraussetzung für Lernen: Kon-flikte können Lebenselixier sein – und gerade Stress führt zur Ausschüttung von Glückshormonen. Und wenn die Lösungen zu Problemen werden, muss man sich auch anders orientieren. Davon handelt dieses Buch vor allem in diesem Kapitel sowie in weiteren Kapiteln Kap. 2, 3, 12, 13.

Problematisch ist bei Soft Skills die Definition von Qualität.

Nach der Harramach-Formel Q =(E = A) ist Qualität (Q) dann gegeben, wenn die Erfüllung (E) den Anforderungen (A) entspricht.

Immer – und im Bereich der Soft Skills im Besonderen – ergibt sich daraus aber die Vorfrage: Wessen Anforderungen sind gemeint? Ist es der Mainstream, dann werden wie gesagt die Soft Skills rein von ihrer Butterseite darzustellen sein. Sind aber die Anforderungen von Management und Unternehmertum gemeint, heißt das: Es wird in erster Linie der Erfolg sein, der durch die professionelle Handhabung von Soft Skills erreicht werden soll.

Doch selbst dann stellt sich die Frage: welcher Erfolg? Denn Unternehmen und Organisationen haben – entgegen der beliebten verkürzten Darstellung in der öffentlichen Meinung – nicht nur monetären Erfolg im Sinn. Die Zufriedenheit aller Betroffenen, die Sinnhaftigkeit der Tätigkeit, das waren ja schon immer die wesentlichen Ziele von Unternehmen/Organisationen und Institutionen aller Art, zumindest der erfolgreichen. Anders ist Erfolg eben auch nicht zu erreichen. Da sind wir mittendrin in der Bedeutung der „Soft Skills".

Aber Achtung: Im Bereich der sozialen Dimensionen des Managements haben wir es keineswegs mit kurzer Halbwertszeit des Wissens zu tun. Das Wissen um die notwendigen Fertigkeiten und Fähigkeiten im Management ist Jahrhunderte bis Jahrtausende alt – es wird halt immer wieder alter Wein in neuen Schläuchen ausgeschenkt. Das ist sicher marketingmäßig gut für das Geschäft in Training und Beratung, inhaltlich aber ein übler Zug. Dadurch werden scheinbare und größtenteils unnötige Innovationen in eine traditionsreiche Branche gebracht. Die Grundsätze erfolgreichen Führens haben sich seit Jahrtausenden nur insoweit verändert, als (wie es schon Machiavelli sagte) „sie mit der Zeit gehen müssen". Drei Beispiele dafür: Erfolgreiche Gruppenarbeit hat sich kaum verändert, bloß die Zugehörigkeit zu Gruppen ist vielfältiger und wechselnder geworden. Motivation war in letzter Instanz immer schon intrinsisch – so viel Mühe sich auch Machthaber gegeben haben, das Gegenteil wirksam zu machen. Und Konfliktmanagement folgt seit Jahrtausenden denselben Regeln.

▶ **Übersicht über die „weichen"Fähigkeiten** In der Managementlehre ist, was die Soft Skills betrifft, von den „Big Five" die Rede. Wir werden sie alle in diesem Buch unter die Lupe nehmen – manche davon nicht in diesem, sondern in eigenen Kapiteln:

1. Führung Kap. 2
2. Kommunikation Kap. 4
3. Konfliktmanagement Kap. 13
4. Motivation Abschn. 7.1
5. Teamwork Abschn. 7.2

Außerdem werden wir weitere Bereiche der Soft Skills auf ihre Absurditäten untersuchen, nämlich:

• Zeitmanagement Abschn. 7.3
• Wissensmanagement Abschn. 7.4
• Kreativität & Innovation Abschn. 7.5
• Intrapreneurship/Entrepreneurship, zusammen mit Risk Management und Fehlermanagement Abschn. 7.6
• Entscheiden: Kap. 12

Und eine Methode, die insbesondere im Zusammenhang mit Soft Skills große Bedeutung erlangt hat, nämlich:

• Coaching Abschn. 7.7

Wenn wir vorhin festgestellt haben, das meiste Wissen um Soft Skills sei sehr alt, müssen wir jetzt gleich ein „Aber" einwerfen: Aber das Know-how um menschliche Kommunikation ist da eine Ausnahme. Die menschliche Kommunikation hat einen Innovationsschub erfahren, und zwar aus zwei ganz unterschiedlichen Richtungen: Zum einen hat die Entwicklung der Kommunikationstechnologie hier zu wirklichen Quantensprüngen in der angewandten Kommunikation geführt (Web 1.0, 2.0, Social Media etc.). Zum anderen hat die Erkenntnislehre des Konstruktivismus (unterstützt durch die Neurowissenschaften) viel bisheriges Wissen über Kommunikation über den Haufen geworfen (siehe Kap. 4. „Unverstandene Kommunikation").

Nochmals zurück zur Weichheit der Soft Skills – diese muss auch wegen der Frage nach der Evaluation betrachtet werden, die ja im Bereich der gesamten wissensbasierten Dienstleistungen meist nur spärlich und wenn, dann als problematisch dargestellt wird. Es hat sich die Meinung breitgemacht, dass es bei Trainings und Coachings von Soft Skills besonders schwierig sei, den Erfolg zu evaluieren. Das ist Unsinn. Natürlich muss man hier verschiedene Besonderheiten berücksichtigen (etwa die verschiedenen Ebenen der Erfolgskontrolle nach Niki Harramach (Harramach 1995)). Genügend Know-how für die branchenspezifische Kontrolle des Erfolgs vorausgesetzt, lässt sich dieser aber selbstverständlich auch bei Soft Skills immer und jederzeit feststellen.

Evaluation von Soft Skills

1. Zwei Unternehmen – ehemals harte Konkurrenten – fusionieren. Die beiden Führungsteams sollen zu einem gemeinsamen Team „zusammengeschweißt" werden. Ein sogenanntes „Liebestraining" wird durchgeführt. Ziel ist es, die Beziehungen zwischen allen Teammitgliedern zu verbessern, so, dass sie dann besser miteinander arbeiten können. Das setzt eben voraus, dass sie sich besser kennen und auch noch mehr mögen. Die Erfolgskontrolle liegt auf der Hand: Drei Monate nach dem Training werden alle Teammitglieder abgefragt: „Geht es Euch gut miteinander?", „Klappt die Zusammenarbeit?" und „Wo gibt es noch Probleme/Verbesserungsbedarf?"

2. In einem Unternehmen sind sogenannte Quality Circles eingerichtet. Das Ziel ist, in diesen Zirkeln umsetzbare Verbesserungsvorschläge zu entwickeln. In Laufe der Zeit hat sich herausgestellt, dass professionelle Moderation die Qualität der Qualitätszirkel verbessern könnte. Deshalb werden im Unternehmen interne Moderatoren ausgebildet. Für die Evaluation dieser Ausbildung liegen zwei Möglichkeiten nahe:
   a) Die Moderierten werden gefragt, ob und inwieweit ihnen die Moderation geholfen hat.
   b) Es wird geprüft, ob jetzt – nachdem die Moderation einige Zeit gelaufen ist – mehr umsetzbare Verbesserungsvorschläge herauskommen als vorher.

3. In einem Industriebetrieb sollen die Produktionsprozesse bei gleichbleibender Qualität beschleunigt und dabei sogar noch die Kosten gesenkt werden. Dazu wird das Schnittstellen-Management trainiert. Das heißt: Nicht das Tempo der einzelnen Arbeiter soll beschleunigt werden, sondern die Übergabe von einem Prozess zum nächsten, von einer Schicht zur anderen, zwischen verschiedenen Funktionen, der Arbeitsvorbereitung, Materialbeschaffung, Maschineninstandhaltung, Qualitätskontrolle, Lager usw. soll schneller überbrückt werden (ähnlich wie bei einem Staffellauf die Übergabe trainiert werden muss). Aus dem Ziel ergibt sich zwingend die Kontrolle: Mit einer Stoppuhr wird gemessen, ob die Durchlaufzeiten tatsächlich schneller geworden sind. Es wird kontrolliert, ob die Produktionskosten gesunken sind, und es wird natürlich kontrolliert, ob dabei die Qualität gehalten, vielleicht auch noch verbessert worden ist.

Resümee:
- In allen Fällen ergibt sich die Art und Weise der Evaluierung zwingend aus den definierten Zielen.
- Die Kontrolle ist so einfach wie möglich zu halten. (Spezialtipp: So, wie es ein 6-jähriges Mädchen auch vorschlagen würde.)

Soft Skills können in ihrer Wirksamkeit eindeutig beurteilt werden, bei allen diesbezüglichen Trainings, Coachings und anderen Formen der Aus- und Weiterbildung können Erfolg oder Misserfolg festgestellt werden. Es ist leichter, die Auswirkungen eines Motivationsseminars auf die Motivation der Betroffenen zu kontrollieren als zum Beispiel den Erfolg der architektonischen Gestaltung eines neuen Bankenzentrums.

Das Hauptproblem in all dieser Thematik ist indes die Psychologie. Diese relativ junge Wissenschaft ist, vereinfacht gesagt, die Beschäftigung damit, wie Menschen wahrnehmen, denken, fühlen und demgemäß handeln. Das ist ein äußerst komplexes und nicht bloß kompliziertes Gebiet. Hier begeben sich Manager in sumpfiges Terrain. Die Schwierigkeit ist, dass sich die Psychologie in einem – kompliziert ausgedrückt – „rückbezüglichen Dilemma" befindet. Die erkenntnistheoretische philosophische Richtung des „Konstruktivismus" lehrt uns, dass wir Menschen als sogenanntes „geschlossenes System" niemals aus uns selbst aussteigen können. Wir – und damit all unsere Wahrnehmungen, unser Denken und Fühlen und unser Handeln – bleiben immer „im Gefängnis" unserer selbst. Das hat weitreichende Konsequenzen für das, was wir wissen oder genauer: glauben zu wissen.

Ein berühmtes Beispiel: Sigmund Freud glaubte, seine Hypothese über die psychische Topografie eines „Über-Ich – Ich, Es" gelte für alle Menschen. Konstruktivistisch kann das überhaupt nicht sein. Gesellschaftlich aber könnten – und konnten – wir uns darauf einigen, dass wir alle dieses Modell des Herrn Freud übernehmen. Anders gesagt: Die Wissenschaft der Psychologie schafft ihre eigene (gesellschaftlich akkordierte) Wirklichkeit. Ein weiteres Beispiel: Mehr und mehr beginnen wir zu glauben, dass es eine „Work-Life-Balance" gäbe, ohne die dahinter liegenden Hypothese, dass Work und Life ein Gegensatz wären, zu hinterfragen oder gar zu verifizieren. Seit Kurzem fangen wir auch an, uns an den Gedanken zu gewöhnen, dass es „gesundes Führen" gäbe – natürlich ein weiterer willkommener Anlass für dieses Absurditäten-Buch.

In der Geiselhaft der Psychologie kommt der Bereich der Soft Skills in eine doppelte Schwierigkeit:

1. In andere hineinschauen kann man nicht. Dies wäre aber gerade deshalb wichtig, weil Menschen nicht triviale Systeme sind. Das heißt, sie haben ein komplexes Innenleben. Aufgenommene Signale werden nicht linear verarbeitet und umgesetzt. Ohne das Innenleben eines Menschen zu kennen, kann man nicht prognostizieren, welche Reaktion auf einen bestimmen Reiz folgen wird. Wenn man eine Person gut kennt, kann man allerdings durch wiederholte Reiz-Reaktions-Muster etwas Licht ins Dunkel bringen, auch bestimmte Konventionen, kulturelle und andere Normen, machen Eintrittsprognosen

wahrscheinlicher. Aber je weniger man von diesen Informationen hat, desto weniger kann man sagen, wie die Menschen reagieren werden – und generell weiß man das ohnehin niemals genau.

2. Und wer glaubt, dass es bei einem selbst einfacher wäre, dem muss man auch enttäuschen. Dass wir uns immer nur „mit den eigenen Augen" sehen können, hat – wie uns Konstruktivismus und Neurowissenschaften übereinstimmend nahebringen – schwerwiegende Folgen. Der Mensch ist nicht nur ein nicht triviales System mit einem hochkomplexen Innenleben; er ist auch ein geschlossenes autopoietisches System. Das heißt: Er reproduziert seine Wahrnehmungen (auch die von sich selbst) und seine Gedanken (auch die über sich selbst) so lange in gleicher Art und Weise, solange und soweit nicht „Störungen" aus der Außenwelt eine Veränderung induzieren. Reine Selbstreflexion bringt da nichts. Oder einfacher ausgedrückt: Ohne Fremdbilder wird sich am Selbstbild nichts ändern. Damit sind wir im umfassendsten Bereich im Gebiet der Soft Skills angelangt: in der Kommunikation nämlich. Absurd und bisweilen sogar gefährlich sind daher die Konzepte rund um die immer wieder gepredigte Empathie. Die zentrale Botschaft lautet hier: „Verstehe, was in einem anderen wirklich vorgeht, wie er/sie fühlt, wie er/sie denkt." Das ist im Prinzip gut gemeint. Allerdings nur, wenn klar gestellt wird, wie das funktionieren kann. Aber nicht durch Vermutungen und Annahmen, psychologisch gerne Hypothesen genannt. Denn Hypothesen sind nur Prothesen, wenn man sich nicht anders fortbewegen kann. Oder, um bildhaft zu bleiben: Hypothesen gehen schwanger mit Wirklichkeitserwartungen, die sie dann gleich selbst gebären. Letztendlich führen sie meist zu Miss-Verständnissen.

Aber genug der Kritik, widmen wir uns nun dem ersten der hier behandelten „Big Five":

7.1 Motivation

Man kann Mitarbeiter nicht motivieren, nur demotivieren![2]

Wenn man von Motivation spricht, denkt man in erster Linie an Führungskräfte, die ihre Mitarbeiter motivieren (Pfeilrichtung 1). Kaum wird an die umgekehrte Richtung gedacht – also daran, wie Mitarbeiter ihre Führungskräfte motivieren (Pfeil 2). Dabei würde sich das zumindest genauso lohnen wie umgekehrt. Auch „horizontale" Motivation, also unter Kollegen (Pfeil 3), wäre genauso wichtig, weil wirkungsvoll (Abb. 7.1).

[2] (Reinhard Sprenger 2002)

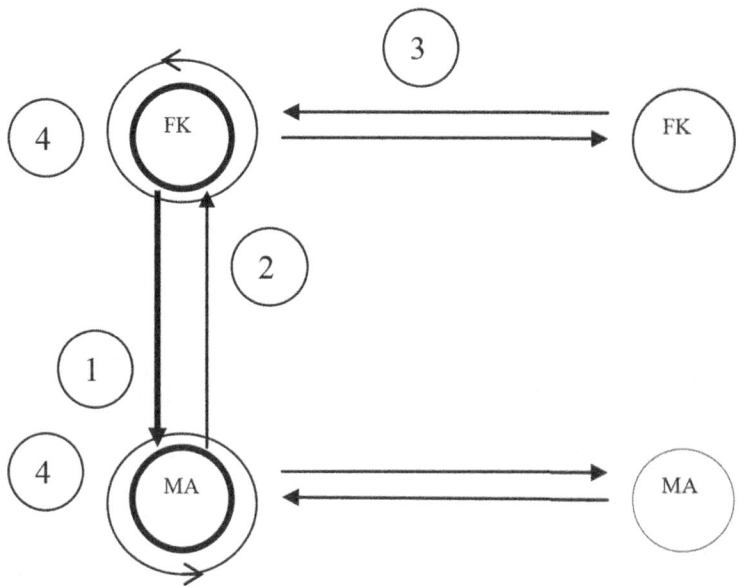

Abb. 7.1 Motivation 1

Jedenfalls sollten wir uns noch mehr auf Selbstmotivation (Pfeilkreis 4) konzentrieren. Für Selbstmotivation sprechen vor allem zwei Gründe: Man kennt die „Zielgruppe" sehr gut. Und man hat einen sehr guten Zugriff auf die Zielgruppe.

Die Fokussierung auf Selbstmotivation bedeutet aber nicht, dass Führungskräfte aus ihrer Verantwortung, sich um die Motivation der Mitarbeiter zu kümmern, entlassen wären. Vielmehr ist es nach diesem neuen Konzept Aufgabe der Führungskräfte, sich um bestmögliche Rahmenbedingungen für die Selbstmotivation der Mitarbeiter zu kümmern (Pfeil 5, Abb. 7.2). Die Rolle der Führungskraft wandelt sich vom belobigenden/bestrafenden Patriarchen zum Coach. Um diese neue Rolle professionell wahrnehmen zu können, müssen Führungskräfte natürlich die Selbstmotivationsfaktoren ihrer Mitarbeiter genau kennen.

Führungskräfte haben also diese Selbstmotivationsfaktoren festzustellen – und das selbstverständlich individuell, weil diese je Mitarbeiter verschieden sind. Und gerade in der Einschätzung der Motivationsfaktoren irren sich Manager, wahrscheinlich taten sie das immer schon, nachgewiesenermaßen aber seit rund 70

Abb. 7.2 Motivation 2

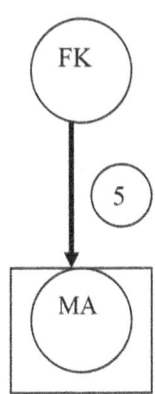

Jahren: Eine 1946 durchgeführte Erhebung[3] ergab, dass Führungskräfte annahmen, das Wichtigste für ihre Mitarbeiter sei der gute Verdienst, das Zweitwichtigste die Arbeitsplatzsicherheit. Das war schon damals unrichtig. Diese Motivationsfaktoren rangierten nur auf Platz 5 und 4 bei den Mitarbeitern selbst. Diesen war damals (also 1946) die Anerkennung der Leistung das Wichtigste, an zweiter Stelle folgte die Gewissheit, informiert zu sein. 1980 wiederholte Kenneth A. Kovach diese Befragung. Das Ergebnis: Stabilität bei den Vorgesetzten. Diese glaubten, der wichtigste Motivationsfaktor ihrer Mitarbeiter wäre guter Verdienst und an zweiter Stelle stünde die Arbeitsplatzsicherheit. Schon wieder daneben.

Nach wie vor rangierten diese Motivationsfaktoren auf Platz 5 und 4. Der wichtigste Motivationsfaktor war in der Zwischenzeit die interessante Arbeit geworden. Dann folgten die Klassiker: Anerkennung der Leistung und Information. Die wahrscheinlichste Erklärung für die Wiederholung der Missverständnisse: Stereotypen regieren im Management. Menschen glauben einfach, die anderen seien anders. Dabei handelt es sich doch um Menschen, die in der gleichen Branche, im gleichen Kulturkreis, meist im gleichen Gebäude, oft nur ein Zimmer weiter arbeiten. Weshalb sollen die anders sein? Das ist absurd. Aber das Absurde liegt uns eben – oder anders gesagt: Es liegt in uns.

▶ **Lerneffekt** Die einfachste Möglichkeit, der Absurdität bei der Motivation und der Selbstmotivation vorzubeugen: Fragen Sie Ihre Kollegen, was sie motiviert. Und wenn Sie die Möglichkeit haben, helfen Sie mit, die Rahmenbedingungen dafür (für die bessere Selbstmotivation) zu

---

[3] Erhebungen 1946 und 1980 durch Kenneth A. Kovach, Cleveland.

optimieren. Wie schon mehrfach gesagt: Wir sind Gefangene unserer eigenen Gedanken. Für Sie selbst ist das ja noch okay. Doch wenn Sie für andere die Verantwortung tragen, hilft nur eines: fragen, fragen, fragen!

7.2 Teamwork

Zitat A: „Aber ich bitte Sie, ‚Gruppendynamik', das Thema ist doch schon ausgelutscht." (Bekannte Bildungsjournalistin einer österreichischen Tageszeitung)
Zitat B: „Der größte Feind der Gruppe ist das Individuum." (Alter Spruch, Urheber unbekannt, wohl aus der gruppendynamischen oder der systemischen Ecke)
Zitat C: „Als damals die Gruppendynamik noch so modern war." (Gemeint sind die 1980er-Jahre, Zitate einer renommierten österreichischen Trainerin)

Alle drei Reaktionen sind äußerst absurd, denn:

- Zu A: „Die Gruppendynamik" kann schon deswegen nicht „ausgelutscht" sein, weil sie seit rund einer Million Jahren, exakter: vom Beginn der Menschheit an, existiert. Gemeint ist mit „ausgelutscht" wohl die Methode, die Ende der 1940er-Jahre/Anfang der 1950er-Jahre in den USA in sogenannten „T-Gruppen" (= Trainings-Gruppen) entwickelt wurde und dann einen Siegeszug um die ganze Welt angetreten hat. Das ist aber nur eine von vielen Methoden der Gruppendynamik und keineswegs zu verwechseln mit der Gruppendynamik insgesamt als Phänomen.
- Zu B: Dieser Spruch hingegen ist (wenn auch mit Einschränkungen) durchaus richtig. Er sollte nicht zum Kopfschütteln, sondern zum genaueren Hinsehen veranlassen.
- Zu C: Hier gilt grundsätzlich dasselbe wie zu A.

7.2.1 Gruppendynamik

Die **eine** Gruppendynamik gibt es nicht. Weder als Methode noch als Phänomen. Jede Gruppe hat ihre eigene Dynamik, so wie jede Person ihre eigene Persönlichkeit. Auf der Methodenseite hatten und haben wir folgende Situation. Aufgrund von 1946 zufällig aufgetretenen Ideen wurden 1947 erste Experimente mit sogenannten Soft-Skill-Trainings durchgeführt. Diese Gruppen wurden „Trainings-Gruppen", in der Folge nur mehr kurz „T-Gruppen" genannt und unter diesem Titel weltberühmt und weltweit durchgeführt. Im deutschsprachigen Raum fand ein erstes gruppendynamisches Laboratorium 1954 in Österreich in Linz statt. 1959 wurde der ÖAGG – Österreichischer Arbeitskreis für Gruppentherapie und Gruppendynamik in Wien gegründet. Deutschland und die Schweiz folgten dann etwa zehn Jahre später mit Vereinsgründungen. Diese T-GruppenDynamik wurde Gegenstand von Lehrveranstaltungen von Volkshochschulen bis Universitäten, Gegenstand der psychologischen und soziologischen Forschung, ein Dauerbrenner am Büchermarkt, ein Riesengeschäft für immer mehr Ausbildungsprogramme für „Gruppentrainer" und sogar (getrieben durch die 1968er-Jahre) Kernmethode einer (basisdemokratischen) politischen Bewegung. Irgendwie wurde diese Methode dann die **eine** Gruppendynamik. Und wurde und wird auch als solche ausdrücklich bezeichnet (zum Beispiel im Buch von Peter Heintel (Heintel 1977).

Das ist in doppelter Hinsicht ebenso absurd wie ungünstig:

1. „Gruppendynamik" ist ja in erster Linie eine Bezeichnung für das, was in (den weltweit Millionen existierenden) Gruppen tatsächlich passiert – also für die Phänomene des Gruppengeschehens –, und erst in zweiter Linie Bezeichnung für Modelle und Methoden, um diese Phänomene zu beschreiben und zu behandeln. Da drängt sich eine – noch dazu künstlich in Laboratorien gezüchtete – Methode vor die realen Erscheinungen des Gruppengeschehens. Das wäre ja so, als ob die Methode Psychologie mit ihrem Objekt, der Psyche, verwechselt würde oder die Persönlichkeitsentwicklung mit der persönlichen Entwicklung.
2. Diese Kunst-Methode passt gar nicht zu den real existierenden Phänomenen der Gruppendynamik in Teams – nennen wir sie zur besseren Unterscheidbarkeit Teamdynamik.

Konkrete Beispiele dafür:

• Ein Grundprinzip der T-Gruppen ist die Konzentration auf das „Hier & Jetzt". Das ist auch passend für Selbsterfahrungsgruppen. Viel wirkmächtiger sind für Teams aber die gemeinsame Vergangenheit, in der die Teamkultur gewachsen ist, und damit die Regeln und Normen des gemeinsamen Handelns. Und natürlich die „drohende" gemeinsame Zukunft.
• Die bekanntesten T-Gruppen-Modelle gehen von der Macht der Trainer aus. Diese ist in einem solchen Format auch ein wichtiges und nicht zu übersehendes Gestaltungselement. Für Trainings mit Teams aber sollte gelten: Die Trainer haben (hoffentlich) keine Machtposition. Diese Positionen sind formell und informell schon mit Teammitgliedern (Führer, Experten . . .) besetzt. Die Funktion der Trainer ist es, zu moderieren, Lernräume zu eröffnen, Reflexion und Reorganisation professionell zu unterstützen.

Anmerkung: Prototypisch für alle Formen von Gruppen, in denen wir unser Leben tatsächlich verbringen (Familie, Schulklassen, Gesangsverein, freiwillige Feuerwehr, Seniorenheim ...) wird in diesem Buch hauptsächlich auf Arbeitsgruppen Bezug genommen. Diese nennen wir Teams.

▶ Manager und Unternehmer – und eigentlich alle anderen auch – sollten angewandte Gruppendynamik möglichst in ihren eigenen „Family Groups" erfahren, erlernen, optimieren. Family Groups sind Teams, die täglich zusammenarbeiten (sollten). Solche Family Groups können unterschiedliche Formen haben:
- Vertikale Gruppen, also Führungskraft und Mitarbeiter
- Horizontale Teams – auch Peer Groups genannt, also zum Beispiel alle BereichsleiterInnen eines Unternehmens
- Projektgruppen, also Personen aus möglicherweise unterschiedlichen Unternehmenseinheiten, die für ein Projekt zeitlich befristet zusammenarbeiten
- Prozessgruppen, also Funktionsträger, die an ein und demselben Wertschöpfungsprozess mitarbeiten

(Niki Harramach 2014) Es schadet nicht, vorher mal Erfahrungen in sogenannten „Stranger Groups", also als Teilnehmer von gruppendynamischen Seminaren mit anderen, die man gar nicht kennt, gesammelt zu haben. Letztendlich sollte man aber an der Gruppendynamik im eigenen Team – und natürlich zusammen mit allen anderen – arbeiten. Denn jede Family Group hat ihre eigene Gruppendynamik.

7.2.2 Das Team und seine Feinde

Systemtheoretisch gesehen hat das Team zwei Arten von möglichen „KoKo"-Partnern, die Um-Systeme nämlich. Wieder systemisch gesprochen, können das die „inneren" sein, also die Teammitglieder, oder die „äußeren", also zum Beispiel die Organisation, in die das Team eingebettet ist, weiterhin Kunden, Zulieferer oder andere sogenannte Stakeholder.

Was bedeutet KoKo?
KoKo ist ein Kunstwort von Harramach für „Kooperation & Konflikt". Heißt: Mit solchen Partnern kann man entweder kooperieren oder konfligieren oder beides. Näheres siehe Kapitel 13. „Kooperative Konflikte".

Die einzelnen Teammitglieder und ihr Team haben selbstverständlich viel gemeinsam, aber auch unterschiedliche Ziele. Insbesondere im Arbeitsleben – und davon handelt dieses Buch vornehmlich – tritt das Phänomen der sogenannten „Suboptimierung" auf. Ein relevantes und, wenn man das so sagen darf, durchaus normales Phänomen. Juristisch meist nicht legitim, psychologisch meist verständlich, systemisch ausgesprochen selbstverständlich. Fordert doch die Arbeitswelt (also die Organisation, das Team . . .) ihre Mitglieder nur dazu auf, einen Teil ihrer Persönlichkeit, diesen allerdings stringent, in das Arbeitssystem einzubringen. Heißt im Klartext: Was Du privat verfolgst und machst, geht uns (das Arbeitssystem) nichts an, arbeitsmäßig hast Du aber unsere (des Arbeitssystems) Ziele zu verfolgen. Ein Beispiel: Wir (das Arbeitssystem) haben nichts gegen Bienenzucht, Kanufahren, Tanzverein und Briefmarkensammlung – solange das Deine Arbeitsfähigkeit nicht beeinträchtigt. Autos herstellen, Artikel schreiben, Finanzberichte erstellen musst Du aber schon exzellent!

In 80 % der Fälle (von denen dieses Buch immer auszugehen versucht) macht das auch kein Problem, aber ein Konfliktbereich bleibt schon: Dort, wo der Einzelne – und zwar im Arbeitsbereich – andere Ziele verfolgt als die des Teams. Dort hat professionelles KoKo-Management einzusetzen, nicht aber der abgedroschene Satz: „Das Team ist mehr als die Summe seiner Teile" verbreitet zu werden. Manchmal ist das Team weniger als die Summe seiner Teile – dann nämlich, wenn die Einzelmitglieder entweder

a. (sogar aus der Teamperspektive) einzeln mehr für das Arbeitssystem tun könnten als in der Teamgemeinschaft oder
b. (aus der subjektiven, individuellen Perspektive) für sich selbst mehr einzeln schaffen könnten, also ohne Rücksicht auf die Teamgemeinschaft.

Beispiele dafür:
ad a) Jemand muss der Not der Situation gehorchen. Schnell allein entscheiden, welches Produkt er anbietet, und dann allein verkaufen gehen.

ad b) Ich kann jetzt sofort ganz allein mit dem Kunden abschließen und damit nur für mich die Verkaufsprovision einsacken.

▷   Differenzen zwischen Zielen der einzelnen Teammitglieder und des Teams insgesamt sind unbedingt festzustellen (meist ausfindig zu machen), und es muss versucht werden, diese gleichzuschalten, weil es anders nicht geht!

Die andauernden Versuche (die bedauerlicherweise auch immer wieder in der
Theorie vorgeschlagen werden), die Teammitglieder zu betören, zu verführen,
zu überreden (hat nicht irgendjemand schon an Hypnotisieren gedacht), fruch-
ten letztendlich nicht, weil Menschen sinn-hafte Wesen sind. Heißt: Nur wenn ihre
persönlichen Ziele (die können sich ja im Laufe eines Diskussions- und Argumen-
tationsprozesses verändern) mit denen des Teams übereinstimmen, werden alle an
einem Strang ziehen. Sonst nicht.

7.3 Zeitmanagement

Die Zeit managen. Das wäre erstens wirklich toll und zweitens Science-Fiction.
Denn wie wir alle wissen: Die Zeit kann man nicht managen, nur den Umgang
damit. Trotz allen technologischen Fortschritts können wir nicht mal eine Sekunde
länger machen, von einer Stunde oder einem Tag ganz zu schweigen. Wir können
nur schauen, was wir in einer Sekunde, einer Stunde, einem Tag unseres Lebens
machen. Die Wahrnehmung der Zeit ist aber durchaus variabel: Manchmal kommt
uns eine Stunde unendlich lange vor (etwa bei einer Powerpoint-Präsentation des
Vorstands), manchmal viel zu kurz (im Urlaub beispielsweise). Das subjektive Zeitmoment scheint sich also der Vorgabe des Taktes eines Chronometers (in unseren
Breiten das liebste Zeitmanagement-Instrument) zu entziehen. So ganz absurd ist
die Frage also nicht, wie wir „unsere" individuelle, also persönliche Zeit managen.

Immerhin können Schlangenfänger, Formel − 1-Piloten, Schneckenforscher
und Paläozoiker ihr subjektives Zeitmoment tatsächlich aufgabenadäquat verändern. Die gute Nachricht: Wir alle können das. Je mehr wir an einen Ablauf
gewöhnt sind, umso mehr können wir ihn quasi in „Zeitlupe" wahrnehmen (Niki
Harramach bezeichnet das als „Schlangenfänger-Phänomen") Dazu braucht es das
Gewöhnt-Werden an den Ablauf und dessen Beherrschung. Kampfsportler können
viel kürzere Reaktionsweisen auf gegnerische Angriffe entwickeln. Sie können die
bloßen Ansätze einer Bewegung früher erkennen und demzufolge früher mit einer
Reaktion starten. Außerdem ist ihre Wahrnehmung umso „offener", je erfahrener
sie sind. Das heißt, dass sie nicht nur auf wenige Bewegungsmuster, die sie kennen,
fixiert sind, sondern ein breiteres Repertoire – nicht nur in ihrer eigenen Motorik
– sondern auch in der Wahrnehmung fremder Motorik haben. Mit dem größeren
Repertoire, mit der erfahrungsetablierten Gewöhnung an die Situation kommt es
auch zu gleichzeitigen psychologischen und neurobiologischen Erscheinungen: Die
Stressreaktionen sind gedämpft, mehr Ruhe kehrt ein, Angst ist minimiert bis verschwunden. All dies setzt einen „Engelskreislauf" in Gang: Nicht nur, dass man ein

größeres Repertoire hat, also mehr tun und wahrnehmen kann. Durch die gewonnene Ruhe und Gelassenheit kann man es auch noch besser ausspielen. Dadurch steigt der Erfolg, neue Erfahrungen können gemacht werden (die man sonst vielleicht gar nicht mehr erlebt hätte), das Repertoire kann weiter ausgebaut werden, die Gelassenheit steigt weiter. Und das gilt keineswegs nur für Kampfsportler.

▶ Es ist absurd, an der „objektiven" Zeit herumzubasteln, zumindest an der unserer „chronometrischen" Auffassung nach bestehenden objektiven Zeit. Diese lässt sich nicht managen. Zielführender ist es, an der „subjektiven" Zeit zu arbeiten. Und das ist auch als Umkehrung zur oben beschriebenen „Zeitlupe" möglich: nämlich die persönliche Wahrnehmung auf „Zeitraffer" umzustellen. Heißt: Bei Vorgängen, die uns zu langsam scheinen, nicht die Geduld zu verlieren. Paradoxerweise wird dies dadurch erreicht, dass wir unser eigenes Erleben verlangsamen. Vielerlei Formen von Meditation sind heilsam für Menschen, denen alles nicht schnell genug geht, und die daher hastig wirken. Über willentliche Beeinflussung, etwa des Atems, kann auch die Welt der Gedanken und Empfindungen – und damit wider unser Handeln – gesteuert und beispielsweise verlangsamt werden. Und am sinnvollsten ist es natürlich, die Verwendung der „objektiven" Zeit zu managen. Kapitel 3.

Bei dieser Gelegenheit zum Trost: Es gibt noch absurdere Begriffe als „Zeitmanagement". Neuerdings wird proklamiert: „Age Management" sei ein Trend des Jahres 2014. (Falls Sie unsere Anmerkungen dazu beim Thema Diversity überlesen haben, bitte dort nochmals am Ende des Unterkapitels 1.7. Generationen nachlesen.) Kap. 1.

7.4 Wissensmanagement

Wissen zu managen ist schon seit Längerem ein wichtiges Thema für das Management, spätestens seit „Big Data" aber noch mehr in den Vordergrund gerückt. Unter Big Data versteht man das Sammeln, Verwerten und Verwenden riesiger Datenmengen, die bisher ungenutzt blieben. Kapitel 12.

Wissensmanagement selbst rückte 1995 mit dem Werk „Die Organisation des Wissens" (Ikurijo und Hirotaka 1995) ins Bewusstsein. Natürlich war es schon lange vorher von Bedeutung.

Und was ist das Absurde am heutigen Wissensmanagement? Das ist die Tatsache, dass sich alle Bemühungen hauptsächlich darauf konzentrieren, explizites Wissen festzuhalten, verfügbar zu machen, zu transportieren und auch neuen Vernetzungen zur Verfügung zu stellen. Das ist zwar lobenswert, größtenteils aufwendig, aber technisch machbar, teilweise unergiebig, auch teuer und umstritten, etwa wegen des Datenschutzes, aber auch wegen wirtschaftlicher Komponenten wie Marktzutritten, Verfügungsgewalt über Informationen usw.

Das wahrhaft Absurde daran ist, dass der Großteil des unser Leben bestimmenden Wissens implizit ist. Kein Wunder, dass die größte Herausforderung organisatorischen Know-how-Managements jene ist, wie man implizites Wissen explizit machen kann. Die enttäuschende Antwort: Das ist kaum möglich, denn es ist zu mühsam, ineffektiv und zahlt sich nicht aus. Implizites Wissen ist am besten implizit zu übertragen. Und Datenbanken und IT-Experten werden da nicht viel helfen können.

▶ Die Formen der impliziten Wissensübertragung liegen auf der Hand. Es gilt nur das Gebot: nicht kompliziert machen! Im Grunde genommen ist alles sonnenklar, auch wenn verschiedene Berufsstände Kompliziertheit erschaffen, um daraus Kapital zu schlagen.

Im Kern ist es eine Sache der guten zwischenmenschlichen Kommunikation.

Schon immer war es Gegenstand der „Lehre", alles Wissen – und vor allem das implizite – vom Meister auf den Lehrling zu übertragen. Und das heißt natürlich vor allem: gemeinsam arbeiten. Wie man eine fünfteilige „Kaisersemmel" (Sie kennen diese spezielle Form österreichischer Brötchen?) mit der Hand formt, steht in keinem Buch. Das macht der Lehrling so lange unter Aufsicht des Meisters (oder eines Gesellen), bis es klappt. Die äußerst absurde Idee, die maschinelle Beschreibung dieses Vorgangs dem Lehrling zum Lesen oder via YouTube zum Anschauen zu geben, vielleicht gar über eine firmeninterne Datenbank, hat sich glücklicherweise noch nicht durchgesetzt. Bis jetzt zumindest nicht.[4]

Eine wichtige andere Form der Wissensübertragung ist schlicht und einfach gutes Teamwork. Denn immer liegt der beste Weg, gute Erfahrungen auf andere zu übertragen, in der Kooperation. Das gilt im Übrigen nicht nur auf Managementebene. Noch viel wichtiger ist

---

[4] www.youtube.com/watch?v=QH4Dt8XfzWg; http://de.wikipedia.org/wiki/Br %C3 % B6tchen)

es auf jeder Mitarbeiterebene, Übertragung des existenziell wichtigen impliziten Wissens im Team zu unterstützen, zu fördern und zu trainieren.

Apropos: Auch in wissensbasierten Dienstleistungen, wie etwa der Unternehmensberatung, dem Wirtschaftstraining und Coaching, steckt viel implizites Wissen. Auch hier würde das „Lehrlingsmodell" sehr passen. Aufgrund einer absurden Akademisierung und einer Fokussierung auf bloße explizite Wissensübertragung gilt das aber als niveaulos.

In diesen und anderen Bereichen haben sich (angeblich) moderne Formen dieser Wissensübermittlung (= Lehre) herausgebildet, etwa „Mentoring". Auch recht. Schlecht nur, dass hier erstens zu viel Wert auf explizite, das heißt vor allem auch kognitive Know-how-Vermittlung gelegt wird, und zweitens die Mentoren oft nicht die Güte der Meister in ihrem jeweiligen Metier haben. (Was insofern nicht erstaunlich ist, als sie selbst nicht diese „meisterliche" Ausbildung durchlaufen haben.)

Im Zeitalter der Informationstechnologie stellen sich – für dieses Buch vorteilhaft – absurderweise vor allem zwei Kernthemen mit etlichen Fragen:

1. Zu viel des Guten: Wissen wir nicht schon zu viel? Oder technischer gefragt: Haben wir nicht schon zu viel gespeichert? Haben wir überhaupt noch genügend Speicherplatz? Kommen wir mit dem Speichern noch nach? Brauchen wir das alles, was wir da speichern? Was können/müssen wir selektieren? Löschen? Wie können wir überhaupt noch vergessen?
2. Und aber ganz andererseits: Wie können wir uns vor der Gefahr des Verlusts absichern? Elektronische Speichermedien verfügen keineswegs über die Haltbarkeit von Steintafeln, nicht einmal über die von Papyrusrollen bei guter Lagerung. Steintafeln hielten noch mehrere 10.000, Bücher mehrere 100 Jahre. Ein Schwarz-Weiß-Film auf PET-Basis soll noch 500 Jahre schaffen. Eine gepresste CD hält unter optimalen Bedingungen maximal 80 Jahre, gebrannt mit Glück zehn, eher fünf Jahre. Eine Festplatte im Dauereinsatz haucht nach zwei Jahren ihr digitales Leben aus (Kucera 2013). Absurderweise scheint uns daher die Vergänglichkeit der Datenträger vor überschießendem Datenerhalt zu bewahren. Gleichzeitig ergibt sich dadurch tatsächlich eine „Gefahr des Verlusts", eine des kulturellen Erbes noch dazu. Aber das ist eine andere Geschichte.

7.5 Kreativität und Innovation

Kreativität und Innovation sind wieder mal Modethemen geworden. In Krisenzeiten muss immer etwas Neues her. Blättern Sie nur die Zeitungen und Zeitschriften, die Broschüren und Folder von Unternehmen und Organisationen durch: Wie oft da diese Begriffe verwendet werden! Auch die dazu geäußerten Gedanken muten kreativ und innovativ an. Von „gegenseitiger Inspiration" ist da die Rede. Von der Kreativwirtschaft werden Anregungen eingeholt und Anleihen vom Künstlertum genommen. Sogar von einer neuen „Vorstellung von Zeit" ist da die Rede. Das klingt alles sehr gut und ist sehr eindrucksvoll – aber in der Sache doch absurd und auch nicht hilfreich und sogar kontraproduktiv.

Kreativität wird nämlich durch präzise ausgefeilte und sehr strenge/disziplinierte Techniken ermöglicht und hervorgerufen. Diese sind altbekannt, man braucht sie nicht neu zu erfinden, nur professionell einzusetzen. Allen gemeinsam ist: Sie induzieren laterales Denken. Gute Kreativitätstechniken zeichnen sich nämlich durch eine Gemeinsamkeit aus: Das Neue ist der Inhalt – nicht die Methode! Und die gute Nachricht: Diese Kreativitätstechniken kann jeder lernen und anwenden. Als Beispiele dafür seien im Folgenden zwei genannt:

1. Brainstorming. Ganz einfache und ganz strenge Regeln: Genaue Zeitvorgabe, alle Beiträge werden aufgenommen, keine Diskussion, nur Nachfragen bei Unverständlichkeit erlaubt. Enormer Output: Innerhalb des klösterlich strengen Rahmens sprießen die kreativen Ideen.
2. Synektik. Ebenfalls sehr strenge Regeln, eine genau genormte Vorgangsweise:
   - Problemdefinition: Das Problem wird eindeutig definiert.
   - Spontane Lösungen: Es werden spontane Ideen erfasst.
   - Neuformulierung: Die spontanen Lösungen werden genutzt, um das Problem neu zu formulieren.
   - Direkte Analogien 1: Es werden Analogien, zum Beispiel aus der Natur, gebildet.
   - Symbolische Analogien (Kontradiktionen): Es werden symbolische Analogien gebildet.
   - „Force-Fit": Die letzten Analogien werden mit dem Originalproblem in Verbindung gebracht.
   - Es werden (konkrete) Lösungsansätze entwickelt.

Innovation ist dann die tatsächliche Umsetzung kreativer Ideen und Konzepte. Das ist methodisch ein ganz anderes Kapitel und braucht eine Unternehmensstrategie und Unternehmenskultur, die das fokussiert und unterstützt und damit tatsächlich realisiert. Präzise gesagt: Kreativität ist eine notwendige – aber noch nicht hinreichende – Voraussetzung für Innovation. Alles Innovative ist kreativ, aber nicht umgekehrt! Und nicht alle kreativen Ideen können und müssen umgesetzt werden. Die „Innovationsrate" (= die Anzahl der umgesetzten Ideen) ist also kaum jemals so hoch wie die „Kreativitätsrate" (= Anzahl der neuen Ideen). Noch viel interessanter für Unternehmen ist aber die „Innovationskraft". Das ist die Wertschöpfung der umgesetzten neuen Ideen, gemessen beispielsweise an der Umsatzsteigerung.

▶ Es ist empfehlenswert, eine Prämierung der umgesetzten Verbesserungsvorschläge durchzuführen. Nicht wegen der oft damit in Verbindung gebrachten Motivation. Geld ist in unseren Breiten nur in Ausnahmefällen ein Motivator (siehe oben). Vielmehr geht es um Fairness. Wer eine neue Idee zur Verfügung stellt, die noch dazu innovativ erfolgreich umgesetzt werden kann, soll daran auch verdienen. Denn Innovation braucht nicht nur individuelle Kreativität, sondern auch organisatorische Förderung, also eine entsprechende Unternehmenskultur.

7.6 Intrapreneurship/Risk Management/Fehlermanagement

„Intrapreneurship" ist ein Kunstwort in Abwandlung des englischen „Entrepreneurship" = Unternehmertum. Mit diesem Wortspiel soll das „innerbetriebliche Unternehmertum" ausgedrückt werden, also der Angestellte als Unternehmer. Der Begriff „Intrapreneurship" und die Beschäftigung damit sind recht jung. Der Begriff wurde Gifford Pinchot III 1986[5] erstmals zugeschrieben. 1985 hat sich inhaltlich auch Peter Drucker in Buchform (Drucker 1985) damit beschäftigt. Seither ist dieses Thema – im deutschsprachigen Raum unter dem Schlagwort „unternehmerisches Denken – realistischerweise besser noch mit dem Zusatz „. . . und Handeln" – zum Mainstream geworden. Viele Abhandlungen und Bücher wurden verfasst, Forschungsprojekte durchgeführt, Wirtschaftsuniversitäten und Managementschulen beschäftigen sich damit, viele Unternehmen haben (halbherzige) Programme in dieser Richtung gestartet.

Das Absurde an diesen Managementprogrammen ist, dass sie ausdrücklich ausgewiesene und auf den ersten Blick erkennbare Absurditäten als realisierbare Veränderungs- und Entwicklungsprogramme verkaufen. So heißt einer der gerne

---

[5] http://.intrapreneur.com/MainPages/History/Economist.html.

immer wieder zitierten Leitsprüche des Intrapreneurship: „Verhalte dich jeden Tag so, dass du gefeuert werden kannst;' Wer bitte schön (außer Michail Gorbatschow) macht so etwas? Und das ist nicht eine verirrte Absurdität, .das ist nur die Spitze des Eisbergs.

Das Konzept ist an sich gänzlich ver-rückt. „So zu handeln, als wäre man Unternehmer", das macht eben nur Sinn, wenn man wirklich Unternehmer ist. Ansonsten sollte man als angestellter Manager sehr darauf achten, was die relevanten Unterschiede zwischen unselbstständig erwerbstätigen Managern und selbstständig erwerbstätigen Unternehmern sind. Schon vor Jahrzehnten hat man sich mit den Unterschieden von Entscheidungsmöglichkeiten zwischen Managern und Unternehmern beschäftigt. Unternehmer können natürlich all ihre betrieblichen Probleme und Sorgen auch mit ihrem Lebenspartner und überhaupt mit ihrer Familie besprechen – und tun das ja auch oft. Angestellte Manager tun das klugerweise selten, und selbst in diesen seltenen Fällen ist das juristisch nicht empfehlenswert. Das kann durchaus ein Grund für einen sofortigen Rauswurf sein.

Vor kurzer Zeit wurde aufgrund dieses Hinweises von dem Teilnehmer eines Universitäts-Workshops zu „Corporate Entrepreneurship" gefragt, was diese juristische Spitzfindigkeit denn für einen Unterschied mache? Einen großen. Soll heißen: Ein Unternehmer kann (innerhalb der juristischen Rahmenbedingungen, versteht sich) entscheiden, wie er will. Er ist – ungeachtet der moralischen Verantwortungen, die er zu tragen hat – letztendlich nur für sich selbst verantwortlich. Dass das einen ganz anderen Entscheidungsspielraum aufmacht, ist logisch. Als Unternehmer könnte ich meine Entscheidungen auch würfeln. Darüber bin ich nur mir selbst Rechenschaft schuldig. Das bedeutet, dass ich, auf welche Art und Weise auch immer, entscheiden kann – und oft genug auch muss. Bei vielen Entscheidungen ist ja auch die Geschwindigkeit, in welcher sie gefällt werden, ihr höchstes Qualitätskriterium.

Nun wissen wir, dass wir die meisten Entscheidungen in unserem Leben – und das umfasst natürlich auch das Berufsleben – intuitiv, also aus dem Bauch heraus, ja oft sogar völlig unbewusst treffen. Unternehmer machen da zwischen privat und dienstlich wenig Unterschied. Naturgemäß, muss man sagen. Denn ihre Persönlichkeitsstruktur bestimmt maßgeblich ihre Entscheidungen. Um es nach einem Motivationsmodell nach Atkinson et al. zu sagen: Menschen, die sich an der Vermeidung von Misserfolgen orientieren, werden immer anders entscheiden als erfolgsorientierte. Das eine ist nicht besser als das andere. Wichtig ist aber, dass man es weiß und sich dementsprechend verhält.

Während also beim Unternehmer seine Persönlichkeitsstruktur ungezügelt Entscheidungen sowohl privater als auch beruflicher Hinsicht determiniert, ist das bei Managern anders. Sie haben gelernt (lernen müssen), dass sie sich in ihren beruflichen Entscheidungen an bestimmte festgelegte Regeln des Unternehmens zu halten haben. Besonders in großen Organisationen gibt es da eine Vielzahl von Regeln, viel zu oft eine Überregulierung. Dies führt dazu, dass Manager häufig „defensiv entscheiden". Dieser Begriff stammt von Gerd Gigerenzer und bedeutet, dass sich Manager im Zweifelsfall auf die „sichere Seite" begeben und oft genug gegen ihr „Bauchgefühl" entscheiden. Das ist in Situationen der Ungewissheit dann schlecht, wenn sie über viel Erfahrung verfügen und daher besser nach ihrer intuitiven Einschätzung entschieden hätten: Kap. 12.

Hier jedenfalls sehen wir den größten Unterschied in Entscheidungen (zumindest bei erfolgsorientierten) Unternehmern und Managern. Anders gesagt: Wenn Organisationen internes Unternehmertum – also Intrapreneurship – fördern wollen, sollten sie

- ihre angestellten Manager (juristisch) davor schützen, bloß für die Tatsache offensiven Entscheidens (ungeachtet des eingetretenen Erfolgs oder Misserfolgs) bestraft zu werden und
- die Manager auf diese ungewohnte Situation verhaltensorientiert trainieren und
- generell eine solche Unternehmenskultur mit all ihren Konsequenzen etablieren.

Bedingungen erfolgreichen Intrapreneurships
Das sind einerseits bestimmte organisatorische Voraussetzungen und andererseits persönliche Neignungen. Anmerkung: „ Neignung" ist ein Kunstwort von Niki Harramach und bedeutet eine Mischung aus „Eignung" (= Können) und „Neigung" (= Wollen). Auch diese beiden Eigenschaften sind grundsätzlich nicht Schicksal, sondern möglich.

Beides ist (begrenzt!) machbar – und muss daher auch gemacht werden! Auf der Seite der organisatorischen Bedingungen ist vieles durch OE = OrganisationsEntwicklung gestaltbar, auf der Seite der persönlichen „Neigungen" ist vieles machbar durch Training im Bereich der Eignungen und Motivation im Bereich der Neigungen.

Da zeigt sich auch schon eine Herausforderung: Die viel zitierten „Gutmenschen" sind Sicherheitsmenschen, das heißt, im deutschsprachigen Europa ist heutzutage eine „Anti-Risiko-Kultur" (das war in Zeiten der Babyboomer-Generation anders) vorherrschend.

Beispiele für eine Anti-Risiko-Kultur

- Mechanistische Managementansätze wie Management by Objectives, Planung nach dem Parkinson'schen Gesetz oder eine Kultur der Angst.
- Lieber Illusionen statt Kontrolle: Das Symptom dafür sind lächerlich präzise Abschätzungen, die sich später als überaus ungenau erweisen.

- Sanktioniert werden unattraktive Voraussagen, nicht aber unattraktive Ergebnisse.
- Ganz nach dem Motto: „Okay, der Typ konnte den Termin nicht halten, aber er hat es immerhin versucht." Versprechen sind wichtiger als Termintreue.
- „Es ist in Ordnung, falsch zu liegen, aber nicht in Ordnung, unsicher zu sein."
- Überdosis an Positive Thinking. Keine Wörter wie „Katastrophe", „Scheitern", keine Konfrontation mit Albträumen.

In so einer Mainstream-Kultur ist es schwer, Entrepreneurship oder gar Intrapreneurship zu etablieren. Umgekehrt gibt es, hauptsächlich aus wirtschaftlichen Gründen, ein vermehrtes Unternehmertum durch sogenannte EPUs – Ein-Personen-Unternehmen. Genau bei ihnen herrscht Unternehmertum pur. Große Organisationen sollten sich ansehen, wie solche EPUs funktionieren.

Insgesamt wird es wichtig sein, nicht nur im Finanzbereich, sondern im (Berufs-) Leben mehr auf professionelles Risk Management zu achten. Wenn möglich, schon in der Schule, spätestens aber dann beim (immer wichtiger werdenden) LLL – Lebenslangen Lernen .

Um es klarzustellen: Professionelles berufliches Risk Management ist nicht Gambling. Besser ist daher der Begriff „Risk Result Management", denn es geht darum, die beste Balance zwischen Risiko und Resultat zu finden. Eng verbunden mit Intrapreneurship & Entrepreneurship sowie mit Risk Result Management ist das Fehlermanagement: Dieser Ausdruck ist aber bei genauer Betrachtung semantisch unrichtig – und in einem Buch wie diesem achten wir darauf, was das bedeuten und bewirken könnte. Fehler kann man nämlich nicht managen, nur den Umgang damit. Und darum geht es! Das ist gar nicht so banal, wie es zunächst klingt. Denn hier gilt es vier Faktoren zu berücksichtigen:

1. Null Fehler gibt es nicht. Selbst in Branchen nicht, wo wir uns das sehr wünschen, wie etwa in der Luftfahrt oder in der Medizin.
2. In allen Branchen ist einmal die vorrangige – und dann jeweils spezifisch schon beantwortete –Frage: Wie viel Fehler tolerieren wir? Manche Branchen, wie z. B. die Baubranche, sind da recht großzügig. In anderen Branchen, wie etwa der Trainings- und Coaching-Branche, ist es schon schwer festzustellen, was überhaupt ein Fehler ist. Was sollte da der Nutzen einer Null-Fehler-Strategie sein?
3. Und dann erhebt sich noch die Frage: Wann ist denn ein Fehler ein solcher? In innovationsfreudigen Branchen ändert sich das oft rasch. Was gestern noch Stand der Technik war, ist heute ein Fehler – siehe Informationstechnologie.

4. Und: Wie können wir diejenigen Fehler möglichst vermeiden, die wir nicht tolerieren wollen? Da gibt es nur eine Antwort: „Beinahe-Fehler" sofort unter die Lupe nehmen. Das hat noch dazu den Vorteil, dass es in allen Branchen ohne juristische Konsequenzen abgeht. Umgekehrt gilt: Sobald wirklicher ein Fehler passiert ist, gib es Konsequenzen. Darüber sollten auch keine absurden Märchen verbreitet werden. Also zurück zu den Beinahe-Fehlern. Hier ist schon das zu üben, was für Fehlermanagement gilt, nämlich der „Fehler-Management-Dreischritt":

Fehler feststellen → Ursachen analysieren → Ursachen beheben

Dies alles mit dem Ziel, Fehler nicht zu wiederholen. Schon beim ersten Schritt müssen wir viel umlernen. In der Schule haben wir gelernt, Fehler zu vertuschen. Und weil wir das so gut gelernt haben, machen wir es jetzt ganz automatisch schon bei Beinahe-Fehlern. Ohne Aufdecken funktioniert der Dreischritt aber nicht. Professionelles Fehlermanagement braucht daher Anerkennung der Fehleraufdeckung, keinesfalls Bestrafung.

7.7 Coaching – darf man denn?

Coaching ist ein weites Berufsfeld geworden, auch in Deutschland, Österreich und der Schweiz. Doch dieses Berufsfeld, das Management und Unternehmertum in vielerlei Hinsicht betrifft und beschäftigt, ist stets mit der Frage nach dem „Dürfen" verbunden. Und zwar in dreifacher Hinsicht: Wer darf es? Wie darf man es? Dürfen es Führungskräfte?

Die Frage, ob und wie man Coaching berufsmäßig ausüben kann, ist in allen Ländern unterschiedlich geregelt – auch in jenen des deutschsprachigen Raums. Wir werden es daher hier nicht behandeln.

Nur die Absurdität der vermeintlichen Selbstregulierung muss in diesem Buch natürlich schon aufgegriffen werden: Die Berufsausübung ist, wie gesagt, gesetzlich sehr unterschiedlich bis sporadisch bis gar nicht geregelt. Der Coaching-Markt leidet nach Ansicht aller Verkehrsteilnehmer, also sowohl der Anbieter als auch der Nachfrager, unter großer Intransparenz. Um diese zu beheben und einheitliche (!) Standards zu etablieren, wurden vor allem in Deutschland sieben (!) Verbände gegründet, weltweit drei bis fünf Dachorganisationen – so genau kann man das gar nicht sagen – und sogar im großen Österreich zwei Dachverbände. Ob das der Transparenz und Einheitlichkeit dienlich ist?

Methodisch heißt die Hauptidee des Coachings: „Versuche dem Coachee zu helfen, selbst auf die Lösung zu kommen." Das ist lerntheoretisch eine bekannte und durchaus gute Idee, hat sich aber in vielen Coaching-Ausbildungen ins Absurde verkehrt: „keine Tipps geben, keine Ratschläge erteilen!" Das ist ein Dogma in vielen Coaching-Ausbildungen im deutschsprachigen Raum geworden. Viele Coaching-Techniken, die unterrichtet, geschult und „unter die Leute gebracht" werden, orientieren sich daran, ebenso monate- bis jahrelange Coaching-Ausbildungen auch.

Und das ist Unfug. Die Ausgangssituation lautet ja im Coaching: Eine Person weiß für ein Problem, das sie zu lösen hat, die Lösung nicht. In dieser Situation geht eine Person zu einem sogenannten Coach und wird dazu zum Coachee. Und damit ergibt sich das Erfordernis, dass der Coach dem Coachee hilft, wenn möglich, von selbst auf die Lösung seines Problems zu kommen. Da können viele verschiedene Wege dazu entstehen:

a. Problemverschiebung: Aus der Sicht des Coaches sollte die Problembeschreibung erweitert werden. In diesem Fall hat der Coach den Coachee anzuhalten (= da muss er auch beraten), dies zu tun. Oder die Problembeschreibung sollte überhaupt verändert werden. Heißt: Der Coach meint, dass der Coachee schon die Grundsatzfrage falsch stellt. In diesem Fall hat der Coach den Coachee dazu anzuleiten (= zu beraten), bevor weiter an einer Problemlösung zu arbeiten ist.

b. Es braucht eine „Problemlösung zweiter Ordnung": In festgefahrenen Fällen ist es besser, eine sogenannte „Meta-Veränderung" anzustreben. Dann muss aber eine übergeordnete „Klasse" von Lösungsmöglichkeiten aufgesucht werden.

Problemlösung zweiter Ordnung

Ein Beispiel: Wenn die Leistung des Automotors durch mehr Gas geben nicht mehr verändert werden kann, wird es ratsam, den Gang zu wechseln! Also nicht „mehr desselben", sondern in ein Lösungssystem höherer Ordnung einsteigen![6]

Tipps und Ratschläge sind daher ein inkludierter Bestandteil von Coaching.

In allen Fällen kann es dazu kommen, dass der Coach ressourcenschonend von der Generallinie, „der Coachee muss selbst draufkommen", abweicht und konkrete Tipps und Ratschläge geben muss. Das heißt im Klartext: Der Coach muss jederzeit mögliche Problemlösungen, zumindest eine Richtung auf mögliche Problemlösun-

---

[6] (Watzlawick 1974/2009).

gen, im Kopf haben. Anders kann auch Hilfe zur Selbsthilfe nicht professionell geleistet werden. Bloßes Dasitzen und Warten, was dem Coachee einfällt, genügen nicht. Dass der Coach selbst Lösungswege im Kopf hat, heißt aber auch nicht, dass dem Coachee nicht selbst bessere Problemlösungen einfallen können. Die Toleranz, diese anzuerkennen und zuzulassen, gehört auch zum professionellen Coaching-Geschäft.

Kommen wir zur Berufsausübung des Coaches: Wie kann das gehen? Und manchmal entsteht in rigiden Kreisen sogar die Frage: Darf denn das sein? Diese Frage ist besonders absurd, denn: Selbstverständlich darf das sein. Ja, es muss sogar sein – und zwar immer dann, wenn Mitarbeiter Unterstützung bei der Suche nach Problemlösungen brauchen. So gesehen ist Coaching sogar eine originäre Aufgabe von sogenannten Führungskräften. Diese sollten daher ohnehin Coaching professionell durchführen können. Das gehört zu ihrem Job.

Literatur

Drucker, P. F. (1985). *Innovation and Entrepeneurship*. New York: Harper & Row.
Harramach, N. (1995). *Trainings-Erfolgs-Kontrolle*. München: Verlag Neuer Merkur.
Harramach, N. (2014). *Teamwork, Feedback*. ÖAGG. Wien (Buch noch unveröffentlicht).
Heintel, P. (1977). *Das ist Gruppendynamik*. München: Heyne.
Ikurijo, N., & Hirotaka, T. (1995). *The knowledge-creating company*. Oxford: Oxford University Press.
Kucera, G. (2013). Was bleibt, wenn der Strom ausgeht? *Wiener Journal*.
Sprenger, R. (2002). *Mythos Motivation*. Frankfurt: Campus.
Watzlawick, P. e. (1974/2009). *Lösungen*. Bern: Verlag Hans Huber, Hogrefe.

Nachhaltig wirtschaften: kurzfristig für die Ewigkeit

Neulich im Postkasten: Ein Comic ist angekommen, eingeschweißt in durchsichtige Folie. Auf dem Cover vier neue Superhelden: „The Sustainables"[1] heißen die und wirken recht martialisch. Bei genauerer Betrachtung handelt es sich aber gar nicht um ein Comic-Heftchen, sondern um den (mehr oder weniger) ernstzunehmenden Nachhaltigkeitsbericht eines österreichischen Telekommunikations-Konzerns. Im Inneren wird aufgeführt, was findigen Kommunikationsexperten zum Thema Nachhaltigkeit so alles in die Quere gekommen ist: von „verantwortlichen Produkten" über „Strategisches Umweltmanagement" bis zum Schlagwort „Empowering People". Natürlich dürfen auch die Themen Gleichberechtigung, Vielfalt, Recycling, soziales Engagement und Sicherheit nicht fehlen.

Für gute Unternehmen ist ein solcher Nachhaltigkeitsbericht heute ein Pflichtprogramm, genauso wie ein Geschäftsbericht. Denn Nachhaltigkeit ist das Stichwort, mit dem sich Produkte schmücken, Firmenstrategien ummanteln, Konsumenten umgarnen und Medien verzaubern lassen. Was aber heißt Nachhaltigkeit überhaupt?

Denken Sie sich als Beispiel eine Tomate. Aber nicht irgendeine, sondern eine „nachhaltig erzeugte" Tomate. Genau als solches Lebensmittel wird sie nun verkauft. Doch die Nachhaltigkeit unserer Tomate endet nach kurzer Dauer, entweder im Salat, als Beilage zum Mozzarella oder in der Spaghetti-Sauce. Denn es hätte nicht lange gedauert, dann wäre die Tomate unbrauchbar und ungenießbar geworden. Also dann doch lieber kurzfristig genießen, was nachhaltig erzeugt wurde. Zwei Drittel der österreichischen Konsumenten achten inzwischen peinlich genau darauf, dass ihre Lebensmittel nachhaltig erzeugt wurden. In Deutschland sind es immerhin knapp die Hälfte der Konsumenten, die auf das Bio-Siegel achten. Aber nicht nur Fleisch, Gemüse und Milch müssen so sein, auch Kosmetikprodukte und Kleidung sollten nachhaltig hergestellt worden sein.

---

[1] Nachhaltigkeitsbericht der Telekom Austria „The Sustainables".

N. Harramach, R. Prazak, *Management, absurd*,
DOI 10.1007/978-3-658-04041-3_8, © Springer Fachmedien Wiesbaden 2014

So ist das eben mit dem Begriff der Nachhaltigkeit: Überall wird er verwendet, auch wenn er gar nicht immer hundertprozentig passt. Nachhaltig sind nicht nur Lebensmittel, Möbel, Kleidung, Haushaltswaren und Elektrogeräte, sondern ganze Unternehmen haben sich selbst diesen Stempel verpasst. Es wird nachhaltig gebaut und angebaut, nachhaltig geforscht, nachhaltig investiert und nachhaltig modernisiert. Unternehmer, die etwas auf sich und ihr Unternehmen halten, haben eine nachhaltige Strategie, motivieren nachhaltig ihre Mitarbeiter und haben selbstverständlich nur nachhaltige Produkte im Angebot. Es ist das Paradoxon einer auf Kurzlebigkeit aufbauenden Wirtschaft, dass jetzt von ihren Akteuren das Mantra der Langlebigkeit und des ewigen Bestehens vorgebetet wird. Dabei ist Nachhaltigkeit genau das, was die Wirtschaft eigentlich nicht braucht: Würde alles ewig halten (oder zumindest eine ordentliche Zeit lang), gäbe es kein Wirtschaftswachstum.

Der Begriff Nachhaltigkeit stammt aus der Forstwirtschaft und taucht erstmals Anfang des 18. Jahrhunderts auf. Umschrieben wird damit die Idee, nur stets so viel Holz dem Wald zu entnehmen, dass dessen Bestand auf lange Sicht nicht gefährdet ist. Mühsam war die Nachhaltigkeit schon damals, denn weil Brennholz für viele Menschen überlebensnotwendig war, konnten sie nur schwer daran gehindert werden, dieser Idee tatkräftig mit Axt und Säge zu Leibe zu rücken. 300 Jahre später wildern Marketingmenschen, Verkäufer, PR-Fachleute, Werber, Geschäftsberichtverfasser, Firmenstrategen und CEOs aller Branchen im Begriffsdschungel. Nachhaltig dürfen nach ihrer Auffassung sogar Automobilhersteller, Mineralölkonzerne, Bergbauunternehmen und Fluggesellschaften sein. Sie verwenden die Nachhaltigkeit, um sich als umweltbewusst, sozialverträglich, ressourcenschonend und generell als freundlich darzustellen. So richtig in Schwung kam das Gerede und das Geschäft mit der Nachhaltigkeit erst in den vergangenen Jahren, unter anderem im Zuge des gesteigerten Ökobewusstseins.

Das zeigt Wirkung: Laut einer GfK-Umfrage in Deutschland[2] haben mehr als 80 % der Bundesbürger schon mal von Nachhaltigkeit gehört. Allerdings ist das Wort derzeit grün eingefärbt: In erster Linie werden damit Natur und Umwelt verbunden. Nur jeder fünfte Befragte verbindet damit auch Dauerhaftigkeit oder lange Lebensdauer. Früher war das wohl anders. „Nachhaltig" hatte die Bedeutung von dauerhaft (für Freundschaft), haltbar (für Stahl), anhaltend (für Einsatz). Eine ökologische Bedeutung hatte der Begriff sicher nicht.

Die Unternehmen sind da wieder „back to the roots", Nachhaltigkeit ist nicht nur Ausdruck einer grünen Gesinnung, sondern umfasst weit mehr. Liebster Begriff der Medien und der Unternehmen derzeit: „Nachhaltiges Wachstum". Das Problem: So ganz ohne kurzfristig Greifbares geht es halt auch nicht. Investoren wollen

---

[2] Gfk-Umfrage in Deutschland, veröffentlicht im Oktober 2013.

Gewinne sehen, die Börse braucht Quartalsergebnisse. Jetzt muss es möglich sein, das kurzsichtige Denken und das weitsichtige Vorausblicken zu verbinden. Es muss eine Art Gleitsichtbrille für die Wirtschaft her, mit der man sowohl in der Nähe als auch in der Ferne gut sieht. Kurzsichtigkeit plus Weitsichtigkeit bestens kombiniert also.

Wie setzt man also die Nachhaltigkeit recht rasch in die Realität um? Die Deutsche Bahn glaubte da ein Rezept gefunden zu haben: Die Boni der Manager wurden an „nachhaltige Ziele" gekoppelt. Das heißt also im Klartext: Das, was die braven Chefs da am Jahresende ausbezahlt bekommen, soll sich daran messen, was sie für die nächsten Jahrzehnte und Jahrhunderte geleistet haben. Abgesehen davon, dass eine Messung der tatsächlich erreichten Nachhaltigkeit bisher eher selten gelungen ist (alleine deshalb, weil niemand lange genug lebt, um diese zu überprüfen), wird nun die Nachhaltigkeit doppelt pervertiert: Die Manager müssen kurzfristig danach trachten, langfristige Ziele zu erreichen, damit sie kurzfristig mehr Geld bekommen. Womöglich stellt sich dann langfristig heraus, dass das kurzsichtig war – müssen dann die Manager-Boni zurückverlangt werden? Und wenn ja, wie kurzfristig?

Will sich jedenfalls eine Führungskraft (Kap. 2) besonders hervortun mit Projekten, die weit über ihre eigene Bedeutung hinausgehen, so wird sie tunlichst das Wort „nachhaltig" in ihre Betrachtungen und Vorhaben einfließen lassen. Es wird also in „nachhaltige Projekte" investiert, es werden „nachhaltige Strategien" erfunden und „nachhaltig wirksame Änderungen" durchgeführt. Im Prinzip ist damit gemeint: „Das hält! Und zwar ewig!"

Und eigentlich kann man das Wort „nachhaltig" gar nicht oft genug verwenden. Die „Stakeholder" eines österreichischen Glücksspiel-Unternehmens erreichte im Herbst 2013 eine Mail, die zur Mitarbeit an einer Umfrage mit folgenden Worten aufforderte: Das Unternehmen lege nämlich großen Wert darauf, die „Nachhaltigkeitsleistung kontinuierlich zu verbessern", hieß es da. Eine wichtige Aufgabe „im Rahmen des Nachhaltigkeitsmanagements" bestehe darin, „jene Themen und Handlungsfelder zu identifizieren, die im Sinne einer nachhaltigen Entwicklung und innerhalb des Einflussbereichs (. . .) wesentliche ökologische, soziale und wirtschaftliche Chancen und Risiken bergen". In der Umfrage wurden „allgemeine und branchenspezifische Themen und Aspekte angeführt, die in internationalen Nachhaltigkeits- und Ratingmodellen als relevant beschrieben sind". Wer da mitmache, helfe damit dabei, „die Nachhaltigkeitsleistung der Unternehmensgruppe kontinuierlich zu verbessern". (Quelle: Mail-Aussendung Novomatic AG vom November 2013[3], u. a. an österreichische Medien.) Das Ganze war durchaus ernst

---

[3] Mail-Aussendung Novomatic AG vom November 2013.

gemeint, denn bei der Nachhaltigkeit verstehen Unternehmen keinen Spaß. Ob bei der Auswertung der entsprechenden Umfrage dann den Glücklichen das Lachen vergangen ist, ist eine andere Frage.

Apropos Lachen: Die anfangs erwähnte Folie, in die unseren comichaften Nachhaltigkeitsbericht eingebettet war, war selbstverständlich „abbaubar", denn sie wurde aus Polymilchsäure und Maisstärke hergestellt. Eine doppelte Blendung sozusagen: Etwas, das umweltfeindlich und kurzhaltig (Gegenteil von nachhaltig) wirkt, ist in Wirklichkeit äußerst umweltfreundlich und nachhaltig. So bleibt man nachhaltig in Erinnerung.

Das gelingt auch einem Schweizer Konzern, der die zunächst seltsam anmutende Idee hatte, kleinste Mengen Kaffee in winzigen Päckchen zu verpacken und diese Kleinstportionen mit einer umso größeren Menge Marketing-Brimborium unter die Leute zu bringen, inklusive einem komplementären System an entsprechenden Geräten. Das Ganze natürlich zu horrenden Preisen, wie sonst sollten sich Hollywood-Stars in den Werbespots finanzieren lassen? Natürlich scheint es auf den ersten Blick wenig sinnvoll, eine riesige Menge an Abfall zu produzieren, nur weil es schick ist, seinen Espresso „individuell" zu dosieren. Das Ganze wird aber dadurch gerechtfertigt, dass der Müll angeblich gesammelt und wiederverwertet wird und indem diverse Nachhaltigkeits-Projekte, etwa für Kaffeebauern, gestartet werden.

Auch in Deutschland ist Nachhaltigkeit ein ganz großes Thema: In einem „Nachhaltigkeitskodex" (Abkürzung: DNK) sollen „Nachhaltigkeitsleistungen der Unternehmen" in einer Datenbank gesammelt und vor allem sichtbar gemacht werden. Das Projekt, das vom Bundesministerium für Bildung und Forschung unterstützt wird, wurde vom „Rat für Nachhaltige Entwicklung" beschlossen, in der Datenbank finden sich Unternehmen wie BMW, Flughafen München und Allianz.

Aber es wäre natürlich wirklich verdienstvoll, würden sich manche Branchen mehr der Langlebigkeit ihrer Produkte widmen. So wird beispielsweise in der Elektro-und Elektronikindustrie die Lebensdauer der Produkte bewusst begrenzt, „geplante Obsoleszenz" heißt das dann. Das Gegenteil von Nachhaltigkeit also.

Ein Beispiel dafür sind Geräte wie Notebooks oder Handys – bei vielen jüngeren Modellen ist der Akku so eingebaut, dass er nicht mehr getauscht werden kann, zumindest nicht von den Benutzern. Das Gerät muss als Ganzes in die Werkstatt, eine entsprechende Reparatur lohnt sich demnach schon nach kurzer Nutzungsdauer nicht mehr. Das Gerät wird durch sein schwächstes Teil als gesamtes unbrauchbar. Das Ablaufdatum ist schon eingebaut.

Solches ist auch von Flachbildfernsehern und Waschmaschinen bekannt, in denen bestimmte Teile einerseits extrem kurzlebig und andererseits fix verbaut sind – somit geht das Ganze wegen eines einzelnen Teils kaputt. Eine Reparatur macht dann ökonomisch wenig Sinn, das Ganze landet auf dem Schrottplatz. So wird nachhaltig immerhin der Absatz aufrechterhalten.

Ähnliches ist bei den Drucker-Herstellern zu beobachten: Deren Geschäftsmodell bestand früher darin, funktionierende Geräte herzustellen und mit dem dafür notwendigen Betriebsmaterial etwas dazuzuverdienen. Das Modell hat sich gedreht: Nun verdienen die Hersteller – zumindest im unteren Preissegment – vor allem mit den Patronen, die Drucker selbst sind billig und im Zweifelsfall rasch austauschbar. Nachhaltig im eigentlichen (grünen) Sinn ist es zwar nicht, wenn ein ordentliches Stück Technik nach zwei Jahren verschrottungsreif ist, wohl aber scheint das Businessmodell nachhaltig zu funktionieren.

Während es hier nur um Konsumgeräte geht, spielt das Thema auch innerhalb der Unternehmen eine Rolle:

Ein ganzer neuer Managementbereich wurde nämlich im Sog der Nachhaltigkeit entdeckt oder erfunden, jedenfalls eingeführt und seither nachhaltig betrieben: CSR – Corporate Social Responsibility. Die Ergebnisse dieser CSR-Aktivitäten sind allerdings – gemessen an dem Bedarf – nicht gerade überwältigend. CSR heißt nämlich im Großen und Ganzen, egal was immer Hehres darüber auch gesagt wird: Spenden!

Viel eindrucksvoller ist da beispielsweise die Aktion des Österreichischen Rundfunks „Licht ins Dunkel". Dabei geht es aber auch nicht um „CSR", sondern um PSR – Personal Social Responsibility.

Die Corporate Responsibility hat nicht nur die begriffliche Schwierigkeit, dass sie „social" nicht existiert. Man müsste sie erschaffen und dazu auch definieren, was man da erschaffen hat. „Financial" gibt es sie – je nach Rechtsform der Corporation klar definiert.

Kommt noch hinzu, dass „Corporations" nicht einmal einen Kopf, ein Hirn, ein Bewusstsein haben, um erkennen zu können, ob und inwieweit sie „social" sind. Nur physische Personen haben das. Corporations sind meist „juristische Personen", also durchaus auch rechtsfähig. Spenden können sie also. Aber denken nicht. Das können nur die Menschen, die als ihre vertretungsberechtigten Organe handeln. Nur dort, wo Menschen drin sind, dürfte „social" draufstehen.

Die Corporation ist also nur dafür verantwortlich, wozu ihre vertretungsberechtigten Organe sie „verdonnern". Hoffentlich sind das Personen – der Herr Müller, die Frau Meier . . . – die „social responsible" handeln – und das auch dürfen.

Nun aber: Vertreter juristischer Personen handeln niemals mit eigenem Geld. Sie sind aber den von ihnen vertretenen (juristischen) Personen für das Handeln mit deren Geld verantwortlich – „responsible" könnte man sagen. Aber nie „social", sondern wohl „financial".

Zumindest dürfte doch die Motivation der Organe einer juristischen Person keine „intrinsische" (eigene, versteht sich, die juristische Person hat ja keine) sein. Das wäre inkorrekter Eigennutz. Also müssen sie doch schauen, was die juristische Person davon hat. Da diese kein Gewissen hat und keine Seele (na, das wäre ja originell), kann es nur die Erreichung eines Zieles sein, das sich(?) die juristische Person gegeben hat – ein besseres Image in so einem Fall beispielsweise. Vielleicht sogar: „Menschen in Kenia helfen". Aber das müssten dann ja auch wieder physische Personen – der Herr Müller, die Frau Meier . . . – beschlossen haben.

Also: ein Hoch auf die Personal Social Responsibility! Nichtsdestotrotz wurde im September 2010 die ISO-Norm 26000 „Guidance on Social Responsibility" verabschiedet. Dass es sich dabei um eine sogenannte „nicht zertifizierungsfähige" ISO-Norm handelt, kommt nicht von ungefähr.

Übrigens: Auf Google kommen unter „CSR" zuerst einige Seiten über „Car Super Racing". So ganz scheint sich der Begriff also dann doch nicht durchgesetzt zu haben.

Nachhaltig berichten

Nachhaltigkeits- und CSR-Berichte erfreuen sich bei Unternehmen in ganz Europa, insbesondere im deutschsprachigen Raum, steigender Beliebtheit. Kein Wunder: Damit wird sowohl nach innen als auch nach außen gezeigt, dass man als Firma etwas Gutes tut und nicht nur dem Gewinn nacheifert. Diese Berichte haben nur ein Manko: Sie sind schwer zu vergleichen, denn es gibt keine genauen Vorgaben, was da drinnen stehen muss. Die einen berichten über lärmarme Lastkraftwagen, die anderen über Büropflanzen, andere über ihre Spenden an karitative Organisationen, wiederum andere über die Senkung der Energiekosten im Promillebereich. Von A wie Abfallvermeidung bis Z wie Zigarettenverbot reicht die Palette der möglichen (und unmöglichen) Maßnahmen. Jeder pickt sich das heraus, was ihm passend erscheint und entsprechende CSR- und Nachhaltigkeits-Berater helfen dabei. Quer durch alle Branchen wird nachhaltig berichtet, wobei das auch eine Kostenfrage ist: Vor allem die großen Konzerne glauben, sich einen solchen nicht finanziellen, aber kostenintensiven Bericht leisten zu können/zu müssen.

Doch das System der Freiwilligkeit könnte bald vorbei sein: Die EU-Kommission überlegt die Einführung verpflichtender Nachhaltigkeitsberichte ab einer bestimmten Unternehmensgröße. Wer sich also jetzt nicht fürs „Gut-Sein" entschließen kann, wird es bald tun müssen. Zumindest muss er in Zukunft darüber reden können.

Überreguliert

9

Es gibt fast nichts, das man nicht verbieten könnte: Alkohol, Motorroller, Glühbirnen, Billigflüge, Stammzellenforschung, Computerspiele, getrenntgeschlechtliche Toiletten, Plastiktüten, Werbung für bestimmte Fahrzeuge, Zigaretten im Biergarten, Zirkustiere, Weichmacher im Sexspielzeug, Fleisch in der Schulkantine, Schnäppchen im Kaufhaus, Süßigkeiten im Kinderfernsehen, größere Balkone in Mietwohnungen, Parkettböden.

Das Verbot – oder genauer: die Forderung eines Verbots – ist eine der größten Keulen der EU- und der Innenpolitik. Wie das Amen im Gebet führt eine solche Forderung zu heftigen Diskussionen zwischen Gegnern und Befürwortern – egal, ob es um Tiere, Menschen oder abstrakte Verhaltensweisen geht. Die einen sprechen dann von überbordender Bürokratie, von EU-Kontrollwut und Einschränkung der persönlichen Freiheiten des Individuums. Die anderen argumentieren mit Umweltschutz, Schutz des Schwächeren und warnen vor Ultraliberalismus.

9.1 Die Wut der EU

Wie auch immer man dazu stehen mag, die Regulierungswünsche der EU arten erstens nicht selten in eine Regulierungswut aus und sind zweitens zumindest so „patschert" (Wienerisch für „ungeschickt") formuliert und kommuniziert, dass der Widerstand schon fix eingebaut scheint (Abb. 9.1).

Einige Beispiele gefällig?

N. Harramach, R. Prazak, *Management, absurd*,
DOI 10.1007/978-3-658-04041-3_9, © Springer Fachmedien Wiesbaden 2014

Abb. 9.1 Clownparagraph

- Ab 2017 dürfen laut einem Beschluss der EU-Kommission[1] nur noch jene Staubsauger im Haushalt Verwendung finden, die weniger als 900 W Leistung haben. Der Grund: Stärkere Modelle verbrauchen mehr Strom.
- Während diese Regelung voraussichtlich tatsächlich in der Praxis zum Einsatz kommen wird, sind andere Vorstöße zur Regulierung der europäischen Bevölkerung mehr oder weniger rasch wieder von der Agenda geputzt worden, beispielsweise das vom zuständigen Agrarkommissar vorgesehene Verbot von Kännchen mit Olivenöl[2] im Restaurant. Auch in diesem Fall steckt gute Absicht hinter der vermeintlich schlecht gemachten Sache: Die europäischen Verbraucher sollten vor hygienisch nicht einwandfreien Produkten in der Gastronomie geschützt werden. Wer aber noch genauer hinsah, merkte bald: Auch handfeste Interessen der Industrie – in diesem Fall der großen Olivenöl-Hersteller – spielten eine Rolle. Die Idee wurde rasch verworfen.

---

[1] FAZ, 24.1.2014.
[2] Kurier, 23.5.2013.

- Ein knackiges Argument der EU-Gegner – oder zumindest der Gegner der EU-Regulierungswut – war viele Jahre die berühmt-berüchtigte Gurkenkrümmungsverordnung. Konkret handelte es sich um die Verordnung Nummer 1677/88, sieben Seiten schwer und beschlossen im Jahre 1988. Damals wurde definiert, wie die einzelnen Klassen von Gurken aussehen müssten. In der Kategorie „Extra" sollten sie eine „maximale Krümmung von zehn Millimetern auf zehn Zentimetern Länge der Gurke" aufweisen. In Karikaturen, Leitartikeln und politischen Brandreden wurde aus der Gurkenkrümmung der beste Beweis für die überbordende Bürokratie in Brüssel. Wobei der Wunsch nach der Krümmungsverordnung eigentlich aus der Wirtschaft kam, die Klarheit für Verbraucher und Regelungen für den Transport (wie viele Gurken in einer Kiste sein können oder müssen) forderte. Im Sommer 2009 schließlich wurde die Krümmungsverordnung[3] – zusammen mit 25 anderen Verordnungen zu Obst und Gemüse – aufgehoben.
- Auch Größe und Aufnahmevermögen von Kondomen, Länge von Bananen, erlaubte Bekleidung für Arbeit in Freien und ähnlich wichtige Faktoren waren schon mal Anlass politischer Debatten.

Diese unsere Zeit könnte als das „Zeitalter der Überregulierung" in die Geschichte eingehen, das meinte schon zu Beginn dieses Jahrhunderts ein deutscher Philosoph. Er konnte nicht ahnen, dass es noch schlimmer werden konnte. Jedenfalls hat die schon in der späteren Hälfte des 20 Jahrhunderts einsetzende Flut an rechtlichen Spezialregelungen noch zugenommen – und ein Ende ist gar nicht in Sicht. Die Ausgangslage dieses Kapitels ist also eine juristische. Die wilden Blüten, welche die sogenannte „Ad-hoc-Gesetzgebung" treibt, werden beleuchtet.

Andererseits hat diese Gesetzesflut nicht nur ihre Ursachen, die wir uns anschauen werden, sondern auch massive gesellschaftspolitische Auswirkungen insgesamt, welche wir in der Folge noch genauer betrachten werden.

9.2 Kodifiziertes Recht versus Case Law

Dieser Unterschied (systemtheoretisch würde man heute sagen diese „Leitdifferenz") beschäftigt uns in Europa nach unserer heutigen Einschätzung seit der Renaissance. Die Frage, wie für konkrete Anlassfälle anzuwendendes Recht zu

---

[3] Oberösterreichische Nachrichten, 13.6.2013.

finden sei, entzweite die konkrete Rechtspolitik zwischen Britannien und Kontinentaleuropa. In Letzterem war die vom römischen Recht hergeleitete Ansicht herrschend, alle für einen bestimmten Lebensbereich geltenden Rechtsregeln seien in einem zusammenhängenden Gesetzeswerk (einem Kodex) zu sammeln. Im britischen Inselreich herrschte die Rechtsauffassung, dass die Lösung konkreter Fälle an vergleichbaren, bereits abgewickelten Fällen ausgerichtet sein müsse. Diese induktive Methode stelle sicher, dass das angewendete Recht innerhalb einer Rechtsgemeinschaft und damit orientiert bleibe.

Im deutschsprachigen europäischen Raum griffen zwei unterschiedliche Kodifikations-Methoden Platz – aber letztendlich war die gemeinsame Rechtsphilosophie jene, dass „Kodizes" geschaffen werden sollten, die zwei Ansprüchen genügen müssten:

1. volle Abdeckung für einen bestimmten Lebensbereich,
2. keinerlei Kasuistik, also Regelung individuell konkreter Fälle.

Dass die britische Rechtsphilosophie auch die US-amerikanische begründete, darf als evident vorausgesetzt werden. In der Folge wurde daher das angloamerikanische Rechtssystem des Fallrechts dem kontinentaleuropäischen der Kodifikation gegenübergestellt. In beiden Rechtssystemen war Anlassfallgesetzgebung ursprünglich kein Thema, in beiden Fällen hätte diese Form der Gesetzgebung nicht zur herrschenden rechtsphilosophischen Ansicht gepasst.

9.3 Anlassfallgesetzgebung

„Anlassfallgesetzgebung" begann in beiden Systemen aus unterschiedlichen Gründen. Uns interessiert hier die Anlassfallgesetzgebung im deutschsprachigen Raum, und auch hier unterscheidet sich die schweizerische Art der Entstehung von generell abstrakten Normen von der deutsch-österreichischen Art. Letztere sei hier besonders beleuchtet:

In beiden Rechtssystemen (Deutschland und Österreich) gelten einige übereinstimmende fundamentale Rechtsgrundsätze:

1. Generell-abstrakte Rechtsnormen gelten für eine bestimmte definierte Zielgruppe, niemals aber für eine einzelne Person, auch nicht für einen einzelnen Fall. Diese generell-abstrakten Rechtsnormen definiert, also beschließt der Gesetzgeber, andere legitimierte Normengeber wie Minister, Regierungschefs von

Bundesländern etc. oder andere juristische Personen des öffentlichen Rechts wie Kammern.

2. Die daraus abzuleitenden individuell-konkreten Rechtsregeln definiert die Judikatur in Form von Gerichten oder judizierenden Verwaltungsbehörden.

3. Der Vollzug der individuell-konkreten Rechtsregeln findet durch die Exekutive statt, also durch die Regierungen mit ihren Ministerien, die Verwaltungsbehörden, die exekutiven Gerichtsorgane.

Diese Gewaltenteilung ist seit Montesquieu Grundsatz aller „westlichen" Rechtssysteme. Dass diese Gewaltenteilung besonders darunter leidet, dass sich auch in allen westlichen Demokratien Exekutive und Legislative durch parteipolitische Machtverhältnisse sehr verschränkt haben, ist eine andere Geschichte. In diesem Kapitel interessiert uns das Phänomen, dass sich der Gesetzgeber in einer Bewegung, die an die „Flucht nach vorne" erinnert, in eine Anlassfallgesetzgebung begibt.

Seit mehr als 200 Jahren, genauer gesagt seit dem Januar 1812, gilt in Österreich das ABGB, das Allgemeine Bürgerliche Gesetzbuch. Dieses blieb in großen Teilen des Sachen- und Schuldrechts bis heute unverändert. Daher könnte man sich fragen – wie das ja auch auf europäischer Ebene zur Feier des ABGB geschehen ist – was waren und sind die Conditions of Excellence dieses außerordentlichen Gesetzeswerks. Es sind dies:

• transparenter Aufbau,
• Grundposition der individuellen Freiheit und Gleichheit,
• jeder Kasuistik abholde Regelungsmethode![4].

Heute hingegen dominiert die Anlassfallgesetzgebung. Das bedeutet, dass Einzelfälle gleich zu neuen generellen Regelungen führen. Und das ist absurd, unnütz, sogar kontraproduktiv. Denn diese Anlassfallgesetze lösen erst recht wieder nicht den nächsten konkreten Einzelfall, weil der eben wieder anders ist – sonst wäre er ja nicht ein Einzelfall.

Doch weshalb ist das so? Das ist die Kardinalfrage, die dieses Kapitel auch nicht mit Sicherheit beantworten kann. Aber Hypothesen gibt es dazu durchaus:

a. Psychologie. Die psychologische Erklärung soll man den Psychologen überlassen. Nina Marvalics (Klinische und Gesundheitspsychologin, Psychotherapeutin und Wirtschaftscoach) meint: Einerseits ist es die – zumindest gefühlte –

---

[4] Werner Ogris in der Wiener Zeitung, 31.12.2011.

Schnell-Lebigkeit unserer Zeit, die auch zu Kurz-Atmigkeit führt. Und andererseits gilt daher schnelles Problem-Lösen als eine Kernkompetenz. Nicht-Wissen und Un-Sicherheit lange auszuhalten ist sicher keine Kernstärke in Mitteleuropa. Die „verkürzte Halbwertszeit des Wissens" ist auch einer dieser modernen Glaubenssätze, auch wenn das in vielen Branchen – in der Psychologie zum Beispiel – gar nicht zutrifft.

b. Soziologie. Eine soziologische Erklärung wiederum könnte lauten: Die schnelle Aktualisierung der und durch die (insbesondere elektronischen) Medien ist nicht nur eine Möglichkeit, sondern auch eine Notwendigkeit. Von Missständen kann daher rasch berichtet werden, ebenso von ihrer Lösung. Der Druck der Medien auf die Politik, rasch zu handeln, ist groß. Einer der wirkmächtigsten Gestaltungsspielräume der Politik ist nun mal die Gesetzgebung. Politiker nutzen daher diese Möglichkeit zu zeigen, wie schlagkräftig sie sind – und zwar oft vorschnell. So kommt es zu einer Anlassfallgesetzgebung. Gründe für die Anlassfallgesetzgebung sind, wie schon erwähnt:
    – Der Druck der schnellen Medien und damit die Möglichkeit, aber auch die Notwendigkeit, sich schnell zu profilieren.
    – Missionarismus. Aussagen wie „BürgerInnen gehören ein bisschen erzogen" oder „Wenn freiwillig nichts geht, dann muss man die Quoten gesetzlich regeln", die gehören da dazu.
    – Einfach nur absurd: „Das Zusammenspiel der Verkehrsteilnehmer muss freiwillig erfolgen."

c. Politik. Die Demokratisierung der Politik und damit der Gesetzgebung schafft durch Wahlen repetitive Konkurrenz – und zwar relativ kurzfristige Konkurrenz. Die Kooperation wird dadurch in den Hintergrund gedrängt, kompetitive Suboptimierung wird dadurch forciert. Schnelle Positionierung schafft Suboptimierungs-Vorteile. Langfristige Ziele verschwinden hinter dem Horizont, ebenso Vertrauen und Beziehungsaufbau als Langfrist-Themen. Anlassfallgesetzgebung ist da ein „Quick Shot".

9.4 Schutzgesetzgebung

Besonders im Bereich der sogenannten „Schutzgesetzgebung" wirkt die Flut der Gesetze kontraproduktiv. Viele der Anlassfallgesetze führen auch nur zu einer Pseudobefriedigung und erreichen den intendierten Zweck nicht. Noch schärfer könnte man da sagen: Solche Gesetze sind, wenn schon nicht kontraproduktiv, dann zumindest unnötig. (Geld und Zeit – und damit wieder Geld – kosten sie ja in jedem Fall.)

Eines der markantesten Beispiele dafür ist in Österreich das Konsumentenschutzgesetz aus dem Jahr 1979: Dieses regelt die Rechtsverhältnisse zwischen Unternehmern und Verbrauchern. Zehn Jahre nach seinem Inkrafttreten waren nicht einmal 300 Fälle danach anhängig geworden, eigentlich war mit zig tausend Fällen gerechnet worden. Die Gesetzwerdung hatte in Österreich die Politik und die Sozialpartner mehrere Jahre beschäftigt. Zwar sind mehr als 300 Fälle auch in zehn Jahren nicht gering zu schätzen. Dazu müssen aber die Kosten dieser Gesetzwerdung in Rechnung gestellt werden – und vor allem die Tatsache, dass zur selben Zeit pro Jahr in Österreich rund 700.000 Zivilrechtsfälle anhängig sind. Darüber kann und soll man auch diskutieren. Genau diese Diskussion – zumindest eine in ausreichender Tiefe – sucht man aber meist vergeblich.

Aus rein juristischer Sicht nicht diskutieren kann man indes über Forderungen, wie zum Beispiel das „Recht auf einen Vollzeitjob". Das ist blanker Unsinn. Das hat ja ohnedies jede Frau und jeder Mann. Es gibt niemanden, der kein Recht auf einen Vollzeitjob hätte, außer er/sie hätte aus bestimmten Gründen kein Recht auf irgendeinen Job, wie beispielsweise aus psychischen oder strafrechtlichen Gründen. Solche Rechte sind allerdings nicht einklagbar, weil ihnen – aus guten Gründen – keine vollstreckbare Pflicht gegenübersteht. Es wird ja mit der Forderung nach diesem Recht wohl nicht die Pflicht, einen Vollzeitjob auszuüben, gemeint sein. Vernünftigerweise wohl auch nicht die Pflicht, jedem/jeder, der/die das will, jeglichen Vollzeitjob bedingungslos zu übertragen.

9.5 Whistleblower und Korrupte

Ein wenig versteckter ist die (juristische) Unsinnigkeit bei der Diskussion, welche (juristischen) Risiken ein „Whistleblower" trägt. Diese Diskussion ist für Juristen verblüffend – und sollte es eigentlich für jedermann sein. Geheimnisverräter oder etwas bewertender „Denunzianten" genannt oder noch bewertender „Verräter", in Wien auch „Vernaderer", in Deutschland „Petzer" genannt, haben schlicht und einfach die Konsequenzen zu tragen, die rechtlich für den Geheimnisverrat geregelt sind. Arbeitsrechtlich kann dies ein Grund für eine fristlose Kündigung (in Österreich: Entlassung) sein. Auch die strafrechtlichen Konsequenzen dafür sind in den entwickelten Rechtsstaaten eindeutig geregelt. Auch Rechtfertigungsgründe wie Notwehr und Entschuldigungsgründe wie Notstand sind hier natürlich zu berücksichtigen. Eine neue spezielle Gesetzgebung für einen modernen angloamerikanischen Ausdruck wird hoffentlich nicht angedacht sein. (Ein Whistleblower-Gesetz – wie würde das wohl auf Deutsch heißen? Möglichkeiten siehe oben.)

Doch was juristisch so einfach sein sollte, ist es in der gelebten Praxis dann doch wieder nicht: So richtig bekannt wurde der Begriff des Whistleblowers durch Edward Snowden, ehemaliger Mitarbeiter des US-Geheimdiensts NSA. Er hatte die Überwachungsmethoden und breit angelegte Vorverurteilung von Bürgern und Politikern durch die US-Schnüffler entlarvt und flüchtete zunächst nach Russland.

Aber auch im Zuge des Korruptions-Untersuchungsausschusses in Österreich wurde über die Rolle solcher Whistleblower diskutiert: Soll die Aufdeckung dubioser Machenschaften von Unternehmen durch eigene Mitarbeiter forciert werden? Jedenfalls hat die österreichische Wirtschafts- und Korruptionsstaatsanwaltschaft ein eigenes Whistleblower-Hinweissystem eingeführt. Innerhalb eines halben Jahres waren nicht weniger als 748 Hinweise dort eingegangen, die sich etwa um Korruption, Betrug und Geldwäsche drehen. Allerdings – und jetzt wird es absurd – gibt es zwar eine solche Hinweisplattform, aber noch kein entsprechendes Gesetz. Jedenfalls hat sogar ein Unternehmen entsprechende Maßnahmen getroffen: Die Telekom Austria hat im Dezember 2012 ebenfalls eine Plattform[5] errichtet, über die Mitarbeiter und Lieferanten anonym Missstände melden sollen. Das österreichische Telekomunternehmen war jahrelang von Managern und Beratern als eine Art Selbstbedienungsladen missbraucht worden.

Absurd ist natürlich der immer wieder diskutierte „Kündigungsschutz" praktisch gesehen. Sollte das heißen, dass ein Aufdecker/Denunziant dann weiter Angestellter der von ihm denunzierten Firma bleiben darf? (Beispielsweise bei der erwähnten Telekom Austria oder gar Snowden bei der NSA?) Verrückt! Außerdem wird der Denunziant selbst doch wohl nicht in einer solchen Organisation bleiben wollen, oder?

Wichtig ist, dass dem Aufdecker/Denunzianten (der wird ja wohl je nach Standpunkt unterschiedliche Bezeichnungen haben) im Fall der festgestellten Legitimität seiner Information keine vermögensrechtlichen Nachteile entstehen (Gehalts-, Abfindungsansprüche). Dazu braucht es aber keine neue Gesetzeslage. Finanzielle Konsequenzen würden ja nur drohen, wenn die Aufdeckung eine sofortige Auflösung des Dienstverhältnisses durch den Dienstgeber rechtfertigte. Ob dies der Fall ist, würden in jedem Fall die zuständigen Gerichte – auch nach der derzeitigen Rechtslage – zu entscheiden haben. Und eben genau durch solche konkreten Entscheidungen unabhängiger Gerichte wird die angemessene Anpassung der

---

[5] Computerwelt, 10.12.2012.

Rechtslage an die konkreten Lebens- und Wirtschaftsumstände gewährleistet. Und nicht durch Anlassfallgesetzgebung.

Ein Anti-Mobbing-Gesetz ist ein weiteres Beispiel. Wenn es sich um eine ungerechtfertigte Behandlung durch den Arbeitgeber handelt, stehen entsprechende arbeitsrechtliche Konsequenzen ohnehin zur Verfügung. Wenn es sich um ungerechtfertigte Behandlungen von Mitarbeitern untereinander handelt, gibt es Möglichkeiten je nach Art der „Tat", demgemäß meist nur außer-juristische. Sinnvolle weitere juristische Konsequenzen sind nicht in Sicht. Und die Frage, was entsprechende Anti-Staffing-Maßnahmen (wenn schon, denn schon) wären, ist auch völlig unklar. Klugerweise wurde im österreichischen Parlament im Sommer 2010 auch kein Gesetz, sondern nur die „Erstellung einer Mobbing- Studie" beschlossen, aus der sich ergab, dass eben kein Bedarf an zusätzlichen Regelungen, die das Mobbing betreffen, bestehe. Auch mögliche Regelungen gegen permanente Erreichbarkeit von Mitarbeitern in Freizeit und Urlaub sind – in allseits sinnvoller Weise – juristisch kaum denkbar, ohne damit in unantastbare Freiheitsrechte der Beteiligten einzugreifen.

9.6 Entmündigungs-Effekt

In all diesen und ähnlich gelagerten Fällen ist auch auf den kontraproduktiven Entmündigungs-Effekt zulasten der schützenden Zielgruppe zu achten – insbesondere aus gesellschaftspolitischer Sicht. Dass bei diesen Schutzgesetz-Vorhaben auch zu schützende Interessen miteinander in Konflikt kommen, versteht sich von selbst. Nicht immer geschieht dies aber so krass wie beim Vorschlag der österreichischen Frauenministerin, die von Männern geleisteten Überstunden gesetzlich zu beschränken, damit „die Herren mehr Zeit mit ihren Familien verbringen" könnten. An diesem Beispiel wird klar, wie sehr an sich gut gemeinte Entwicklungen kontraproduktive Formen annehmen können – insbesondere, wenn sie in juristische Regelungen gegossen werden. Ganz klar: Wenn „die Herren mehr Zeit mit ihren Familien verbringen", würde das in den meisten Fällen zu einer Arbeitserleichterung von Frauen führen. Dies wird aber wohl nicht eine Angelegenheit juristischer Regelungen, sondern vielmehr ein Gegenstand von Bewusstseinsbildung und freiwilliger Einstellungs- und Verhaltensänderung sein müssen. Alles andere würde unweigerlich wieder zu „zivilem Ungehorsam" führen, mag er auch von einigen als „unzivilisiert" angesehen werden. Letztlich scheint die Idee auch unausgegoren, denn vielen Frauen wäre es wenigstens so wenig recht wie den Männern selbst, wenn diese keine Überstunden mehr leisten dürften. Sei es aus privaten Gründen, sei es aus finanziellen Gründen.

Der kontraproduktive Effekt von Schutzregelungen wird auch von den Fachleuten des Online- Jobportals Career Moves[6] gesehen. Das Portal richtet sich auch, aber nicht nur, an Menschen mit Behinderung. Die Experten meinen: Quote und besonderer Kündigungsschutz hindern Menschen mit Behinderung, an gute Jobs zu kommen (Scott-Parker und Demblin 2013).

9.7   Compliance – wie bitte?

Ein ähnliches Problem des Widerstands wird ja auch schon breit im Zusammenhang mit dem Mainstream-Wort der Compliance diskutiert: „zuviel des Guten", „es kommt ununterbrochen etwas Neues", ja sogar „Entmenschlichung" lauten die Kritikpunkte an überbordenden Compliance-Regelungen. Juristisch kommt noch die Absurdität dazu, dass Compliance-Regelungen zu Deutsch „Regelungen der Regeltreue" sind. Da beißt sich die Katze in den Schwanz. Juristische Regelungen (seien es generell abstrakte, wie beispielsweise Gesetze, oder individuell konkrete wie Verträge) sind ohnehin einzuhalten, ansonsten drohen juristische Konsequenzen. Was freiwillige Kodizes in diesem Zusammenhang bedeuten, ist mit juristischer Schärfe aufzudröseln und zu unterscheiden: Wenn es sich dabei um rechtliche Verpflichtungen handelt (aufgrund von Gesetzen oder Verträgen), sind sie natürlich bindend. Soweit es sich dabei um juristisch unverbindliche, aber moralisch/ethisch gewünschte Verhaltensrichtlinien handelt, hat ihre Verletzung eben keine juristischen Konsequenzen. Der Gesetzgeber sollte hier sparsam mit Neuerungen sein. Gesetzliche Regelungen für unternehmerisches Verhalten existieren schon in Hülle und Fülle. Freiwilliges muss freiwillig bleiben.

In einer Wirtschaftszeitung hieß es zum Thema Compliance[7]: „Emsige Gesetzgeber machen Juristen für Unternehmer unverzichtbar." Genau eine solche Arbeitsbeschaffung für Juristen sollte wohl nicht der Zweck juristischer Regelungen sein. „Wirtschaft wird verrechtlicht", beklagte ein Unternehmensvertreter in dem Artikel. Was damit gemeint ist, ist klar: Es gibt zu viele Regelungen, es wird überreguliert. Damit wird ein grundsätzliches Missverständnis sichtbar. Die Wirtschaft kann schon deswegen nicht „verrechtlicht" werden, weil sie zur Gänze von

---

[6] www.careermoves.at.

[7] Wirtschaftsblatt, 18.5.2012, Wien.

der Rechtsordnung umfasst ist. Sie ist also im günstigsten Fall in keinem Teil „entrechtlicht". Durchaus schädlich – und zwar wirtschaftlich – kann es allerdings sein, wenn viele Detailregelungen die wirtschaftliche Freiheit einschränken. Aber auch juristisch kann das ein Selbstfaller sein. Je weniger Einzelfall-Regelungen, desto mehr hat man „das Ganze" rechtlich im Griff. Einzelfallregelungen schaffen nämlich auch immer mehr ungeregelte Bereiche, immer mehr sogenannte „Gletscherspalten". Nur die rigorose Abwendung von Kasuistik (wie sie zum Beispiel ein Prinzip des österreichischen ABGB ist) garantiert flächendeckende, lückenlose Regelung. Das ist ein Prinzip ordnungsgemäßer Rechtsgestaltung, welches seine Verletzungen „gnadenlos" mit der absurden Umkehr des Gewollten straft. Je mehr Anlassfallgesetzgebung, desto mehr ungeregelte Anlässe.

In diesem Sinn ist es es auch wert, folgenden – in dieser oder ähnlicher Form oft gehörten – Satz zu betrachten: „Ist ein Handschlag noch etwas wert oder brauchen wir für jedes Rechtsgeschäft eine vertragliche Regelung?" Dazu gleich zwei Antworten:

Erstens: Rein juristisch ist die Frage völlig unsinnig. Jedes Rechtsgeschäft ist eine vertragliche Regelung. Für welche Rechtsgeschäfte die Schriftform oder eine noch strengere Beurkundung notwendig ist, ist ebenfalls ausdrücklich – in verschiedenen Rechtsvorschriften – geregelt. Für alle anderen Geschäfte gilt der Handschlag – und sogar noch weniger: ein bloßes „Ja!" zum Beispiel, sogar ein bloßes Kopfnicken unter bestimmten Umständen. Zweitens: Wenn damit aber philosophisch – allenfalls wirtschaftspolitisch – gemeint ist, dass zu viel Jus die Moral verdrängt, kann dieser Botschaft grundsätzlich zugestimmt werden.

Gerade wegen dieses doppelgesichtigen Verhältnisses zwischen Recht und Moral empfiehlt sich ein vorsichtiger juristischer Umgang mit Regelungen. An anderer Stelle dieses Buches ist von „KoKo" als Kunstwort für die untrennbare Zusammengehörigkeit von Konflikt und Kooperation die Rede. Eine solche Beziehung haben auch Recht und Moral zueinander. In der Regel wünscht man sich ein kooperatives Verhältnis zwischen diesen beiden Dimensionen. Es kann aber auch Konflikte geben.

Radbruch'sche Formel

Die Radbruch'sche Formel ist eine der prominentesten Beschäftigungen mit einem solchen Konflikt zwischen Recht und Moral. Der deutsche Rechtsphilosoph Gustav Radbruch hat 1946 angesichts der Frage, wie mit nationalsozialistischem Recht umgegangen werden sollte, drei Typen „ungerechter Gesetze" hinsichtlich ihrer Rechtsfolgen unterschieden:

1. Positive Gesetze müssen auch dann angewendet werden, wenn sie ungerecht und unzweckmäßig sind.
2. „Unerträglich" ungerechte Gesetze müssen der Gerechtigkeit weichen.
3. Falls Gesetze nicht einmal das Ziel verfolgen, gerecht zu sein, sind sie kein Recht.

Am schlechtesten ist es, wenn das Recht die Moral verdrängt. Sei es, weil rechtliche
Regelungen Widerstand auslösen, sei es, weil rechtliche Regelungen die Schein-
befriedigung schaffen, dass jetzt alles geregelt sei, dass man sich jetzt nicht mehr
weiter darum kümmern müsse. Besonders vorsichtig sollte man daher auch mit
„über-missionarischen" Rechtsvorhaben sein. Immer öfter steht hinter Rechtsregeln die – manchmal verborgene, manchmal sogar explizit verlautbarte – Absicht,
„der Bürger müsse erzogen werden" (Zitat Ina Homeier, Stadtplanerin i d MA 18
(Stadtentwicklung)[8]).

Ein Beispiel ist die Schwarzarbeit: Dass diese in weiten Kreisen der Bevölkerung
als Kavaliersdelikt gilt und sogar von politischen Vordenkern da und dort bereits als „ziviler Ungehorsam" bezeichnet wird, ist schon ein Zeichen für „illegalen
Mainstream". An solchen Stellen sollte der Gesetzgeber (und politische Manager
gehören ja zur Zielgruppe dieses Buches) ein wenig genauer auf den Willen seines
Auftraggebers, des Souveräns, hören.

9.8 Über-Drüber-Regelungen

Manchmal sind Regelungen ganz offensichtlich Über-Regelungen:

* Im Vorjahr wurde publik, dass Chinas kommunistische Partei die „Elternliebe"[9]
  verordnet. Was genau man darunter zu verstehen hat, bleibt der Fantasie des
  Einzelnen überlassen.
* Im Oktober 2013[10] ging folgende Neuigkeit um die Welt: Der Pensionskasse des
  italienischen Staates fiel auf, dass ein Herr Emilio Casali aus dem Urlaubsort
  Riccione in der Provinz Rimini an der Adriaküste zwischen dem 1. Januar 1996
  und dem 31. Dezember 2000 einen Cent zu viel ausbezahlt bekommen hatte.
  Der 84-Jährige erhielt einen Bescheid mit der Aufforderung, die unrechtmäßige
  Zahlung auszugleichen. Er habe aber die Möglichkeit, den Betrag in mehreren
  Raten zu erstatten, wurde ihm mitgeteilt.
* Ja, bisweilen wird Regulierung sogar der regulierungswütigen EU-Kommission
  zu viel: Im Sommer 2013 handelte sich Österreich eine Rüge wegen der
  Überregulierung[11] des Telekomsektors ein.

---

[8] Zitat Ina Homeier, Stadtplanerin i d MA 18 laut Wiener Zeitung vom Juni 2013.

[9] Die Presse, 6.7.2013.

[10] APA-Meldung, 21.10.2013.

[11] Der Standard, 3.7.2013.

Weniger lustig ist hingegen, wie die Gesetzeswut in unseren Breiten zunimmt: 1962 waren es noch 337 Rechtsvorschriften, die im österreichischen Bundesgesetzblatt veröffentlicht worden waren. 50 Jahre später sind es 840 Rechtsvorschriften – das ist ein Anstieg auf das 2,5-Fache. Anfang der 1960er-Jahre konnten alle verlautbarten Rechtsvorschriften noch in einem Band abgedruckt werden. Auch dieser war schon ein riesengroßer Wälzer, ein Mensch hätte damals in einem normalen Arbeitsjahr diesen Band ein einziges Mal durchlesen, ansonsten aber nichts mehr damit anfangen können. Auch damals wäre das schon sinnlos, weil unverwertbar gewesen. Und heute? Gänzlich undenkbar, selbst für eingefleischte Anhänger der Juristerei. Heißt im Klartext: Gesetzesbeschlüsse im Bundestag/Parlament können wohl nur mehr über Vertrauen und Delegation – wohl nicht mehr aufgrund eigener Wahrnehmung – erfolgen.

Generell kommt mit dieser Überregelung auch ein gesteigertes Sicherheitsbedürfnis zur Geltung. Gurtpflicht (im Auto), Helmpflicht (beim Radfahren und auf der Skipiste) – beides womöglich dann auch noch beim Spazierengehen? Dass man sich dabei an sich selbst anschnallt, ist kein Problem – das kann sowohl individuell-psychologisch als auch generell-politisch begründet werden. Und das alles in Zeiten, in denen das Leben, zumindest in Mittel-und Westeuropa, besser abgesichert und im Prinzip ungefährlicher ist denn je.

Nochmals zum Sicherheitsbedürfnis: Schadenersatz ist gesetzlich (schon im ABGB seit 1812) ausreichend geregelt. Die zulässige Frage ist allerdings: Braucht es präventive Rechtsregeln? Oftmals ist ja bereits eingetretener Schaden nicht wirklich wieder gutzumachen. Verletzungen an Leib und Leben, aber auch an der Seele/in der Psyche sind Beispiele dafür. Da muss rechtlich vorgesorgt werden!

Allerdings: Vorsorgliches Händewaschen ist auch nur manchmal sinnvoll (wie z. B. schon vor chirurgischen Eingriffen).

Beispiel

Die Lösung ist das Problem

Da fällt einem wieder einmal Paul Watzlawick (1974/2009) ein: „Die Lösung ist das Problem!"

Kennen Sie das Beispiel vom damaligen „Cape Canaveral"? Auf dem amerikanischen Weltraumbahnhof Kennedy Space Center – es hieß damals noch „Cape Canaveral" – war es wegen schwieriger Wetterlage immer wieder zu Abbrüchen und Verschiebungen von Raketenstarts gekommen. Deswegen wurde die Abschussrampe mit einem riesigen Silo überdacht. Der Silo war so groß, dass es in seinem Inneren zu einer eigenen Wetterbildung kam, Gewitter inklusive. Die geplante Lösung wurde also selbst zum Problem. Der Silo musste wieder abgetragen werden.

Eins noch obendrauf in Sachen Sicherheit gibt da der in Deutschland 2012 gegründete Bundesverband der Auditoren mit dem Ziel, Standards für Aus- und Weiterbildung von Auditoren zu schaffen. Auch Zertifizierungsgesellschaften will dieser neue Verband als Mitglieder gewinnen. Da werden sich die Überwacher für die Regeleinhaltung wohl noch Regeln für ihre eigene Überwachung geben. Wer die Einhaltung dieser Ober-Regeln dann überwachen wird, ist aber nach bisheriger Information noch nicht geregelt. Oberwacher für die Überwacher wären da gefordert.

Ein typisches Beispiel für Anlassfallgesetzgebung ist auch das österreichische Lobbyinggesetz. Anlassfall war der Prozess gegen den ehemaligen österreichischen Innenminister Ernst Strasser. In der Zwischenzeit läuft ein Gerichtsverfahren, und zwar logischerweise aufgrund der strafrechtlichen Regeln, die ohnehin – also auch ohne Lobbyinggesetz – bestanden haben. Ein Sturm der Entrüstung, und zwar zu Recht (im moralischen Sinn notabene), ging durch das Land. Der Ruf nach einem Spezialgesetz für Lobbyisten wurde laut. Experten und Verbände setzten ihre Schifflein auf diese Strömung, und die politischen Parteien waren natürlich (was Wunder bei dieser gewaltigen öffentlichen Meinung) samt und sonders mit von der Partie. „Unternehmer bewegen sich jetzt im Graubereich", sagte ein sogenannter „Lobby-Coach", was immer man darunter verstehen mag, und war sich zudem sicher: „Das gehört nachgebessert." Wahrscheinlich hat er „geändert" gemeint. Aber wie auch immer, dazu muss man ganz generell anmerken: Dann würden sich ja alle unternehmerischen Tätigkeiten, die nicht ausdrücklich im Gesetz geregelt sind, in einem „Graubereich" bewegen. Juristisch ist das keineswegs so. Alle unternehmerischen Tätigkeiten sind in Österreich durch das UGB (Unternehmergesetzbuch) geregelt. Soweit es sich dabei um gewerbsmäßige Tätigkeiten handelt, unterliegen diese der Gewerbeordnung oder speziellen berufsrechtlichen Regelungen. Alle unternehmerischen Tätigkeiten sind also rechtlich erfasst, auch jene des „Lobbying" waren es also schon vor diesem Gesetz. Die Frage, die vor der Schaffung eines besonderen neuen Berufsgesetzes gestellt werden sollte: Reichen die geltenden Rechtsregeln, die ja niemals „grau", sondern „schwarz auf weiß" sind, oder braucht es eben neue Regeln für eine Tätigkeit? Und selbst, wenn dies mit „ja" beantwortet wird, erhebt sich die Zusatzfrage: In welchem/welchen der bestehenden Gesetze? Oder braucht es ein ganz neues Gesetz?

Das Lobbyinggesetz ist wohl kaum eine Erfolgsstory. Ein Monat nach Inkrafttreten waren zehn Lobbying-Organisationen registriert, jetzt sind es noch immer keine 100. Davon sind die Hälfte Firmen mit eigenen „In-House-Lobbyisten" und nur rund ein Viertel Agenturen, der Rest Kammern und Verbände.

Lobbying-Transparenz-Register
Resümee: „Das Interesse der österreichischen Politik am ,Lobbying-Transparenz-Register'
ist nach Inkrafttreten je verebbt. Das der Medien weitgehend ebenso. Geblieben ist eine latente Unzufriedenheit vieler, basierend auf einer nunmehr rechtlich ausgeprägten
Un-Gleichbehandlung und dem mühevollen, zeitraubenden bürokratischen Prozess der Re-
gistrierung. Anstelle eines Instruments zur Herstellung von mehr Transparenz im Lobbying
besteht nunmehr der schale Nachgeschmack, mit einem lückenhaften und komplizierten
Register leben zu müssen." (Peter Köppl: „Das österreichische Lobbyisten-Register.")

9.9   Erbsenzähler ahoi!

Frappant ist indes die häufig zu beobachtende Diskrepanz zwischen dem (ver-
ständlichen) Widerstand seitens der Unternehmen gegen Überregulierung ihrer
Tätigkeiten und dem Befürworten jedweder Regulierungsbestrebungen, wenn es
um die interne Organisation geht. Zwar hat die Stempeluhr in den meisten Firmen
ausgedient, doch die lückenlose Überwachung der Mitarbeiter feiert an anderer
Stelle fröhliche Urständ'. Da wird von Verkäufern in Handelsgeschäften berichtet,
denen ein Gang auf die Toilette untersagt wird. Da gibt es Fast-Food-Filialen, die
ihre Mitarbeiter bei der Tätigkeit filmen. Da gibt es Unternehmen, die Telefonate,
Mails und Internet-Aktivitäten ihrer Dienstnehmer peinlich genau analysieren.

Das ist aber nur die Spitze des Eisbergs. Harmloser, aber nicht weniger seltsam
ist der Vormarsch der Erbsenzähler in den Unternehmen und speziell in den Vor-
standsetagen: Da kümmern sich die Chefs nicht mehr um das große Ganze, sondern
um Haustierverbote, Sauberkeit der Fußmatten, Inhalt des weihnachtlichen Spen-
denaufrufs und Bewässerung der Topfpflanzen. Sie lösen damit eine wahre Flut an
Kontrollgängen quer durch alle Tätigkeiten aus. Wer wann was sagen darf (beispielsweise gegenüber den Medien), wer wie oft wo in Erscheinung treten darf, wer
wie was verkaufen darf – alles sollte geregelt werden. Möglicherweise eine Reaktion
(oder eher: Prävention) auf die neuen Freiheiten, die unter anderem der Einsatz
neuer Technologien bietet? Oder einfach nur die Angst, Kontrolle zu verlieren?

Das Absurde ist dann auch der Rat einer „Futurologistin" (Millard 2012), die
Personalabteilung müsse Leitlinien entwickeln, die festlegen, was erlaubt ist und
was nicht. Sie bezieht sich auf den Trend, dass Mitarbeiter ihren privaten Laptop
mit ins Büro bringen. Dieser Rat ist doppelt absurd:

Erstens darf man juristisch nie festlegen, was erlaubt ist und was nicht.
Rechtstechnisch darf man nur eine der beiden Seiten regeln – und das ist empfeh-
lenswerterweise die Verbotsseite. Man stelle sich nur vor, man würde im Strafrecht

regeln, was man alles tun darf, ohne straffällig zu werden. Nein man regelt nur die Verbote!

Zweitens ist es zwar nicht absurd, aber wohl herabwürdigend anzunehmen, die Mitarbeiter würden mit ihren privaten Laptops im Büro Schindluder treiben. Zumindest wäre das keine gute Grundhaltung für die Personalabteilung.

Dieses Mitnehmen von privaten IT-Apparaten in das Unternehmen wird übrigens als „Bring Your Own Device" bezeichnet, weil „Bring Dein Gerät mit" nicht so schön futuristisch klingt. Tatsächlich beschäftigen sich von der HR- bis zu IT- Abteilung viele kluge Menschen damit, wie denn damit umzugehen sei. Das ist nicht nur juristisch schwierig, sondern vor allem angesichts der Unkontrollierbarkeit auch in der Praxis nicht einfach zu handhaben. Oder soll man am Firmeneingang sein Handy abgeben müssen? Besonders kluge Unternehmen animieren ihre Mitarbeiter sogar, eigene Geräte zu verwenden – vielleicht sogar auf deren eigene Kosten.

Während also im Kleinen die Regulierungswut tobt, wird nach außen und im Großen genau das bekämpft. Was wohl Psychologen dazu sagen würden? Spiegelung? Überhaupt muss betont werden, dass eben nicht nur der Gesetzgeber eine Überregulierungs-Neigung zeigt. Nein, auch Unternehmer und Privatpersonen stellen ihre Regulierungssucht unter Beweis. Im Privatrecht, also besonders beim Abschluss von Verträgen, sind ja die Personen selbst Normsetzer. Unser juristisches Grundprinzip der Privatautonomie sieht ja vor, dass im sogenannten rechtsgeschäftlichen Verkehr grundsätzlich primär das gilt, was die Parteien vereinbaren. Dem Gesetz kommt hier nur eine sekundäre Funktion zu. Und da zeigt sich, dass auch Privatpersonen, aber sogar Unternehmer, zu übervorsichtiger Regelung neigen. Und zwar auch dort, wo das gar nicht notwendig wäre.

Musterbeispiel für Überregulierung: Der Mustervertrag

Als Beispiel darf ein Mustervertrag gelten. Noch dazu einer, der von einem Experten auf diesem Gebiet empfohlen wird. (Die Vertragsteile, die – wie im Text oben geschrieben – ohnedies gelten würden, stehen hier kursiv.)

Das Muster für einen „Vertrag über ein Einzelcoaching" (Olbert 2002):

Im empfohlenen Vertragstext wird alles durchgestrichen (hier fett dargestellt), was ohnehin gilt, auch wenn es nicht vereinbart wird – oder juristisch zumindest in seinen Konsequenzen irrelevant ist. (Die Rechtslage ist dabei in Deutschland und Österreich so weit identisch, dass das Phänomen für beide Länder gleich ist.)

Vertrag über ein Einzelcoaching

Herr/Frau… (im Folgenden Klient/in genannt) und… (im Folgenden Berater genannt) schließen den folgenden Vertrag:

§ 1 Vertragsgegenstand

Der Berater führt für die Klientin/den Klienten ein Coaching durch, das die Erfassung, Aufarbeitung und Optimierung der gegenwärtigen beruflichen Situation der Klientin/des Klienten unter Berücksichtigung außerberuflicher, insbesondere privater Aspekte zum Ziel hat.

Der Berater wird die von ihm angewandten Methoden, ihre Funktionsweisen und Zwecke sowie die Risiken und die möglichen Ergebnisse in jeder Phase der Beratung offenlegen. Das Coaching erfolgt auf der Grundlage der zwischen den Parteien geführten vorbereitenden Gespräche. Es beruht auf Kooperation und gegenseitigem Vertrauen.

Über diesen Vertrag und über seine Durchführung wird von beiden Seiten Stillschweigen bewahrt.

§ 2 Dauer des Coachings

Das Coaching dauert ein halbes Jahr, beginnend mit dem Abschluss dieses Vertrages. Eine Verkürzung oder eine Verlängerung bis auf ein Jahr Gesamtdauer ist nach Absprache möglich.

§ 3 Ort und Zeit der Sitzungen

Die Sitzungen finden in den Praxisräumen des Beraters montags und donnerstags um. . . Uhr statt. Sie dauern jeweils anderthalb Stunden.

Terminänderungen sind spätestens in der vorhergehenden Sitzung abzusprechen. Sitzungen, zu denen die Klientin/der Klient ohne solche Absprache nicht erscheint, sind voll zu bezahlen.

§ 4 Honorar und Zahlungsweise

Das Honorar beträgt 200,– € zuzüglich 19 % Mehrwertsteuer pro Sitzung. Der Berater erteilt monatlich eine Rechnung über die abgehaltenen Sitzungen. Die Rechnungen sind sofort zur Zahlung fällig.

§ 5 Vorzeitige Vertragsbeendigung

Der Vertrag ist von beiden Seiten nach § 627 BGB kündbar.

§ 6 Schlussklauseln

Der Berater speichert die personenbezogenen Daten der Klientin/des Klienten, soweit es zur Rechnungsstellung und zur Buchführung erforderlich ist. Eine weitergehende Speicherung personenbezogener Daten findet nicht statt, auch nicht in anonymisierter Form.

Mündliche Nebenabreden wurden nicht getroffen. Vertragsänderungen gelten nur, wenn sie schriftlich vereinbart werden.

Sollte eine Bestimmung dieses Vertrages unwirksam sein oder werden, so bleibt der Vertrag im Übrigen gültig. = üblicher Unsinn!

(Ort, Datum und Unterschriften)

Es scheint sich aber schon ein Gegentrend abzuzeichnen. So hat ein hochkarätiges Podium von Managern und Beratern Anfang des Jahres übereingestimmt: „Mehr Kontrolle würde schaden." Das Maximum an Kontrolle in Firmen sei erreicht, es hapere jedoch bei der Nachhaltigkeit.[12] Gleichzeitig stellt in Deutschland manager magazin online[13] unter der Überschrift „Genervt bis fatalistisch!" fest: „Die Gesetzeslage wird für Unternehmen immer komplexer. Insbesondere die Kleineren reagieren inzwischen genervt bis fatalistisch. Denn damit schafft der Gesetzgeber einen deutschen Standortnachteil für kleine Unternehmen."

9.10   Ent-Regelung statt Über-Regelung

Erfolgreiche Beispiele für Ent-Regelung gibt es indes auch: Bohmte, eine kleine Stadt in Niedersachsen, setzte in Deutschland das erste Projekt „Shared Space" (2008[14]) um. Alle Verkehrsteilnehmer haben die gleichen Rechte. Es gibt nur eine Regel: „rechts vor links". Sehr erfolgreich: Unfälle mit Personenschaden sind „prozentual stark abgesunken". Das wichtigste Ergebnis aber: Mehr Achtsamkeit und Rücksichtnahme aufeinander sind gestiegen.

Wie schwierig eine solche Ent-Regelung allerdings sein kann, zeigte sich am Beispiel einer anderen Fußgängerzone: Die Mariahilfer Straße in Wien, eine beliebte Einkaufsmeile, wurde einer Art Gemischtnutzung zugeführt, es sollten also Fußgänger, Radfahrer, Autos und Busse nebeneinander unterwegs sein. Das führte zu heftigen Diskussionen: Fußgänger beschwerten sich über rabiate Radler, Autofahrer fürchteten um ihre freie Fahrt, Anrainer freuten und beklagten sich gleichermaßen. Ja die Sache wurde gar zum Politikum, weil die Debatte für das schwache Abschneiden der Regierungsparteien bei der Wahl im Herbst 2013 verantwortlich gemacht wurde, selbst wenn den meisten Österreichern – zumal jenen außerhalb des betroffenen Gebiets – die Angelegenheit reichlich egal war. –Es ist ohnedies zu erwarten, dass die ent-regelte Mariahilfer Straße in wenigen Jahren als Selbstverständlichkeit gesehen wird.

Das Leben wirklich zu regeln, wird eben nicht gelingen. Auch wenn wir uns immer wieder nach einem geregelten Leben sehnen.

---

[12] Kurier, 25.1.2014.

[13] Manager magazin online, 17.1.2014.

[14] Bohmte: Projekt „Shared Space"; Der Standard, 17./18.8.2013, Wien.

Literatur

Millard, N. (2012). *Personal Manager*, Mai, (8).

Olbert, H. (2002). *Trainingsverträge – Beratungsverträge*. Bonn: managerSeminare.

Scott-Parker, S., & Demblin, G. (21. Dezember 2013). *Die Presse* 21. 12. 2013.

Watzlawick, P. e. (1974/2009). *Lösungen*. Bern: Verlag Hans Huber, Hogrefe.

Change-Management-Prophylaxe

10

„Change is not strange": Normalerweise ist der Wandel ganz normal. Er ist Bestandteil unseres Lebens, ein notwendiger noch dazu. Es beginnt damit, dass wir überhaupt einmal (Mensch) werden. Zugegeben, das gehört für uns – als Individuum zumindest – nicht zum normalen Lauf der Dinge. Aber danach ist ständiger Wandel für gewöhnlich ziemlich gewöhnlich. Wir wachsen auf, wir lernen, wir altern, unsere Lebensumstände ändern sich laufend – alles ganz normal.

Also beginnen wir mit diesem vielleicht schwierigsten aller Kapitel, indem wir dem „Change" seine angebliche Ungeheuerlichkeit nehmen. Gerade in diesem Abschnitt zeigt sich, wie schwierig es ist, gegen einen gewaltigen Mainstream mit dem Gegenteiligen als dem Normalen anzutreten.

Den Spruch des chinesischen Künstlers und Aktivisten Ai Weiwei „Der Wandel kann jeden Moment kommen"[1] sollte man nicht sinnverfälschend aus dem Zusammenhang reißen. Er hat damit konkret einen Wandel des politischen Systems gemeint. In einer Spielart dürfen wir ihn aber hier zur Erläuterung der in diesem Buch empfohlenen Grundhaltung zum Change Management verwenden: Der Wandel kommt jeden Moment. Denn die vorher erwähnte Normalität gilt eben auch für das Wirtschaftsleben, auch hier gehört die Veränderung zum normalen, tagtäglichen Gang der Dinge. Und dazu zählen auch die im Einzelfall ganz besonderen Ereignisse wie Gründung, Wachstum und sich verändernde Märkte. Gelungene Expansionen und notwendiges Schrumpfen sind generell gesehen normal, ja sogar das Ende der Geschäftstätigkeit. Dass wir uns intensiv und ständig mit dem Wandel beschäftigen, ist also vernünftig, sogar empfehlenswert – aber eben ganz normal.

---

[1] Spruch des chinesischen Künstlers und Aktivisten Ai Weiwei; Die Presse, 4.12.2010, Wien.

N. Harramach, R. Prazak, *Management, absurd,*
DOI 10.1007/978-3-658-04041-3_10, © Springer Fachmedien Wiesbaden 2014

10.1   Der ganz normale Wahnsinn und seine Modelle

Absurd ist daher, dass man genau darauf hinweisen muss, dass es „eben ganz normal" ist. Verwunderlich ist, dass der Umgang mit dem Wandel dermaßen aufgeregt ist, ja nahezu hysterisch. Verwunderlich ist, dass Change Management in einer derart beachtlichen Menge von Literatur Einsatz und Absatz findet, dass es eine wahre Flut von Veranstaltungen auslöst (und anscheinend auch finanziert), dass sogar eigene Lehrgänge zur Unterweisung darin stattfinden. Auf der anderen Seite muss es in Zeiten, in denen auch die Beratung fürs Leben an sich schon ein Beruf ist, wieder nicht allzu sehr verwundern. Ein agiler Markt schafft eben seine Nachfrage.

Dazu einige Zitate bzw. Buchtitel: (Anmerkung: Hervorhebungen in den Buchtiteln von den Autoren dieses Buches).

Jeder Wandel ist schwierig, besonders in großen Unternehmen oder Institutionen.

Julie Battilana und Tiziana Casciaro (Battilana und Casciaro 2013).

Change-Projekte können schnell zur **Mine** werden.

Jan Lies (2011).

Das „**Helden-Prinzip**, Kompass für Innovation und Wandel"

Trobisch/Denisow[2].

Aber so hysterisch bräuchte es doch gar nicht zu sein. Dass „Change Management" in Google von allen „Management-Begriffen" die weitaus meisten Nennungen hat (nämlich rund 1,4 Mrd. – und täglich werden es mehr) ist schon krass.

Veränderungsmanagement ist **keine Modeerscheinung!**

managerSeminare[3]

Diese Feststellung wirkt fast wie eine Rechtfertigung, wir teilen sie aber durchaus. Nicht zu befürworten sind jedoch viele der Modelle, Methoden und Instrumente, die dazu angeboten werden. Feststellungen wie „Zum Glück verläuft der emotionale Prozess im Change immer ähnlich" (Zitat managerSeminare[4]) sind schon ein schwerer Kunstfehler und Zeichen einer radikal verengten Einstellung zum Thema „Wandel", von der strikt abzuraten ist. So eine Feststellung ist ja gerade im

---

[2] Trobisch/Denisow, Universität der Künste, Berlin, 2013.
[3] managerSeminare/Heft 185/S. 19 ff./August 2013/„Gefühle im Wandel".
[4] Zitat aus managerSeminare/Heft 185/S. 19 ff./August 2013/„Gefühle im Wandel".

Zusammenhang mit Veränderung seltsam unpassend. Oder, um es im vielerorts gepflegten Management-Sprech auszudrücken: Auch der Change changed natürlich immer. Der Prozess im Wandel verläuft also nicht immer ähnlich, sondern im Gegenteil immer anders.

Sehr problematisch sind daher alle Phasenmodelle zum Change Management. Daran kann auch ihre lange Tradition nichts ändern. Immer wieder wird ja auf das Modell Unfreeze – Change – Freeze von Kurt Lewin Bezug genommen (und es sogar noch um weitere Phasen ausgeweitet). In Wirklichkeit kommen solche kontinuierlich-repetitiven Entwicklungen naturgemäß ohne genau abgegrenzte Phasen daher. Sie enden auch nicht wirklich, sie sind zyklisch verschliffen wiederkehrend. Es ist wie mit der Bewegung im Leben, wie mit dem Gehen und dem Laufen: Jeder Schritt bedeutet eine Veränderung, und natürlich weist jeder Schritt einen Zyklus mit bestimmten Phasen auf. Aber diese Phasen streng deterministisch-mechanistisch voneinander zu trennen, ist ein Zeichen dafür, den Bewegungsablauf nicht verstanden zu haben. Ein Beispiel: In einem der vielen dafür angebotenen Lehrgänge wird von „Fünf Phasen des Change Managements" gesprochen: Vorbereiten – Planen – Auftauen – Verändern – Stabilisieren. Das ist vielleicht eine empfehlenswerte Vorgehensweise für den Katastrophenfall des „radikalen" Change Managements, keineswegs aber für den Normalfall der täglichen Veränderung. Da gibt es keinen Abschluss mit Stabilisieren, sondern es folgt wohl sogleich der nächste Zyklus. Da liegt die Vorbereitung für das Kommende schon im Ende des Abgelaufenen. Genau das ist es, was „Change Manager" unter anderem lernen müssen.

10.2 Das Radikale oder das Alltägliche?

Zum Katastrophenfall des „radikalen" Change Management soll es ja dank Change-Management- Prophylaxe ohnehin nicht kommen. Doch ganz selten nur wird in der überbordenden Literatur auf den Unterschied zwischen dem „täglichen" und diesem „radikalen" Change hingewiesen. Und selbst dabei ist aus den – spärlichen – Ausführungen nicht wirklich klar, wo das Radikale beginnt. Am plausibelsten ist noch die Vermutung, dass eine Veränderung dann als radikal empfunden wird, wenn sie unvermutet daherkommt. Unvorhersehbare Schicksalsschläge gibt es ja sowohl im Privaten als auch im Beruflichen. In Letzterem, im geschäftlichen Umfeld also, sollte aber die Zahl der überraschenden Schicksalsschläge möglichst klein gehalten werden. Das wäre auch die beste Maßnahme gegen radikalen Change – und ist im Gegensatz zum Privatleben durchaus machbar.

Abb. 10.1 Changeköpfe

Dafür könnten die großen Unternehmen von den kleinen sicher viel lernen Abschn. 10.4. Die kleinen Unternehmen (und dort eben nicht nur die Unternehmer, sondern auch die Mitarbeiter) leben viel näher am „daily change". Wenn ein Kleinunternehmen einen größeren Change vornimmt, dann ist das meist längst erwartet (und hoffentlich auch vorbereitet), wie beispielsweise bei einem Eigentümerwechsel. Oder es ist eine notorisch vorbereitete Katastrophe wie eine Insolvenz. Die kommt ja (ehrlich gesagt) auch nicht überraschend. Nur bei den großen Unternehmen gibt es diese plötzlich ausgedachten und ebenso plötzlich durchgeführten Change-Projekte. Es mutet manchmal an, als hätte man längere Zeit etwas übersehen und müsste sich nun endlich reorganisieren. Dieses Momentum des Überraschenden, dem sich jetzt alle plötzlich und angsterfüllt zuwenden müssen, erweckt den Eindruck der Entfremdung von der Realität. So, als wäre es den verantwortlichen Managern mal eben so in der Mittagspause eingefallen, man müsste die Richtung und die Strategie des Unternehmens ändern.

Dieser Verfremdungseffekt ist in großen Organisationen wohl eine der gravierendsten Krankheiten –für alle Beteiligten vom Topmanagement bis zum Shop Floor – und alle dazwischen. Man ist einfach nicht dran am Puls der Zeit, man ist zu weit weg vom Markt. Das betrifft oft die gesamte Unternehmenspolitik. Eine Entfremdung ist aber auch zwischen den verschiedenen Unternehmens-funktionen, zwischen den Hierarchieebenen zu beobachten. Die Folge: Man kann die Bewegungen der Organisation nicht organisch – also von selbst – nachvollziehen. Die Sinnhaftigkeit des Tuns bleibt dem Einzelnen daher verborgen (Abb. 10.1).

10.3 Angst und Widerstand

In der Literatur zum Change Management ist immer wieder von den Phänomenen Angst und Widerstand die Rede. Ihre Behandlung ist Bestandteil fast jeder Abhandlung. „Veränderung erzeugt Widerstand. Immer." Solche Feststellungen sind häufig zu hören und zu lesen – und zeugen von einer grundsätzlich unrichtigen – weil einseitigen – Einstellung zu Veränderungen. Wahr ist nämlich vielmehr, dass Menschen keinerlei Widerstand gegen Veränderungen zeigen, wenn sie sie gut finden.

Die zitierte Feststellung wirft daher – mindestens – zwei Fragen auf:

1. Wieso werden in der Arbeitswelt immer Veränderungen vorgenommen, die die Menschen nicht gut finden? Einfache Erstantwort: Das ist gar nicht der Fall. Die Feststellung „immer" stimmt sicher nicht. Richtig ist allerdings auch, dass ein Teil der Veränderungen in Arbeitsorganisationen von den Betroffenen tatsächlich als schlecht angesehen wird. Die Zusatzfrage zu diesem Punkt ist daher: Warum ist das so? Und muss das so sein? Zur Antwort darauf siehe unten die Ausführungen zu Widerstand und Angst – und diesen Artikel zur Change-Management-Prophylaxe überhaupt.

2. Wieso glauben die Verfasser solcher Meldungen in Tageszeitungen das? Und was noch schwerer wiegt: Sie sind da nicht einmal allein. Ganz im Gegenteil drücken sie das aus, was die meisten der Leser/der Manager auch glauben. Hypothese: Change Management hat sich in unserem Bewusstsein bereits als etwas, das Angst und Widerstand hervorruft, „eingeschliffen". (Dieses Buch handelt ja insgesamt vom zu hinterfragenden Mainstream. Also von dem, was sich im allgemeinen Bewusstsein – und im Bewusstsein von Managern im Besonderen – in einer [eben nur in „einer"] bestimmten Art festgesetzt hat.) Die Gründe dafür könnten im Fall „Change Management" – mindestens – zwei sein:
   - Berater stellen das Phänomen Change gerne so hin. Verständlich. Sonst gäbe es ja kein Problem, zu dessen Lösung sie gerufen würden. Und hier sind sie sich einer Allianz mit den Managern gewiss. Auch diese haben ja wohl Schwieriges, nicht Leichtes zu managen. (Und die Zeitungs- und Buchschreiber tun noch das Ihre dazu. Auch verständlich. Wie öd wäre es, über ein Managementproblem zu schreiben, dass es in der Regel leicht lösbar wäre.)
   - Die wahren Gründe könnten aber (bedauerlicherweise) noch tiefer liegen: Wir – insbesondere wir Mitteleuropäer – sind (vor allem durch unsere Schulbildung) mit einer größeren Schwächen- als Stärkenorientierung aufgewachsen. In unserem Schulsystem beschäftigt man sich doch viel mehr mit den schwachen bis ungenügenden Leistungen und wie man diese beheben

sollte, statt mit der Förderung der guten bis herausragenden Leistungen. Unser Gesundheitssystem spielt sich in Krankenhäusern ab, und seit Sigmund Freud (und seiner Tochter Anna) kennen wir uns gut mit Abwehrmechanismen aus. Da wo man sich auskennt, ist man zu Hause – und umgekehrt –, und deswegen beschäftigen wir uns auch im Zusammenhang mit Change Management so inbrünstig mit den Themen Widerstand und Angst. Wie schon gesagt: Die entstehen, wenn man etwas, was auf einen zukommt, für schlecht hält – und sich auch noch davor fürchtet.

Was kann man dagegen tun?

- Manchmal gar nichts. Wenn das Ergebnis der Veränderung auch bei genauer Aufklärung und Prüfung für einen selbst nachteilig ist, dann wird man es – klugerweise – für schlecht halten und unter bestimmten Zusatzbedingungen (z. B. keine Möglichkeit zu entkommen, keine Alternative in Sicht) sich davor auch fürchten.
  Organisationen verfolgen als Ganzes immer wieder auch andere Ziele als ihre einzelnen Mitglieder. Daran gibt's nichts zu rütteln. Das ist Fakt. Da hilft dann alles Gerede (manchmal gehoben „Kommunikation" genannt) nichts. Ekelig sind die vielen Tricks und Tipps, wie man die Mitarbeiter an dieser Tatsache vorbeischummeln und sie in ihren wirklichen Interessen austricksen, sie betören, doch verführen usw. könnte. Die Literatur zu Change Management ist leider voll davon.
- Oftmals sind es aber schlicht und einfach Managementfehler (meist der Vergangenheit, wohlgemerkt), die zu Widerstand und Angst führen. Die Mitarbeiter können den Sinn der Veränderung – nicht einmal den für die Gesamtorganisation – nicht erkennen; schon gar nicht Nutzen für sie selbst. Sie sind überrumpelt worden. Sie fühlen sich hintergangen, getäuscht.

Dass oft auch die gesamte Organisation überrumpelt wurde, hilft da nicht. Was hilft, ist: Radical- Change-Management-Prophylaxe – zumindest fürs nächste Mal.

10.4   Wieso es die Kleinen können

Das kann allerdings in Kleinunternehmen kaum passieren. Es kommt also nicht von ungefähr, dass die Fallbeispiele zum Change Management und die darauf aufbauende Literatur so gar nicht zu kleinen und mittleren Unternehmen passen.

Dafür einige Beispiele:

- Die immer beschworene rechtzeitige Einbindung aller Betroffenen ist für kleinere Unternehmen obsolet. Weil kleinere Firmen, in denen nicht alle alles Wesentliche wissen, leben ohnehin nicht lange.
- Daher sind auch alle Rezepte für eine effektive Kommunikation entbehrlich. Die Art der Kommunikation ist in Kleinunternehmen fest eingespielt und bei der gegebenen Kleinheit ohnehin ein vitaler Überlebensfaktor. Die Art und Weise der Kommunikation in Kleinunternehmen ist allerdings – so wie Kleinunternehmen notwendigerweise überhaupt – sehr individuell und daher von Unternehmen zu Unternehmen sehr unterschiedlich. Von den Angehörigen wird sie selbstverständlich gut verstanden und beherrscht, von externen Beratern bisweilen gar nicht. Auch deshalb reagieren Kleinunternehmen bisweilen allergisch auf Consulting.
- Auch die abgegebene Empfehlung, dass die Ziele – speziell die der geplanten Veränderung – allen klar sein müssten, ist in Kleinunternehmen entbehrlich. Die Ziele des Unternehmens sind ohnehin allen bekannt, so auch der Sinn anstehender Veränderungen. Und wenn nicht, klappt's ohnehin überhaupt nicht!
- Alle gebetsmühlenartig abgegebenen Tipps zu Top-down-Phänomenen sind lächerlich, wenn ein Unternehmen nur einen Chef und maximal neun Mitarbeiter hat. Diese Größenordnung betrifft im Übrigen rund 90 % der Unternehmen in Deutschland und in Österreich.
- Nochmals zur Kommunikation: Der kritische Pfad ist ja hier oftmals bottom up. Mitarbeiter, die ja jeweils Experten für ihr Fachgebiet sind, müssen natürlich die Führungskräfte von anstehenden Veränderungen rechtzeitig in Kenntnis setzen, nicht umgekehrt!

Kommunikation im Change

In der Change-Phase ist Kommunikation besonders wichtig – das ist das A und O der Change-Berater. Kein Wunder: Wenn (angeblich) wichtige und unvermeidbare Veränderungen anstehen, sollen gefälligst alle auch aufpassen. Dann werden die Mitarbeiter genötigt, nur ja heftig zu kommunizieren. Frappant ist dann allerdings der Unterschied zum regulären Geschäftsbetrieb, bei dem üblicherweise dafür keine Zeit bleibt. Meist ist der kommunikative Overkill auch auf einen kurzen Zeitrahmen beschränkt. Sobald der Change als erledigt abgehakt wird, ist es auch schon wieder vorbei. Dann werkt wieder jeder für sich in seiner eigenen Welt.

10.5   Was die Großen tun können

Aber natürlich besteht Verständnis dafür, dass die großen Unternehmen etwas über „Change" und dessen komplexeres „Management" wissen sollten. Hier elf pragmatische Anregungen dazu:

1. Die Sinnhaftigkeit der Veränderung muss ausnahmslos allen klar sein. Das kann im Übrigen auch heißen: Für den Einzelnen mag das persönlich unangenehm sein, aber es sollte klar sein, dass es für das Unternehmen insgesamt wichtig ist. Das heißt auch, dass in solchen Fällen an die Zielerreichung geglaubt wird – das ist ein weiterer wichtiger Faktor für erfolgreiche Veränderung. Das Umgekehrte muss aber auch klar sein: Menschen sind sinn-hafte Wesen. An das Sinn-lose glauben sie sinn-vollerweise nicht und akzeptieren es auch nicht. Widerstand ist daher kluger- und logischerweise die Folge.

2. Wenn ein Change radikal daherkommt, hat man in der Regel eine sich anbahnende Veränderung übersehen. Prophylaktisch zu empfehlen ist daher ständiges Trendmonitoring – so würde man das wohl im Management-Deutsch nennen. Das heißt: Alle sind in ihrer Funktion stets am Puls der Zeit und halten die anderen ebenfalls auf dem Laufenden. Konkret: Alle – ganz egal, auf welcher Ebene im Unternehmen sie tätig sind – beobachten ständig, was sich Neues tut, welche Neuigkeiten sie in ihrem Gebiet außerhalb ihrer Organisation wahrnehmen, welche neuen Ideen sie intern entwickeln. Und sie informieren laufend und sofort alle, die das ebenfalls betreffen könnte. Und das bewirkt auch etwas. Daraus folgt:

3. 360-Grad-Kommunikation und 100-Prozent-Information sind von Bedeutung. In Anlehnung an das bekannte 360-Grad-Feedback muss die notwendige Kommunikation dafür, dass Veränderungen erfolgreich umgesetzt werden, nicht in erster Linie „top down" gesucht und verwirklicht werden. Auch horizontale Kommunikation kann sinnvolle und erfolgreiche Veränderungen auslösen und tragen, vor allem aber Kommunikationsströme bottom up. Von denjenigen nämlich, die an der Front stehen, zu denen, die im Entscheidungs-Hauptquartier sitzen. Und: Alle haben alle relevanten Informationen. Daran führt kein Weg vorbei. Entgegen der verbreiteten Lehrmeinung ist aber vor

allem im Hauptquartier sicherzustellen, dass dort alle notwendigen Informationen sind. Die vielen kleinen Intrapreneurs an der Front haben sie in der Regel ohnehin als Erste.

4. Ausschlaggebend ist der richtige Zeitpunkt. Wenn es noch zu früh ist, heißt es warten – und wenn möglich „vorbraten", wie man in Wien die Vorbereitungsphase galant umschreibt. Wenn das strategische Fenster für eine bestimmte Veränderung schon wieder zu ist – dann bitte nicht mit Gewalt wieder öffnen. Stattdessen schauen, was denn jetzt gerade der angesagte Change ist. Aber nochmals: Der richtige Zeitpunkt für den täglichen Wandel ist selbstverständlich täglich, nicht wöchentlich oder monatlich.

5. Wer jemals einen Film/ein Video gedreht hat, weiß: Am besten kann man Bewegung von einem ruhigen Standpunkt aus aufnehmen. Das zeigt ein generell gültiges Prinzip: Wenn Du eine Veränderung möglichst exakt wahrnehmen willst, halte still. Du vermischt sonst Deine Bewegung mit der zu beobachtenden. Für Privatpersonen und Unternehmer ist das nichts Neues und heißt pragmatisch: Immer wieder innehalten und schauen (oder auch: horchen, riechen, schmecken, fühlen), was es Neues gibt, was sich so tut. Für große Unternehmen heißt das übersetzt: Stabilität schaffen und erhalten, vor allem im Topmanagement. Wie sonst soll in großen Organisationen auch das erreicht werden, was die Stärke der Kleinen ausmacht: Langzeit-Perspektive mit Kurzzeit-Reaktion? Eines der größten Probleme großer Unternehmen ist der viel zu rasche Wechsel im Topmanagement. Gepaart mit Jugendwahn und allzu hoher Bezahlung erzeugt das einen enormen Unruhe-Druck. Tatsächlich braucht es aber persönlich ruhige, tiefe Konzentration, um höchstmöglich aufmerksam und wachsam für die Umgebung zu sein. Das gelingt zwar nur in bestimmten Phasen, denn etwas anderes lässt unternehmerisches Denken und Handeln nicht zu. Aber wenn ich Bewegung beobachten will, muss ich selbst stillhalten. Zumindest hin und wieder.

6. Um all das Gesagte sicherzustellen (Trendmonitoring, Sinnhaftigkeit, 360-Grad-Kommunikation, relevante Informationen bei allen und richtiger Zeitpunkt), ist es notwendig, auf Expertenführung umzustellen, Rangdynamik heißt das entsprechende Modell. Und keine Angst: Den Letztverantwortlichen bleibt auch bei diesem Modell immer das Overruling- Recht. (Für dessen sinnvollen Gebrauch aber bestimmte Gebote bestehen.)

Hinweis: Das Modell „Rangdynamik" wird im Abschnitt Teamwork des Kapitels „Soft Skills" Kap. 7 und auch im Kapitel „10: 1 für die Geführen" Kap. 2 ausführlich erklärt. Hier nur so viel: Im Kern handelt es davon, dass verschiedene „Positionen" in Teams immer wieder rochierend von anderen Personen besetzt werden – je nachdem, wer für welche Situation dafür am besten geeignet ist (Alpha = die Führung, Beta = die interne Beratung, Gamma = die gewöhnliche Mitarbeit, Omega = der kritische Gegenpol). Führung ist also keine Erbpacht, sondern situativ optimal auszuüben.

7. Nichts geht ohne die dafür nötige Kraft. Die Beteiligten müssten die notwendige Veränderung nicht nur durchführen dürfen oder gar müssen, sie müssen es aber vor allem können. Das setzt bei jedem Change eine Selektion der Beteiligten voraus. Und das heißt weiter: Manche sind dabei und manche sind draußen. Das Darwinistische an dieser Selektion sollte nicht als inhuman gesehen werden, das wäre eine implizit beleidigende Unterstellung. Sondern es heißt: Alle haben ihre Stärken, aber nicht für alles. Mehr Darwinismus im Change Management wäre im Gegenteil menschenwürdiger. Kraft & Können – das ist eine Paarung von Motivation und Fähigkeit. Beides wird von den Beteiligten bereits mitgebracht; beides kann man aber auch pflegen und sogar noch ausbauen. Siehe dazu unsere Ausführungen zu „Neignung" in Abschn. 7.1.

8. Alle Veränderungen aber setzen eines voraus: Lernen. Und zwar nicht nur die Bereitschaft (die man ja schön herbeischwören kann), sondern vor allem die Fähigkeit dazu. Lernen muss man können. Lernen muss man lernen. Training ist der Weg dazu. Und nicht verzagen: Mit dem Essen kommt der Appetit, heißt es ganz richtig. Ein professioneller Umgang mit Fehlern gehört auch dazu. Schwer genug, aber erlernbar und machbar. Siehe „Fehlermanagement" Kap. 7.

9. Und was sich alle Großen von den Kleinen abschauen müssen: Small is effective! Wenn man schon etwas lernen sollte, dann vor allem das Klein-Sein selbst. In kleinen Einheiten ist jede Veränderung leichter vollziehbar – oder eben gar nicht. Letzteres ist meist auch kein Malheur, ganz im Gegenteil. Wenn eine Veränderung nicht funktioniert, dann war das wahrscheinlich gut so. Beispielsweise, weil diese nicht marktkonform war oder nicht zeitgerecht, nicht sinnhaft etc. Zumindest die „Nukleus-Strategie" sollten sich große Organisationen beim Change Management zu eigen machen. Das heißt, dass entscheidende Veränderungen – entgegen der mühevoll immer wieder bemühten Frage, ob „top down" oder „bottom up" – in der Praxis von einer progressiven Keimzelle seuchenhaft nach allen Richtungen ausstrahlen und so im günstigsten Fall die gesamte Organisation positiv infizieren. In der Praxis heißt das: Eine progressive Pionier-Truppe finden, dort die Veränderung einmal im Kleinen implantieren und von dort aus ausrollen.

10. Und nochmal von den Kleinen lernen: Stabilität in der Führung. Und damit auch Verantwortung für eine langfristige Entwicklung. Viele Topmanager großer Unternehmen überlegen (erleben) ja nicht einmal die ersten vier Jahre im Unternehmen. Die Fluktuation ist enorm. Damit wird Kurzsichtigkeit geradezu erzwungen. Jeder Topmanager einer großen Organisation hat –

durchaus zu Recht – den Eindruck, er müsste das Unternehmen erfolgreich umkrempeln. Und schon ist wieder ein Change-Manager am Werk. In kleinen Unternehmen ist dies undenkbar. Da wechseln höchstens die Mitarbeiter. Die Chefs meist nur im Generationen-Abstand. Und das heißt wiederum: Den täglichen ganz normalen Change managen, die marktkonforme Entwicklung. Große, überrasche Sprünge sind da nicht angesagt, sondere Kontinuität – und in diesem Sinn wirklich Nachhaltigkeit.

11. Abschließend zu der immer wieder beschworenen Unternehmenskultur: Keine Frage, die Kultur ist die DNA des Unternehmens. Heißt: Alles bewegt sich innerhalb der kulturellen Rahmenbedingungen. Sie definieren, was erlaubt ist und was verboten ist. Der einzige Unterschied zur DNA des Menschen: Unternehmenskultur ist änderbar. Aber das ist eine mühselige und zeitintensive Arbeit, schnell geht da leider gar nichts. Für Änderungen der Unternehmenskultur ist es beim notwendigen Change daher zu spät. Stattdessen gilt: Die Veränderung muss kulturkonform durchgeführt werden, damit sie erfolgreich sein kann.

Change follows Culture

Fall A: Eine große psychotherapeutische Vereinigung will auch Beratungsleistungen für Wirtschaftsunternehmen erbringen. Die Organisationskultur in der Vereinigung ist geprägt von basisdemokratischem Anspruch, breiter Diskussion und allen Charakteristika einer (wenn auch sich auflösenden) Familienkultur. Zum geplanten „Change" ist es daher notwendig,

• die geplante Veränderung der Gesamtheit der Vereinsmitglieder zur Diskussion zu stellen,

• diese Diskussion mit großer Toleranz für Kritik und kontroverse Standpunkte zu führen,

  – nicht auf rasche Entscheidungen zu hoffen

  – und auch die Vokabeln „Change" und „Change Management" tunlichst nicht zu verwenden (es herrscht eine Aversion gegen alles Neudeutsche).

Nach rund drei Jahren ging der Verein mit dem neuen Angebot auf den Markt.

Fall B: In einer österreichischen Unternehmensgruppe der Baubranche mit etlichen Tochtergesellschaften in Osteuropa sollte das Personalmanagement-Instrument „Mitarbeitergespräch" flächendeckend eingeführt werden. Das Konzept wurde gemeinsam mit einem von Wien aus tätigen Trainingsinstitut erstellt. Die Geschäftsführer der ausländischen Tochtergesellschaften wurden in Wien in einem halbtägigen Workshop in diesem Instrument MAG unterwiesen. Das mittlere Management in den osteuropäischen Ländern absolvierte Ein-Tages-Workshops mit von Wien aus entsandten Trainerinnen und Trainern. Die Kosten für die Trainings in den osteuropäischen Ländern wurden von der Zentrale den Tochtergesellschaften in Rechnung gestellt. Der gesamte Prozess des „Ausrollens" dieser neuen Maßnahme in zehn Länder war in drei Monaten erledigt.

Umgang mit dem Change

„Change" im Unternehmen, ja im Management, ist nichts Außergewöhnliches, selbst wenn das von Ratgebern und Beratern gerne so dargestellt wird. An Klein- und Kleinstunternehmen, die nahe dran sind am Markt und bei denen Kommunikation im günstigen Fall einwandfrei und unkompliziert läuft, können sich größere Unternehmen ein Beispiel nehmen. Change-Management-Prophylaxe bedeutet daher, sich ständig so zu verändern und anzupassen, dass (teures) Change Management erst gar nicht notwendig ist. Instrumente dafür sind unter anderen Trendmonitoring und Expertenführung.

Literatur

Battilana, J., & Casciaro, T. (2013). Wie Beziehungen den Wandel beeinflussen. *Harvard Business Manager September 2013*.
Lies, J. (2011). Mine: Keine Management-Agenda. In S. Mörbe, U. Volejnik, & S. Schopp (Hrsg.), *Erfolgsfaktor Change Communications*. Wiesbaden: Gabler.

Tierseminare... und was Manager dabei nicht lernen können

Wölfe. Lamas. Pferde. Geparden. Schimpansen. Löwen. Falken. Delfine. Diesen Tieren begegnen Manager heute nicht nur beim Wochenend-Spaziergang im Zoo, sondern immer öfter auch bei ihrer eigenen Weiterbildung. Zudem treffen sie diese Tiere tagtäglich in ihrem Unternehmen, denn nach Ansicht vieler Experten verhält sich der Homo sapiens trotz aller Zivilisationsbemühungen durchaus animalisch: Ob Führungsstärke des Alpha-Wolfes, Schnelligkeit des Geparden, Sturheit des Esels, Freundlichkeit des Delfins – kein Tierklischee ist zu platt, kein Vergleich zu weit hergeholt, um nicht als Vorlage für angebliche Parallelen zwischen Tier- und Menschenwelt zu dienen. Ganze Bücherregale lassen sich mit solchen Tier-Mensch-Vergleichen füllen, und viele Tierforscher haben die Grenzen ihrer Gattung überschritten und wildern heute in den Gefilden von Managementberatern und Coaches.

11.1 Die Nachfrage steigt

Die Palette an Angeboten aus dem Tierreich ist groß, hier eine kleine Auswahl solcher Management-seminare mit tierischen Aspekten:

- Der südafrikanische Löwenforscher Ian Thomas[1] wird von Unternehmen in aller Welt gerne als Sprecher gebucht. Er berichtet dann über die Parallelen zwischen Löwen und Managern. Ein Vergleich, den die stolzen Führungskräfte

---

[1] Format, 10.8.2010.

N. Harramach, R. Prazak, *Management, absurd*,
DOI 10.1007/978-3-658-04041-3_11, © Springer Fachmedien Wiesbaden 2014

sehr gerne hören. Wer ließe sich schließlich nicht gerne mit dem „König der Tiere" gleichsetzen? Aber nicht nur dem Ego des Managements schmeichelt der umtriebige Naturbursche, sondern er hat auch Weisheiten wie „Löwen wissen, was sie jagen" oder „Löwen betreiben Change Management" parat. Damit lässt sich Kasse machen.

- Besonders begehrt als Vergleichsobjekte für den modernen Firmenführer sind naturgemäß Wölfe, die ja als gleichermaßen teamfähig wie führungsstark gelten. Kein Wunder also, dass im gesamten deutschsprachigen Raum Berater, Psychologen und Coaches nun „Canis lupus" als umsatzsteigernden Mitarbeiter schätzen gelernt haben. Zwar mangelt es in Europa an Möglichkeiten, dieses Tier in seiner natürlichen Umgebung beobachten und am Management arbeiten zu lassen, doch zur Not können es eingesperrte Wölfe ja auch tun. Die haben den Vorteil, dass sie nicht gleich die Hälfte des weiterbildungsaffinen Managements zur Strecke bringen, sondern sich im Gegenteil streicheln und füttern lassen. Jedenfalls sollen die Führungskräfte von ihnen zum Beispiel lernen, wie Delegieren funktioniert oder wie man seine Gefühle unter Kontrolle hält. Zitat aus einem Wolfseminar[2]: „Sie lernen, sich so zu verhalten, dass sie selbstbewusst, sicher, souverän, kooperierend und unter Einhaltung der Kommunikationsregeln mit Wölfen agieren." Dieses „kooperative Verhalten" soll dann in den Berufsalltag „mitgenommen" werden. Wer sich vor dem Wolf nicht fürchtet, wird doch wohl mit den bissigsten Mitarbeitern zurechtkommen, so die Idee dahinter. Also nie mehr knurren, nie mehr den Schwanz einziehen, nie mehr um das größte Stück Fleisch kämpfen!

- Falken und andere Greifvögel üben nicht nur auf Naturliebhaber, sondern insbesondere auf Führungskräfte und deren Schulungspersonal großen Reiz aus. Auch an diesen Tieren wird geschätzt, dass sie angeblich unmittelbares Feedback geben – ein Punkt, der sich bei so gut wie allen Tierseminaren findet. Offenbar sind es die Führungskräfte nicht mehr gewohnt, dass ihnen jemand ehrlich seine Meinung sagt. Die Vögel sind da anders, sie beißen sogar dem Vorstandsvorsitzenden kräftig in den Finger, wenn er sich dämlich anstellt oder blöd daherredet. Die unterschiedlichen Charaktere der Raubvögel sollen dem Manager zeigen, dass – ja was eigentlich? Dass nicht alle Mitarbeiter gleich sind, sondern der eine eher wie ein Falke agiert, der andere sich hingegen wie ein Aasgeier verhält? Oder dass man von oben den besten Überblick hat? Oder dass man einen spitzen Schnabel braucht, um am „Markt" überleben zu können? Das wird hoffentlich sogar der unbedarfteste Manager schon vorher gewusst haben.

---

[2] Zitat von Website der „management pilots" in Wien, Stand Februar 2013.

- Recht angesehen in der Seminarwelt ist auch das Pferd als Instrument der Schulung. Da wirft es auch die arroganteste Führungskraft bisweilen vom hohen Ross, denn dieses Tier reagiert auf unverständliche Befehle oder anderes Fehlverhalten ausgesprochen direkt. Seminaranbieter wollen mithilfe von Haflinger, Pony & Co. unter anderem die soziale Kompetenz ihrer Teilnehmer erhöhen, wobei Metaphern wie „Zügel anziehen" oder „Sporen geben" wegen ihrer offenkundigen Oberflächlichkeit aber tunlichst vermieden werden.
- Auch Hunde werden für Kommunikations-, Team- und Führungstrainings gerne verwendet, auch weil sich niemand vor ihnen fürchtet und sie gut auf Befehle gehorchen. Eine strikte Führung, die zugleich aber „partnerschaftlich" sein soll, kann mit ihnen nach Ansicht der Anbieter entsprechender Seminare trainiert werden.
- Noch unterschätzt werden hingegen die Möglichkeiten, die Goldfische als Trainingspartner fürs Management bieten. Offenbar gleichen sie in ihrer Charakteristik zu sehr jenem Typus Mitarbeiter, den viele Führungskräfte bevorzugen: stumm, schüchtern, geben keine Widerrede, sind aber ganz nett anzusehen. Es ist zu befürchten, dass diese Tiergattung auch in Zukunft eine eher untergeordnete Rolle am Trainingsmarkt spielen wird. Schade eigentlich.

Tierseminare liegen jedenfalls im Trend. Nun muss aber zunächst grundsätzlich zwischen den ganz unterschiedlichen Ansätzen des tierisch-menschlichen Trainingsmarktes differenziert werden. Ganz ausklammern wollen wir hier zunächst das Training von Tieren durch Menschen, also etwa Hundeschulen oder die Dressur von Pferden.

Uns interessiert das Training für Menschen mit Tieren. Auch hier sind drei Möglichkeiten zu unterscheiden:

1. Training für den Umgang mit Tieren, also etwa Katzenseminare, bei denen die Teilnehmer lernen sollen, wie sie ihre Katze zumindest einigermaßen bändigen können – was zwar meist hoffnungslos ist, aber probieren darf man es ja.
2. Training für Menschen, die dabei den Umgang mit anderen Menschen lernen sollen – das erscheint uns absurd. Daher dazu später mehr.
3. Training für Menschen zwecks Selbstreflexion und Selbsterfahrung. Entsprechende Kenntnis der (menschlichen) Trainer vorausgesetzt, kann diese Methode hilfreich sein. Im angeleiteten und reflektierten Umgang mit Tieren kann man viel über sich selbst erfahren und lernen. Ein Beispiel: Seminare mit Pferden und anderen scheuen Fluchttieren sind hilfreich, die eigene Ausstrahlung in ihrer Empathie oder dem Gegenteil zu erleben. Und Seminare mit Raubtieren können durchaus nützlich sein, eigene Ängste zu explorieren.

Insbesondere Seminare mit Schlangen und Spinnen sind zur Behandlung von Phobien sehr geeignet. Einer der Autoren dieses Buches hat selbst einen Workshop mit im wahrsten Sinne hautnahem Kontakt zu Taranteln (Vogelspinnen) erlebt. Im Sinn einer verhaltenstherapeutischen Desensibilisierung war dies durchaus nützlich, um die nicht unbeträchtliche Spinnen-Phobie zu mindern. Die Folge: Hausspinnen werden im Haushalt des Geschulten nicht mehr getötet, sondern werden lebend zum Fenster hinausbefördert (was immer das auch bringen mag. . .). Auch Trainings mit Haien können, wie es heißt, antiphobisch nützlich sein.

Auch eine Wanderung mit einem Esel kann durchaus pädagogisch wertvoll sein. Doch aus der Sturheit des Esels (ja, die gibt es wirklich!) und aus seiner angeborenen Vorsicht in unklaren Situationen lassen sich keine Rückschlüsse auf den Umgang mit anderen Menschen ziehen. Hingegen lernt man bei einer ganz „normalen" Eselwanderung (wie solche etwa in der Steiermark angeboten werden), sich in Geduld zu üben, weil der Esel eben nur eine gewisse Geschwindigkeit akzeptiert und auf Drängen und Hektik seiner menschlichen Begleiter nur noch langsamer wird. Aber das hat nichts mit „Führung" oder „Management" zu tun, eher mit der Kenntnis des Verhaltens dieser Tiere und mit dem eigenen Verhalten. Also: Tiere können uns schon dabei helfen, uns selbst zu verstehen. Und Tiere werden auch dazu eingesetzt, beispielsweise die Therapie depressiver Menschen zu unterstützen. Die tiergestützte Therapie hat auch bei Menschen mit Beeinträchtigungen Erfolg und macht Sinn; so werden unter anderem Pferde dazu verwendet, Kinder zu offenem Verhalten zu bewegen. Neben diesen Therapietieren gibt es zudem noch Assistenztiere, vor allem Hunde, die beispielsweise blinden Menschen das tägliche Leben erleichtern.

11.2   Lernen von Tieren?

Das alles ist verständlich und macht Sinn. Doch wie sieht es mit jenen Trainings mit Tieren aus, bei denen Manager und Mitarbeiter den Umgang mit- und untereinander erlernen sollen? Der Markt dafür wächst, wie es im Jargon der Wirtschaftspresse so schön heißt – und das trotz eines insgesamt schwierigen Umfelds für Trainings- und Ausbildungsanbieter. Weshalb aber sollte man bei der Beschäftigung mit dem (mehr oder weniger) wilden Tier Rückschlüsse erhalten auf den Umgang mit dem (mehr oder weniger) gezähmten Menschen? Das erscheint uns noch absurder, als in der Schule Latein zu lernen mit der Begründung, damit eine gute Basis für das Verständnis romanischer Sprachen zu bekommen. Da wäre es besser, gleich Spanisch

Abb. 11.1 Hippo

zu lernen. Spanisch hat außerdem eine Wortgleichheit mit dem Lateinischen von rund 85 %. Man würde das auch oft genannte Ziel, eine gute Fremdwörterkenntnis zu erlangen, auch mit Spanisch zu einem großen Prozentsatz erreichen. Darüber hinaus hätte man eine lebende Fremdsprache erlernt, die in einem Großteil Südamerikas, in ganz Mittelamerika und einer nicht unbeachtlichen Bevölkerungszahl von Nordamerika praktiziert wird (das Lateinische wohl nur im Vatikan). Nichts gegen Latein zwecks Schulung der sprachlichen Fähigkeiten, als Grundlage für Geschichtswissen oder einfach als schöne Sprache. Aber wer Spanisch können will, muss Spanisch lernen.

Das mit den Tierseminaren dieser Art ist aber wie gesagt noch absurder als der Lateinunterricht, weil die in solchen Trainings und Seminaren erworbenen Fertigkeiten und Fähigkeiten in keiner Weise auf die Interaktion mit anderen Menschen angewendet werden können. Glücklicherweise sind Menschen ja doch Lebewesen anderer Art als Tiere. Wer also mit Menschen „können" will, muss mit Menschen lernen, nicht mit Tieren (Abb 11.1).

Die Gründe für diese nicht mögliche Übertragbarkeit des Erlernten in die Praxis mit anderen Menschen sind evident: Menschliche Organisationen sind bei aller oberflächlichen Betrachtung niemals mit Organisationen im Tierreich vergleichbar. Wenn man schon Wölfe nicht mit Hunden vergleichen kann, kann man schon gar nicht Menschen mit Wölfen (oder Hunden) gleichsetzen oder Bienenstaaten mit den USA oder Ameisenhaufen mit China. Und Menschen können noch einmal reichlich komplexer sein (siehe unten).

Nicht alles, was hinkt, ist ein Vergleich, könnte man angesichts der angestrengten Bemühungen der Mensch-Tier-Interaktoren, nur ja eine Verbindung zwischen den von ihnen vermarkteten Wölfen, Pferden, Schafen etc. und dem Käufer herzustellen, sagen. Mal muss der Wolf als einfühlsames Rudeltier herhalten, mal als herrisches Alphatier. Mal ist der Hai gefräßiges Raubtier, mal soziales Herdentier. Mal ist der Löwe führungsstarker Einzelgänger, mal Symbol für überkommene Managementbilder.

Probleme ergeben sich dabei gleich in vielerlei Hinsicht: Tiere in ihrer natürlichen Umgebung, wie sie in unseren Naturbüchern und in TV-Dokumentationen beschrieben werden, eignen sich eher wenig für Seminare und Trainings. Der Grizzlybär in Alaska hätte zwar kurzfristig seine helle Freude an einer Schar wohlgenährter Mitteleuropäer, die zwecks angewandter Vergleichbarkeit direkten Kontakt suchen. Doch diese für das Tier erfreuliche Kalorienzufuhr hätte den Nachteil, dass dem Seminaranbieter die Zielgruppe im besten Wortsinn weggefressen wird. Auch Wolfsrudel, Wildpferde, Lamas und Greifvögel lassen sich zwar in freier Natur beobachten, doch die vom zahlenden Kunden geforderte und geförderte Kommunikation kommt da kaum zustande. Doch nur in der freien Natur könnte man lernen, wie diese Tiere wirklich „funktionieren".

Zum Vergleichen dienen sie aber selbst dann nur bedingt. Denn wieso sollte der Mitarbeiter der Marketingabteilung mit dem Delfin aus dem Mittelmeer verglichen werden? Was hat der feindliche CEO mit dem Löwen aus der Serengeti gemeinsam? Wieso wird die Kollegin aus der Vorstandsebene dem Seeadler gleichgesetzt?

Und wieso gibt es überhaupt diesen Trend zum tierischen Seminar? Neben einem allgemeinen Wunsch nach „zurück zur Natur" und einem steigenden Interesse an Biologie, Botanik und Zoologie ist es wohl vor allem die Möglichkeit, am Markt mit dem Besonderen, mit dem Ausgefallenen leichter wahrgenommen zu werden als mit dem hundertsten „normalen" Teamentwicklungstraining oder dem tausendsten stinknormalen Coaching für Führungskräfte. Im Wolfsgehege, auf hoher See, auf dem Rücken eines prächtigen Araberhengstes lässt es sich eben (angeblich) leichter lernen als im 08/15-Seminarraum mit Flipchart und Nespresso-Maschine. Und die Margen sind wohl auch höher. Kurz gesagt: Tierseminare sind einfach exotischer und wirken abenteuerlicher – ein interessantes Angebot schafft sich seine Nachfrage selbst.

Von (anderen) Tieren lernen

Wölfe, Pferde und Falken sind längst als Seminarleiter vom Markt akzeptiert. Höchste Zeit also, die nächste Stufe der Tier-Mensch-Interaktion zu erreichen und bisher weniger bekannte Tiere auf ihre Vorbildwirkung für den modernen Manager zu überprüfen. Hier einige Vorschläge:

- Mustela erminea: Jagt zu allen Tageszeiten, muss wegen der schlanken Köperform und der extremen Schnelligkeit eigentlich dauernd fressen. Sinnbild für hungrige Manager, die sich zudem an der Sprungkraft und -haftigkeit des Hermelins ein Vorbild nehmen könnten.

- Mustela putorius: Werden diese Tiere in die Enge getrieben, stoßen sie ein übelriechendes Sekret aus. Daher ist der Iltis ein idealer Trainingspartner für Manager, die fortwährend mit strenger Konkurrenz oder gar mit der Justiz zu tun haben.
- Mus musculus: Reagiert auf Artgenossen allergisch und aggressiv, ist überall auf der Welt heimisch, zudem äußerst anpassungs- und widerstandsfähig. Kein Wunder also, dass die Hausmaus ein guter Lehrer ist, wenn es um einen bestimmten Typus von Manager geht.
- Ondatra zibethicus: Hat außerhalb Nordamerikas einen schlechten Ruf, weil angeblich großer Schaden angerichtet wird. Schafft es aber trotz Bekämpfungsmaßnahmen, sich ständig weiter zu verbreiten. Auch deshalb ist die Bisamratte für den Anschauungsunterricht geeignet – beispielsweise für gestresste Manager aus der Finanzbranche, die zuletzt ja ebenfalls etwas beim Image abgebaut hat.

11.3 Unzulässige Vereinfachung

Besonders skurril ist übrigens der in jüngster Zeit auch bei Managementtrainings auftauchende Begriff der Bionik – damit meint man eigentlich das Übertragen bzw. Nutzen von Tierphänomenen auf/für die Technik, also beispielsweise die Form bestimmter Tiere als Vorbild für Apparate herzunehmen. Bestes Beispiel ist das Flugzeug: Vögel waren Vorbild für die Schaffung der ersten Flugapparate. Auch Klettverschlüsse und spinnenartige Roboter wurden nach dem Vorbild der Natur erschaffen. Bionik als Möglichkeit, die Komplexität von Organisationen wie Unternehmen zu beherrschen, erfordert Experten, die abseits klischeehafter Allgemeinplätze nach Mustern aus der Natur suchen, die Vorbild sein können – und dabei genau unterscheiden zwischen oberflächlicher, wahlloser Nachmacherei und ganzheitlich betrachteten Systemen. Doch zur stumpfen Waffe im Beratungsgeschäft wird die Bionik, wenn sich Dampfplauderer einfach jene Bereiche herausgreifen, die halt jetzt gerade zu ihrem Angebot passen. Je nach Unternehmen und Manager werden die Organisationsformen von Tiergattungen wie Löwen, Ameisen, Nasenbären oder Einzellern als Vorbilder genommen. Das scheint manchmal doch recht beliebig – und bei näherer Betrachtung fehlt die ernsthafte wissenschaftliche Unterfütterung der geschäftshungrigen Angebote.

Steckt aber noch mehr hinter dem Drang zum Tierseminar als die bloße Geschäftemacherei? Sind es in Wahrheit tiefer liegende Gründe, die Seminaranbieter und ihre Kunden auf das Tier als universell einsetzbare Ausbildungswaffe zurückgreifen lassen? Ist vielleicht gar die Vermeidung des direkten Kontakts mit Menschen, noch dazu mit ganz bestimmten, einer der Gründe, zum Tier zu greifen? Das ist in den meisten Fällen kompatibler zum Trainingsangebot, auch wenn ihre (menschlichen) Chefs ja gerade die angebliche Wildheit der zahmen Bestien betonen. Menschen mit

Menschen zusammenzubringen ist aber um einiges mühsamer als sie mit Tieren trainieren zu lassen. Schließlich können die zumindest keine direkte Kritik ausüben. Anders gesagt: Der Umgang mit Menschen ist noch viel komplizierter – genauer gesagt: komplexer. Denn das macht noch einen tief greifenden Unterschied.

„Komplexe Systeme" sind – einfach gesagt – solche, die eingehende Inputs (zum Beispiel Informationen) in einer eigendynamischen Weise verarbeiten, die wir, vergleichbar einer „Blackbox", welche wir nicht entschlüsseln können, verarbeiten. Der daraus resultierende Output (zum Beispiel eine entsprechende Reaktion) ist für uns daher nicht vorhersagbar. Auch Tiere sind „komplexe Systeme", Menschen sind aber noch um vieles komplexer. In der zwischenmenschlichen Kommunikation spricht man daher von „Kontingenz". Kontingent ist etwas, was weder notwendig noch unmöglich ist; was also so, wie es ist (war, sein wird), sein kann, aber auch anders möglich ist. (Luhmann 1984). In der zwischenmenschlichen Kommunikation spricht man dann von „doppelter Kontingenz", weil keiner der Kommunikationsteilnehmer voraussetzen kann, dass sich der andere notwendigerweise so und nicht anders verhalten könnte (die Botschaft nur so verstehen könnte; nur so und nicht anders reagieren könnte).

Also machen es sich die Tierseminar-Anbieter vielleicht gar nicht schwer, sondern leicht? Anders gesagt: Am Samstag, beim Spaziergang im Zoo, können Manager schon einiges über das Verhalten von Menschen lernen. Aber eher nicht, indem sie in den Affenkäfig starren. Sondern auf die Menschen davor.

Tipps für den Umgang mit tierischen Seminaren

Wichtigster Tipp: Trainings mit Tieren, bei denen man den Umgang mit Menschen lernen soll, am besten gar nicht machen. Lieber ein/einen Training/Seminar/Workshop mit den Menschen machen, mit denen Sie wirklich zusammenarbeiten. Und grundsätzlich: Für Tierseminare gilt, was für jedes andere Seminar bzw. Training auch gilt: Es sollte klar ersichtlich sein, was die Teilnehmer bzw. das Unternehmen davon haben. Nur weil man Wölfe streicheln oder mit Eseln kommunizieren kann, darf das Ziel von Weiterbildungsmaßnahmen nicht aus den Augen verloren werden. Was habe ich als Mensch, als Mitarbeiter, als Führungskraft, als Geführter (siehe Kap. „10: 1 für die Geführten") davon? Steht der Aufwand (finanziell, Zeit etc.) dafür? Sind die Anbieter dieser Seminare wirklich dazu befähigt, aus dem tierischen Verhalten Rückschlüsse auf den Menschen zu ziehen? Und vor allem: Wird suggeriert, die Beobachtung von Tieren ließe es zu, etwas für den Umgang mit Menschen zu lernen? Nicht nur die wissenschaftliche Unterfütterung der aufgestellten Behauptungen/Parallelen ist wichtig, sondern auch die Erfahrungen bisheriger Teilnehmer – und zwar abgesehen von ihrer ersten Begeisterung, einen Wolf mal aus nächster Nähe gesehen zu haben. Nur weil ein Seminar oder Training exotisch ist, muss es nicht unbedingt zielführend sein – oft ist genau das Gegenteil der Fall.

Literatur

Luhmann, N. (1984). *Soziale Systeme*. Frankfurt a. M.: Suhrkamp.

Entscheiden – aber falsch! 12

Was ist die Eigenschaft, die man sich optimalerweise von Entscheidungen erwartet? Richtig geraten: Sie sollten richtig sein. Entscheidungstheorien und wissenschaftliche Entscheidungsverfahren sind weit gediehen im vorigen Jahrhundert. Im Kern der quantitativen (mathematischen) Verfahren geht es darum, organisationale Gestaltungsentscheidungen zu systematisieren und unter Anwendung mathematischer Modelle zu einer richtigen oder falschen Lösung zu führen.

12.1 Entscheidungen generieren

In Zeiten der Informationstechnologie und gar der „Big Data" entstehen gänzlich neue Wege, Daten zu vernetzen und zu interpretieren. Dadurch wird es möglich, ganz neue Verfahren von Prognosen und Entscheidungen zu generieren. Ja, es kommt sogar ganz neu – heißt: ohne dass wir es wussten – bereits Entschiedenes heraus.

Einige Beispiele dafür, was bei der Entscheidungsfindung möglich wird mithilfe wundersamer und wunderbarer Technik:

- Vorhersagen bisher undeutlich in der Zukunft liegender Ereignisse wie der Einlieferung in das Krankenhaus, bereits eingetretener Schwangerschaft oder dem nächstem Einbruch, Letzteres nennt man übrigens „PrePol – Predictive Policing" (Klausnitzer 2013).
- Das Internet weiß überhaupt alles besser, man denke nur an die „Autocomplete"-Funktion: Sobald Sie auf Google einen Begriff in das Suchfeld eingeben, werden

N. Harramach, R. Prazak, *Management, absurd*,   169
DOI 10.1007/978-3-658-04041-3_12, © Springer Fachmedien Wiesbaden 2014

Ihnen durch die automatische Vervollständigung Suchanfragen angezeigt, die Ihrem aktuellen Suchbegriff ähneln, sodass Sie Informationen rascher finden können.[1]

• „HANA Oncolyzer" nennt sich eine Tablet-Anwendung, mit der ein Arzt den gesamten Behandlungsverlauf des Patienten direkt am Krankenbett nachvollziehen und alle relevanten Ergebnisse schnell abrufen kann (entwickelt von Schapranow und Regenbrecht[2]).

• Die Voraussage der jährlichen Grippeepidemie in den USA – auch für einzelne Bundesstaaten – aufgrund der Suchanfragen der Google-Kunden (Mayer-Schönberger und Cukier 2013).

Alle Entscheidungstheorien sind Teil der angewandten Wahrscheinlichkeitstheorie und dienen dazu, die optimale Lösung einer Entscheidung oder Problemstellung zu finden. Je mehr Informationen, desto besser. Je exakter gerechnet, desto besser. Das sind Grundmaxime von Entscheidungstheorien. Und was sind die Gütekriterien für professionelle Entscheidungen? Das sind gute Vorbereitung, ordnungsgemäße Planung und Kalkulation.

Seit der Aufklärung wird der Verstand geehrt, davor waren es das Unbewusste, das Spirituelle, die übergeordnete Erkenntnisquelle und Ähnliches, was hochgehalten wurde. Und selbst Sigmund Freud hat das nicht wieder umgedreht, erst Teile der modernen Hirnforschung bringen nun Bewegung in diese Einstellung. Neurowissenschaftlichen Schätzungen zufolge treffen wir Menschen nämlich rund 90 % unserer tagtäglichen Entscheidung unbewusst. Und dennoch wird noch immer für professionelle Entscheidungen – zumindest im wirtschaftlichen Kontext – rationale Rechtfertigung erwartet und nicht Intuition. In der Praxis bedeutet das: Man kann sich in einer Gruppe nicht mit einer Intuition durchsetzen, die man nicht erklären kann. Aber weshalb ist das so? Einige Gründe dafür:

• Tief sitzende Emotionen, die die Sehnsucht nach der Gewissheit schüren – und viele sogenannte Experten ebenfalls
• Bedürfnis nach Halt und Orientierung, letztlich nach der Wahrheit
• Angst, die Situation nicht im Griff zu haben
• Angst, nicht alle Gründe berücksichtigt zu haben
• Angst vor der Verantwortung

---

[1] https://support.google.com/websearch/answer/106230?hl=de.

[2] Matthieu-Patrick Schapranow vom Hasso-Plattner-Institut in Potsdam und Christian Regenbrecht von der Berliner Charité.

Denn, Hand aufs Herz, es ist schon eine Bürde, für alles oder zumindest für vieles selbst verantwortlich zu sein. Und für manche ist es das Schlimmste überhaupt, das es im Berufsleben geben kann (und im Privatleben ebenfalls). Und wenn man sich dann nicht auf andere oder etwas anderes ausreden kann, wird es besonders arg. Also: Lieber begründen, was gar nicht zu begründen wäre.

Dazu eine Warnung: Das ist im Übrigen die Keule, die der Konstruktivismus schwingt. Die Grundbotschaft des Konstruktivismus lautet ja: Die Wirklichkeit ist nur das, was wir erfunden haben/erfinden/erfinden werden. Das kann man natürlich einerseits für nihilistisch halten, andererseits aber auch als bedrückend empfinden: Wenn meine Wirklichkeit von mir erfunden ist, dann bin auch ich einzig und allein dafür verantwortlich.

> Diese Form von Verantwortlichkeit würde auch . . . volle Freiheit bedeuten. Wer sich des Umstands voll bewusst wäre, der Erfinder seiner Wirklichkeit zu sein, wüsste um die immer bestehende Möglichkeit, sie anders zu gestalten. (Paul Watzlawick 1981)

Das könnte man aber auch als eine große Chance sehen. Ein Mensch, der es fertigbrächte, die Welt aus seiner eigenen Konstruktion zu sehen, wäre sicher auch toleranter (Francisco Varela, Principles of Biological Autonomy (Varela 1979)). Wer erfasst hat, dass seine Welt seine eigene Erfindung ist, muss dies den Welten seiner Mitmenschen auch zubilligen. Dies wäre die Voraussetzung des Respekts für die von anderen Menschen erfundenen Wirklichkeiten.

Aus diesen Gründen sollte also von Entscheidungen gar nicht erwartet werden, dass sie „richtig" sind. Denn „richtig" induziert einen objektiven Maßstab, es klingt nach objektiv oder zumindest objektivierbar, auch nach kalkulierbar oder zumindest kalkuliert. Aber hält das der Realität stand? Nein, in der Managementpraxis nicht. „Gut" – das ist eigentlich die Eigenschaft, die man sich optimalerweise von Entscheidungen erwarten sollte. „Angemessen" und „situationsgerecht" sollte entschieden werden. Und dann wohl auch „erfolgreich" – in dem Sinn, dass angestrebte Ziele (besser) erreicht werden können. Die Zielerreichung wird wohl das Hauptkriterium für die Güte von Entscheidungen sein. Die erwähnten Gütekriterien für Entscheidungen wie gute Vorbereitung, ordnungsgemäße Planung und Kalkulation sind doch nur Hoffnungsträger für eine gute Entscheidung, keineswegs Gradmesser dafür.

Meinungen erforschen – wozu?

Ein immer beliebter werdendes Werkzeug für Manager ist die Marktforschung. Bevor heute weitreichende (oder auch weniger weitreichende) Entscheidungen getroffen werden, wird zunächst evaluiert, was die Menschen von dem halten, was da auf sie zukommen mag. Oder was sie über ähnliche Produkte denken. Oder was sie überhaupt und allgemein denken. Die Marktforschung ist, vereinfacht und provokant gesagt, die Lösung von Problemen, die es bisher nicht gab. Apple-Gründer und -Wiederbeleber Steve Jobs war ein Gegner der Marktforschung: Die Konsumenten könnten doch gar nicht wissen, was sie wollen. Und daher mache es wenig Sinn, zukünftige Produkte austesten zu lassen. Der Erfolg gab ihm recht. Marktforschung – zumindest ein Übermaß davon – ist die Waffe der Feigen.

Aber es gibt ja nichts ohne Kehrseite – zumindest nicht in einem Buch wie diesem. Wahr ist nämlich auch, dass Meinungen die Wahrnehmung mehr beeinflussen als Fakten.

Wir haben daher schon in der Einleitung empfohlen, die in allen Ländern bestehenden Ämter für Statistik durch „Ämter für Meinung" zu ersetzen, zumal dies ohnehin – nicht nur bei Managern –, sondern vor allem in Medien und Politik, gängige Praxis ist. Siehe Kap. Einleitung.

Dieses Phänomen ist übrigens gar nicht neu. Früher war es noch viel mehr so. In der Antike (an vorher können wir uns nicht mehr so gut erinnern) waren es die Göttersagen, die die Wahrnehmung der Welt geprägt haben. Im europäischen Altertum und Mittelalter waren es die Religionen und ihre Glaubenssätze. In der Eruption der Naturwissenschaften am – oder eigentlich dem dadurch definierten – Beginn der sogenannten Neuzeit war es die schon viel breitere Mischung aus Renaissance der Antike und Erfindungen und Entdeckungen ganz neuer Art nicht nur geo-, sondern auch kosmopolitisch und philosophisch (Nikolaus Kopernikus, Galileo Galilei, Johannes Kepler . . .).

Insbesondere am Anfang des 20. Jahrhunderts kam dann die Psychologie ins Spiel (Sigmund Freud, H. C. Jung, Alfred Adler, aber auch die Gegenbewegung der Behaviouristen insbesondere). Das Unbeweisbare, das bloß Gespürte – oder nur das Beobachtbare (Hubert Rohracher).

Und mit dem Konstruktivismus kam dann die folgerichtige Fortsetzung: Die Wirklichkeit ist bloß das, was wir dafür halten, also als Wirklichkeit konstruieren (Paul Watzlawick, sein Mentor – für die gesamte sogenannte Palo-Alto-Gruppe, Gregory Bateso und viele andere mehr). Und die Neurowissenschaften setzten noch eins drauf. Alle Wahrnehmung wird einzig und allein durch unser Gehirn definiert, heißt: „Es gibt eine Welt da draußen. Aber Du wirst nie in ihr sein." Nun darf man sich nicht mehr so wundern, warum wir uns so viel mit Wahrnehmung beschäftigen: Wir verhalten uns natürlich dementsprechend, was wir (für) wahr nehmen – sonst würden wir in psychiatrische/psychotherapeutische Behandlung geraten.

Heute ist die Situation – zumindest in unseren Breiten – noch viel diverser. Ich kann mir – ohne Zensur und ohne die drohende Strafe der Inquisition, man stelle sich das nur einmal vor, aussuchen, was meine Wahrheit ist!

Dafür drei Beispiele:

*   Jemand sieht (= nimmt wahr) Unordnung – und räumt daher auf.
*   Jemand nimmt wahr: Es wird zu viel gequatscht und geküsst. So wird sie drängen „Zur Sache!" – und nur, wenn sie auch wahrgenommen hat, dass zu wenig auf Beziehung geachtet wird, hinzufügen „Schätzchen"!
*   Jemand ist gegen etwas – und geht daher demonstrieren.

Also: Meinung bestimmt Wahrnehmung, Wahrnehmung bestimmt Handlung!

Und zurück zum Ausgangspunkt: Meinung wird gemacht. Man kommt damit nicht auf die Welt. Natürlich schafft Angebot auch Nachfrage und befriedigt sie nicht nur. Niemand hatte ein Smartphone nachgefragt, bevor es auf den Markt kam.

12.2 Lernen von Kleinen

Wie in vielen anderen Managementbereichen: Auch beim Entscheiden könnten im Wirtschaftsbereich die Großen von den Kleinen lernen. Wenn keine Planungs- und Stabsstellen besonders bewertet und belobigt werden müssen, kommt es wohl nur darauf an, dass gut im Sinne von erfolgreich entschieden wird. Der Output zählt, nicht der Input. Kommt noch dazu, dass in Fällen der Ungewissheit die sogenannten Bauchentscheidungen den Kopfentscheidungen überlegen sind. Das ist nachgewiesen und sollte auch keine große Überraschung sein, treffen wir Menschen doch den überwiegenden Teil unserer tagtäglichen Entscheidungen, wie schon gesagt, ohnedies unbewusst – nicht nur im Privaten, sondern auch im Beruflichen. Für Einzelunternehmer ist das ohnehin keine besondere Problematik. Sie entscheiden sowieso allein. Sie sind nur sich selbst verantwortlich – neben den oft nicht kleinen Verantwortungen, die sie sonst noch für ihre Arbeitnehmer, ihre Familien und ihre sonstigen Aktivitäten zu tragen haben. Sie fällen viele Entscheidungen „aus dem Bauch heraus" Und diese Bauchentscheidungen erweisen sich als umso günstiger, je erfahrener sie sind. Kap. 7 Abschn. 7.7.

Auch in Kleinunternehmen werden Entscheidungen im Normalfall von Einzelpersonen getroffen. Entweder vom Unternehmer selbst oder von den zuständigen Experten im Unternehmen. Für größere Organisationen aber ist es schwer, diesen normalen Erfolgsfaktor – also das Intuitive – ein- und umzusetzen. Die Güte der unbewussten Entscheidungen basiert nämlich auf zweierlei:

• Die Trefferquote rascher Entscheidungen steigt mit dem Ausmaß unbewusst vernetzter Erfahrungen, die ihnen zugrunde liegen.
• Die Datenverarbeitung findet mithilfe von Heuristik im menschlichen Gehirn statt. Informationstechnologisch ist das in dieser Qualität nicht reproduzierbar.

Bei dieser Gelegenheit noch eine Anmerkung zum eingangs erwähnten „Big Data": EDV – pardon: IT – kann in Sekundenschnelle entscheiden, dass „dei" in einem Text falsch geschrieben ist und richtig „die" heißen soll (Mayer-Schönberger und Cukier 2013). Schön, dass die Informationstechnologen so stolz auf ihr Big Data-Können sind. Aber mit Verlaub: Für diese Erkenntnis brauchen wir Menschen nicht ein paar Sekunden, dies geht sofort oder – wie gerade die ITtler sagen würden – „in Echtzeit".

Und noch eine generelle Anmerkung zum Verhältnis „Menschenhirn und Informationstechnologie":

Das Hirn funktioniert letztendlich durch das, was drin ist – die IT letztendlich durch das, was draußen ist.

Denken können Computer nämlich nicht – obwohl wir schon manchmal den Eindruck haben – und manche das anscheinend gerne hätten. Sie können nur schneller „rechnen" und „Daten verarbeiten" – darum passen diese schon ein bisschen in die Jahre gekommenen Begriffe so gut.

Heißt: Im Sinne von Konstruktivismus und Systemtheorie dürfen wir sagen: Das menschliche Gehirn ist ein „geschlossenes System". Alle Wahrnehmungen, Empfindungen und auch Handlungen entstehen zwar angeregt, aber nicht determiniert durch die Außenwelt. Bestimmend sind die im Gehirn selbst angelegten Verschaltungen. Wir können nichts anderes wahrnehmen, empfinden und dementsprechend handeln, als das, was durch die interne Struktur unseres Gehirns – die sich allerdings ein Leben lang verändert – gerade ermöglicht und damit bestimmt wird. Ganz umgekehrt bei der IT: Dieses technische System kann nur das, was ihm von außen vorgegeben wird – und sonst nichts.

Kein Wunder also: Gerade das hochmoderne und als Verheißung gepriesene Big-Data-Management zeigt, wie schwer sich die digitale Welt mit dem analogen Leben tut. Kap. 6.

Entmündigte Mitarbeiter

Der amerikanische Unternehmer Dennis Bakke beschreibt in seinem Buch „The Decision Maker" (Bakke 2013), wie und weshalb Entscheidungen einsam an der Unternehmensspitze getroffen werden und wie sich das auf Motivation und Leistung der Mitarbeiter aller Ebenen auswirkt. Mit guten Beispielen zeigt Bakke, dass Mitarbeiter in vielen Firmen entmündigt sind und selbst einfachste Entscheidungen nicht selbst treffen können. Denn der Firmenchef zeigt mit seinen eigenen Handlungen, dass Entscheidungen nur ganz oben getroffen werden können. Mitarbeiter werden nicht als eigenständige Individuen anerkannt, sondern als reine Befehlsempfänger. Doch ein Umdenken ist nicht einfach, denn Mitarbeiter machen (ebenso wie Führungskräfte bis hinauf zum CEO oder Inhaber) Fehler. Nach Ansicht von Bakke ist es daher notwendig, „Decision Maker" zu definieren, die nahe am jeweiligen Thema dran sind, neue Perspektiven einbringen können, Erfahrung aufweisen und die Ratschläge anderer beherzigen.

Gute Erfahrung wurden in dieser Hinsicht in den 1980er- und 1990er-Jahren mit dem Konzept „TAG – TeilAutonome Arbeitsgruppen" gemacht. Es ist schade, dass diese Erfahrungen nicht weiter ausgerollt, insbesondere nicht von der produzierenden Industrie in den immer größeren Dienstleistungsbereich transferiert wurden.

In vielen industriellen Produktionsstätten wurde mit diesem Konzept – zum Großteil sehr erfolgreich – versucht, operative Entscheidungen hierarchisch gesehen in diejenige Ebene zu bringen, in der sie auch tatsächlich wirksam werden: in die Bottomline. Sprich: In den Fabriken sollten die Fließbandarbeiter die Entscheidungen treffen, die sie dann ja auch selbst umzusetzen hatten. Dies erforderte massive Umstellungen. Die Fließbandarbeiter wurden allesamt (ca. 1.200 in einem österreichischen Industrieunternehmen) eingeschult, und zwar

1. betriebswirtschaftlich, was Kosten-Erlös-Kalkulation ihrer Arbeit betraf, Materialbeschaffung inklusive;
2. in den Social Skills Basics wie Kommunikation, Führung, Teamwork und Moderation, um ihre autonome Arbeitsweise auch in dieser Hinsicht besser in den Griff zu bekommen;
3. in Sachen Qualitätsmanagement, weil ein oberstes Prinzip Selbst-Kontrolle war;
4. an anderen Arbeitsplätzen als dem eigenen – weil ein weiteres Grundprinzip Job Rotation war.

Zusätzlich waren bei solchen Projekten stets auch Schulungen für die Führungskräfte, insbesondere für die unmittelbaren Meister, in der Produktion nötig. Oft waren solche Projekte auch mit Einführung von Team-Leistungs-Prämien verbunden.

Die Ergebnisse waren aber auch beachtlich. Am Beispiel des österreichischen Industrieunternehmens:

Die wichtigsten Erfolgskriterien waren Verminderung des Fall-Off (weil damit auch die wichtigsten Key Performance Indicators wie Produktionsfluss und Produktionsausfälle und Qualität kontrolliert wurden) und erhöhte Einsparungen aus dem KVP – kontinuierlichen Verbesserungsprozess.

Kurz zusammengefasst war es so, dass die Einführung der teilautonomen Gruppenarbeit in den Jahren 1995 und 1996 umgerechnet ca. € 660.000, – gekostet hat. Demgegenüber standen Erlöse aus Einsparungen durch Verbesserungsvorschläge: im ersten Jahr im Wert ca. € 40.000,–, im zweiten Jahr ca. € 70.000,–; Erlöse aus Einsparungen aus Produktivitätszielerreichungen: im ersten Jahr ca. € 150.000,–, im zweiten Jahr ca. € 330.000,–. Insgesamt also Einsparungen von ca. € 590.000,–. Nach dieser Kosten-Erlös-Kalkulation hatte sich das gesamte zweijährige Projekt bereits beim Abschluss fast amortisiert, die Nachhaltigkeit in den Folgejahren noch gar nicht eingerechnet (Antoni 1994; Antoni 1996; Niki Harramach unveröffentlichte Manuskripte).

12.3 Lösungen für große Organisationen

Also bleiben vier Lösungen für große Organisationen:

1. LÖSUNG 1:

Die Bauchentscheidungen erfahrener Experten mehr beachten. Zumindest im Fall völliger Ungewissheit sind sie anderen Entscheidungsverfahren vorzuziehen. Nach Gigerenzer ist zwischen Situationen mit bekannten Risiken (er nennt das kurz „Risiko", beispielsweise Situationen des organisierten Glücksspiels) und Situationen mit unbekannten Risiken (er nennt das kurz „Ungewissheit", wie beispielsweise Aktienkurse) zu unterscheiden. Für Risiko-Situationen kann mit Wahrscheinlichkeiten gerechnet werden, statistische Verfahren haben ihre Berechtigung. In Situationen der Ungewissheit aber sind Intuition, Faustregeln und Heuristik als Entscheidungstechniken überlegen. Ein Beispiel dafür: Probieren Sie doch mal selbst aus, ob und wie das funktioniert. Bei einem Quizspiel wie Trivial Pursuit oder dem „Quizduell" am Handy werden Multiple-Choice-Fragen, bei denen man die Antwort eigentlich nicht kennt, oft „nach dem Gefühl" beantwortet. Und in den meisten Fällen ist diese Antwort dann (überraschenderweise) richtig.

2. LÖSUNG 2:

Nicht defensiv entscheiden! Nehmen wir folgendes Beispiel: Eine Organisation steht vor der Wahl, eine Wirtschaftsprüfungsgesellschaft zu engagieren. Zur Auswahl steht erstens eine lokale, kleine Wirtschaftsprüfungsgesellschaft mit guten Spezialisten und einem vernünftigen Preis und zweitens eine große, internationale Gesellschaft mit einem großen Namen und einem höheren Preis. Wie ist hier zu entscheiden? Das kleine Unternehmen ist sichtlich die bessere Lösung. Um auf Nummer sicher zu gehen, wird aber die bekannte Prüfungsgesellschaft beauftragt. Nicht die beste, sondern die zweitbeste Option wird gewählt. Das nennt man „Defensives Entscheiden". Um das zu verhindern, wird man neben der Aufforstung entsprechender Social Skills auch passende juristische Bedingungen aufstellen müssen.

3. LÖSUNG 3:

Zahlenanalphabetismus beheben! Die meisten Menschen können mit Statistiken nicht adäquat umgehen und sie nicht richtig verstehen.

Zahlenanalphabetismus

Ein Beispiel dafür (Gigerenzer 2013): Eine 50-jährige Frau, die keine relevanten Symptome aufweist, nimmt routinemäßig an einem Mammografie-Screening teil. Das Ergebnis ist positiv. Sie möchte wissen, ob sie mit Sicherheit Brustkrebs hat oder wie groß die Wahrscheinlichkeit dafür ist. Wie viele Frauen mit positivem Testergebnis haben tatsächlich Brustkrebs? Wie lautet die beste Antwort?

- 9 von 10
- 8 von 10
- 1 von 10
- 1 von 100

Hier noch Informationen, die man für die Antwort braucht, und zwar zuerst in der üblichen Weise, nämlich als Wahrscheinlichkeiten:

- Die Wahrscheinlichkeit, dass eine Frau Brustkrebs hat, beträgt ein Prozent (Prävalenz).
- Wenn eine Frau Brustkrebs hat, beträgt die Wahrscheinlichkeit eines positiven Testergebnisses 90 % (Sensitivität).

- Wenn eine Frau keinen Brustkrebs hat, beträgt die Wahrscheinlichkeit, dass das Testergebnis trotzdem positiv ausfällt, neun Prozent (Falschalarmrate).
- Und jetzt noch einmal die Informationen – diesmal umgewandelt in natürliche Häufigkeiten:
- Zehn von jeweils 1000 Frauen haben Brustkrebs.
- Von diesen zehn Frauen mit Brustkrebs werden neun positiv getestet.
- Von 990 Frauen ohne Brustkrebs werden 89 trotzdem positiv getestet.

Jetzt ist leicht zu erkennen:

- Eine von jeweils 100 Frauen hat Brustkrebs.
- Diese Frau mit Brustkrebs wird wahrscheinlich positiv getestet.
- Von den 99 ohne Brustkrebs werden neun trotzdem positiv getestet.

Insgesamt können wir also erwarten, dass zehn Frauen ein positives Ergebnis haben. Nur eine von ihnen hat Krebs.

4. LÖSUNG 4:

Der Sehnsucht nach Gewissheit widerstehen! Dazu brauchen Menschen Unterstützung – umso mehr, je höher ihr Sicherheitsbedürfnis ist. Schön wäre natürlich, wenn man alles planen könnte, aber das Leben ist voller Ungewissheit. Vielleicht ist gerade deswegen die Suche nach Sicherheit ein zutiefst menschliches Bemühen. Wahrsager, Magier und Autoritätsfiguren und manche Vermögensberater profitieren ja davon. Die Suche nach Gewissheit aber ist das größte Hindernis auf dem Weg zu einem professionellen Risikomanagement. Und mal ehrlich: Da das Bauchgefühl unbewusst zuschlägt, kann's mal passen, mal nicht. Eine gesunde Skepsis ist auch Bauchentscheidungen gegenüber angesagt. Wenn es möglich ist, wäre eine Meta-Entscheidung (Bauch oder Kopf) erfolgsfördernd. Und wahrscheinlich sagt uns genau das unser Bauchgefühl sogar. Es ist also nur allzu verständlich, dass Menschen viel dazu tun, Bauchentscheidungen zu vermeiden. Oft gelingt dies aber nicht, dann wird man doch von ihnen beeinflusst. Sogar Managern passiert das. Nach Selbsteinschätzung der Manager eines internationalen Technologiedienstleisters geschieht genau das in knapp der Hälfte der Fälle. Bei einem internationalen Autohersteller sogar bei drei Vierteln der Fälle (Gigerenzer 2013).

Ein weiterer Aspekt: Es gibt ja kaum Experten für Intuitives, nur für Rationales. Expertise ist generell rational, nicht intuitiv. Vielmehr sind die Experten eher ein Teil des Problems als der Lösung. Denn sie haben selbst Probleme, Risiken zu verstehen, verfügen oftmals über keine angemessenen Kommunikationsfähigkeiten und stecken oft in Interessenkonflikten.

Abb. 12.1 Entscheidungskopf

12.4   Entscheiden mit Fehlern

In Organisationen, aber auch in Familien, ja in ganzen Gesellschaften ist natürlich auch die Fehlerkultur entscheidend dafür, ob Risikokompetenz gefördert oder verhindert wird. Wenn ein Kind schon in der Schule die Erfahrung macht, dass es beim Experimentieren für mutige, aber erfolglose Entscheidungen gescholten statt belobigt wird, wird es in Zukunft eher Entscheidungen mit Gewissheit treffen, solche unter Risiko und Ungewissheit aber meiden oder zumindest defensiv entscheiden. In Amerika sagt man zu Schülern nach einem mutigen, aber erfolglosen Versuch eher „Good Try!". Bei uns setzt es eine Rüge und/oder die Empfehlung, das bloß nicht noch einmal zu versuchen. Kap. 7 Abschn. 7.7.

Später, im Berufsleben, geht es dann weiter mit dieser Abkehr vom Mut, von der Belohnung des Un-Mutigen: Gerade in Großkonzernen kommt nicht der voran, der etwas riskiert und offensiv entscheidet, sondern sein Konterpart. der Defensiv Entscheider, der Risikolose (Abb. 12.1).

Auch wissenschaftliche Entscheidungstheorien fußen anscheinend auf dem Wunsch nach Gewissheit – und nähren damit auch diese (in Situationen der Ungewissheit tatsächlich gefährliche) Sehnsucht. In jüngster Zeit dringen aber vermehrt die Ansätze der Intuition, der unbewussten Intelligenz, der Entscheidung nach Heuristik vor, sogar in der Welt des Managements. Denn: In einer ungewissen Welt sind komplexe Methoden der Entscheidungsfindung, die auf mehr Informationen und genaueren Berechnungen basieren, häufig erfolgloser als bloße Faustregeln. Weniger ist oft mehr!

Wenn sich Wissenschaftler auf den Weg zur Vereinfachung machen, dann tun sie sich oft recht schwer, selbst wenn sie dabei durchaus auf die Praxis abzielen – so wie beispielsweise der hochgeschätzte Professor Peter Gomez von der Universität St. Gallen in einer österreichischen Wirtschaftszeitung unter der Überschrift „Optimal vereinfachen" [3]: Darin meint er unter anderem, es sei „eine weitverbreitete Meinung, dass die Gewinnung zusätzlicher Informationen und damit eine größere Detailkenntnis zum Ziel führen". Dabei sei das Gegenteil der Fall. Es gelte, grundlegende Muster der Problemsituation zu erkennen und die großen Zusammenhänge zu verstehen.

Und anstelle einer hektischen Informationsbeschaffung sollten Führungskräfte sich einige Fragen stellen:

* „Welches Geschäftsmodell liegt dem Unternehmen zugrunde?
* Welche Trends bestimmen das relevante Umfeld?
* Wo steht das Unternehmen im Lebenszyklus?
* Welche Kultur zeichnet es aus?
* Wie würde ich vorgehen, wenn ich mein eigenes Kapital investiert hätte?
* Wie entfache ich die Begeisterung meiner Mitarbeitenden?
* Was kann ich zur Wertschöpfung für die Gesellschaft beitragen?"

In weiterer Folge, so Professor Gomez, sei

* ein „Portfolio von Optionen" zu entwickeln,
* mit „Kopf, Hand und Herz",
* nämlich: „vernetzt zu denken, unternehmerisch zu handeln,
* als Persönlichkeit zu überzeugen".

Jetzt ist wohl alles optimal vereinfacht, oder?

Bei Gigerenzer [7] findet sich der Begriff der „Adaptiven Toolbox". Damit wendet sich auch die moderne Intelligenzforschung einem Phänomen zu, das die Praxis längst kennt. Intelligentes Entscheiden setzt voraus, dass wir (und zwar passenderweise intuitiv) grundsätzlich wissen, welches Werkzeug wir für welche Problemlösung benötigen. So wie der intelligente Handwerker weiß, dass es nicht immer ein Hammer ist, den er braucht, weiß der intelligente Entscheider, dass er je nach Situation einmal analytische Werkzeuge, in vielen anderen Fällen aber intuitive Techniken braucht, um zu erfolgreichen Entscheidungen zu kommen.

---

[3] Professor Peter Gomez Universität St. Gallen; DerStandard, 28./29.9.2013.

Dieter Dörner hat das schon vor Jahrzehnten in seinem Buch „Logik des Misslingens" (Dörner 1991) die „pragmatische Intelligenz" zum Unterschied von der „eunuchischen Intelligenz" genannt. Letztere bedeutet für ihn, dass man zwar theoretisch wisse, wie es ginge, es aber praktisch nicht umsetzen kann. Dass ein Problem rein analytisch durchdrungen und dadurch gelöst werden kann, ist wohl der seltene Ausnahmefall. In den meisten Fällen des Lebens besteht das Problemlösen aus einer Mischung von analytischem Vorgehen, Versuch und Irrtum. Dass „Trial and Error" nicht zu „Trial and Horror" wird – dafür sorgen unsere intuitiv wirksamen Faustregeln und Erfahrungswerte.

Zum Beispiel:

1. Hiatus-

Regel (kommt von lat. hiatus = Spalt, Kluft)

Das Prinzip: Ein einziger guter Grund genügt. Wenn ein Kunde seit neun Monaten oder länger keinen Kauf mehr getätigt hat, stufe ihn als inaktiv ein, anderenfalls als aktiv. Diese Regel hat bessere Ergebnisse als komplizierte analytische Verfahren – hier in Gegenüberstellung zum NBD-Modell (NBD = negative binomial distribution). Bei Fluggesellschaften konnte in 77 % der Fälle mit der einfachen Hiatus-Regel richtig prognostiziert werden. Mit den komplizierten analytischen Verfahren auch in 74 % der Fälle. Aber Aufwand und Nutzen sprechen doch um ein Vielfaches mehr für Faustregeln. Noch deutlicher in der Bekleidungsindustrie. Da steht es 83: 75 für die viel einfacheren und dadurch billigeren Faustregeln.

2. Rekognitionsheuristik

Regel: Wenn von zwei Objekten das eine bekannt ist und das andere nicht, schließe daraus, dass das bekannte Objekt den höheren Wert hat. Beispiel: Welche Stadt hat mehr Einwohner? San Diego oder San Antonio? Mit San Diego liegen Sie wirklich richtig. Dem liegt die begründete Annahme zugrunde, dass Bekannteres auch (in diesem Fall) Größeres ist.

3. 1/N besser als Mean-Variance-Portfolio

Die beste Anlagestrategie im Wertpapier-Portfolio ist: Verteile Dein Geld gleichmäßig auf „n" Fonds, heißt: mehrere Fonds, die Du kennst. Alle hoch komplizierten Aktienmarkt-Ausrechnungen, wie beispielsweise Multiple Regression, sind dieser Regel unterlegen. Der Grund: Die komplexen Strategien berücksichtigen eine Menge von Einzelheiten, von denen viele irrelevant sind. So häufen sich die Fehler. Moral der Geschichte: Unter den „Tausenden von Finanzexperten wird es immer einige geben, die mit ihren Vorhersagen richtigliegen. Selbst eine kaputte Uhr zeigt zweimal am Tag die richtige Zeit an" (Gigerenzer 2013).

4. Satisficing

Regel: 1. Lege dein Anspruchsniveau fest. 2. Wähle die erste Alternative, die dein Anspruchsniveau erfüllt. Beispiel: Das machen wir alle sehr oft in einem Restaurant beim Durchforsten der Speisekarte. Oder nicht? Zum Beispiel: Ich will Wiener Schnitzel oder Schweinebraten – jedenfalls unter zehn Euro.

5. Blickheuristik

Nehmen wir an, es geht darum, einen in die Höhe und Weite geworfenen Ball zu fangen. (Eine Herausforderung, der sich sowohl Baseballspieler als auch apportierende Hunde zu stellen haben.) Heuristikregeln: 1. Fixiere den Ball. 2. Beginne zu laufen. 3. Passe deine Laufgeschwindigkeit so an, dass der Blickwinkel immer konstant bleibt.

Entrepreneurship

In großen Organisationen gelten unternehmerisches Denken und Handeln schon lange als die wichtigsten Erfolgsfaktoren. Was aber ist das Besondere am unternehmerischen Denken und Handeln?

- Erfolgsorientierung: Dafür werden auch Misserfolge in Kauf genommen.
- Selbstmotivation: hohes Selbstbewusstsein und Selbstvertrauen. Die Ursachen für Erfolg – aber auch Misserfolg – werden in erster Linie bei sich selbst gesucht.
- Erhöhte Risikobereitschaft: Die starke Erfolgsorientierung paart sich mit erhöhter Risikobereitschaft. Risk-Result-Balance auf hohem Niveau!
- Offensives Entscheiden: Da der Entrepreneur in hoher Selbstverantwortung handelt, wird weniger Absicherung gesucht. Defensives Entscheiden ist da selten.
- Proaktiv: Nötige Information wird geholt, es wird nicht abgewartet, bis sie kommt. Der eigene Handlungsspielraum wird selbsttätig gestaltet.
- Konsequenzen: Auch die braucht der/die Entrepreneur. Nichts ist so demotivierend wie eine „Echohöhle".
- Längerfristigkeit: Das „Glühen" für eine bestimmte Idee zwingt zu einem längerfristigen Zeithorizont.
- Besessenheit: Der Entrepreneur hat sein Ding gefunden. In dieser Hinsicht ist er fixiert/inflexibel/resilient.
- Andererseits muss man auch den Schwächen der Entrepreneurs genug Aufmerksamkeit schenken. Dazu zählen typischerweise Teamwork (der Entrepreneur ist eher Einzelkämpfer) und auch Führung zählt nicht zu den Kernfähigkeiten von Entrepreneurs. Weder sind sie Meister im Führen, noch lassen sie sich gut führen.

Aber Achtung: Entrepreneurship und Intrapreneurship sind eben nicht identisch! Selbstständig Erwerbstätige sind letztendlich nur sich selbst verantwortlich. Sie dürfen daher auch völlig intuitiv entscheiden, ohne sich dafür rechtfertigen zu müssen (höchstens in einem nachfolgenden Insolvenzverfahren vor dem Gericht). Angestellte Manager sollen nicht glauben, das auch in Anspruch nehmen zu dürfen. Kap. 7.

Literatur

Antoni, C. (1994). *Gruppenarbeit in Unternehmen*. Weinheim: Beltz.
Antoni, C. (1996). *Teilautonome Arbeitsgruppen*. Weinheim: Beltz.
Bakke, D. (2013). *The decision maker*. Edmonds: Pear.

Dörner, D. (1991). *Logik des Misslingens*. Reinbek: Rowohlt.

Gigerenzer, G. (2013). *Risiko*. München: Bertelsmann.

Klausnitzer, R. (2013). *Das Ende des Zufalls, Wie Big Data uns und unser Leben vorhersehbar macht*. Wien: Ecowin.

Mayer-Schönberger, V., & Cukier, K. (2013). *Big data, die revolution, die unser Leben verändern wird*. München: Redline.

Varela, F. (1979). *Principles of biological autonomy*. New York: North Holland.

Watzlawick, P. (1981). *Die erfundene Wirklichkeit*. München: Piper.

Kooperative Konflikte

13

▶ Zu Beginn ein „Beipacktext":
- Wer Konflikte gar nicht mag; wer hauptsächlich daran interessiert ist, Konflikte zu vermeiden; wer bei Konflikten sein Interesse hauptsächlich darauf richtet, sie zu lösen –wird sich schwer tun mit diesem Kapitel. Und sollte es daher unbedingt lesen.
- Wer in seinem Leben vor allem konfliktfreie Kooperationen anstrebt; wer nur den Frieden sucht und vom Kampf nichts hören will; wer glaubt, dass Kooperationen in erster Linie nur positives Denken voraussetzen; wer danach lebt, dass es besser ist zu kooperieren als zu „konfligieren" –wird in diesem Kapitel ent-täuscht werden. Und sollte es daher unbedingt lesen.
- Wer Konflikte für die natürliche andere Seite von Kooperation hält; wer mit Konflikten grundsätzlich ebenso umgeht wie mit Kooperationen, vor allem weil er/sie weiß, dass die beiden immer nur gemeinsam daherkommen und weil man für beides im Großen und Ganzen ohnehin dieselben Methoden und Instrumente braucht und gebrauchen kann – der/die kann dieses Kapitel bei Zeitmangel überspringen.

13.1 Was Konflikte können

Eine ganze Menge:

- Konflikte bringen viel Geld. Konflikte stiften großen Nutzen.
- Konflikte sind ein großer Innovationsmotor. Die meisten Erfindungen entspringen einer Konflikt-lage. Die gegebene Situation wird als unbefriedigend oder

N. Harramach, R. Prazak, *Management, absurd*,
DOI 10.1007/978-3-658-04041-3_13, © Springer Fachmedien Wiesbaden 2014

verbesserungswürdig angesehen und soll verändert werden. Ein gegensätzlicher Zustand soll herbeigeführt werden. Johannes Gutenberg beispielsweise, Erfinder der Buchdruckmaschine, wollte bereits vorhandene Techniken des Druckens verbessern, um höhere Auflagen zu ermöglichen. Er war mit der Ist-Situation nicht zufrieden.

- Konflikte sind Lustspender. Viele Eheleute lassen sich ihre lustvollen Streitigkeiten nicht gerne wegnehmen – was auch Eheberater oft schmerzlich zur Kenntnis nehmen müssen.

- Viele Konfliktparteien haben sogar eine stillschweigende Konfliktvereinbarung, einen für beide Seiten nutzenstiftenden Konflikt auf einem gewissen Niveau zu pflegen, immer wieder auszutragen, ja sogar zu perpetuieren. Politische Parteien gehören dazu und ihre Anhänger (alle außer den Nichtwählern) spenden Applaus. Kriegführende Parteien gehören auch dazu – wenn der Krieg lang dauert! Und die Anhänger spenden Applaus. Es ist nicht abwegig, das eine (natürlich) stillschweigende Konfliktvereinbarung zu nennen.

- Und die Konfliktlage: „Ich will gewinnen!" versus „Nein, ich!", die sorgt im Sport täglich für Unterhaltung und Spannung – und für millionenschwere Erlöse. Auch Unterhaltungsshows im Fernsehen wären ohne Konflikte nur der halbe Spaß.

- Nur aus Gegensätzen entsteht immer wieder Neues. Alles Leben entsteht aus Gegensätzen. Alle Wahrnehmung ist erst durch Gegensätze möglich. Schwarze Schrift auf weißem Grund ermöglicht das Lesen. Vive la différence!

- Für den Einzelnen ist der Unterschied zu anderen Individuen existenziell. Erst durch die anderen bekommen wir unsere Individualität. Klonen würde da nicht helfen!

- Ohne Alternativen keine Konflikte, ohne Konflikte keine Entscheidungen. Ohne Gegensätze keine Über-Brückungen.

- Jegliche Kultur entspringt der Konfrontation in dem Gegensatz, stammt aus Konflikten.

- Zeitersparnisse in Arbeitsprozessen entstehen oft dadurch, dass konfligierende Interessen daran Beteiligter zu einem beschleunigenden Kompromiss führen. Ein gutes Beispiel ist die Optimierung von Visiten im Krankenhaus.

- Konflikt-Opportunitätskosten sind diejenigen Kosten, die man sich erspart, weil die beteiligten Mitarbeiter einen latenten Konflikt aufgegriffen und professionell geregelt haben.

- Konflikterlöse sind tatsächliche Mehreinnahmen aufgrund von umgesetzten Verbesserungsvorschlägen, die aus Konfliktgesprächen zwischen den beteiligten Berufsgruppen entstanden sind.

- Für eine stolz machende Unternehmenskultur des erfolgreichen Umgangs mit Konflikten braucht es was? Konflikte natürlich.
- Angemessener Optimismus entsteht aus dem erfolgreichen Umgang mit konfligierenden Gegensätzen: „Das nächste Mal werden wir das ebenso erfolgreich lösen!"

Diese Lobpreisung von Konflikten könnte mühelos fortgesetzt werden. Im Mainstream der allgemeinen Meinung sind wir damit aber nicht. Im Gegenteil:

13.2 Konflikte – das Image

Meinungsverschiedenheiten in Unternehmen sind keine Katastrophen – aber Konflikte sind teuer.
Wie gehen Personaler mit den Schattenseiten ihres Jobs wie Kündigungen und Konflikten um?
Krisen ... befeuern den „kalten Konflikt" – den verhaltenen, auf Hinterbühnen geführten Krieg.

Diese und ähnliche *Schlagzeilen aus Wirtschaftsmedien*bringen das Negative an Konflikten bloß indirekt zum Ausdruck. Da muss man schon genau hinschauen, um zu erkennen, wie schlecht dabei Konflikte wegkommen. Es geht aber auch direkter:

Streiten Sie gerne? Die wenigsten Menschen, die sich in Konflikten befinden, fühlen sich dabei gut. Man erlebt negative Emotionen, fühlt sich ungerecht behandelt und will deshalb sein Recht durchsetzen.

Aus der Einleitung des Buchs von Martina Foradori, „Wirtschaftsmediation zum Nachlesen" (Foradori 2013).
Wenn sogar professionelle Mediatoren, die ja von Konflikten leben, diesen gleich einleitend „negative Emotionen" zuschreiben, dann kann das nur zwei Gründe haben:

- 1. Konflikte sind derart verpönt, dass auch Mediatoren nicht anders können, als das gleich zu spüren.
- 2. Diese Darstellung ist ein Verkaufsargument für Mediation.

Wahrscheinlich stimmt beides. Ganz besonders – und keineswegs überraschend – manifestiert sich die einseitige Betrachtungsweise von Konflikten in dem Buch

Tab. 13.1 Konfliktkosten und Konflikterlöse

Zitierte Schlagwörter aus diesem Kapitel. . .	. . . die auch lauten könnten
KOSTEN	ERLÖSE
Konfliktprovozierte Aufwendungen	Konfliktverursachte Erträge
Konflikte in Organisationen verursachen hohe Aufwendungen	. . . haben hohe Erlös-Potenziale
Konflikte kosten Nerven und Geld	. . . bringen Freude und Geld
Zeitkosten, Opportunitätskosten von Konflikten	Zeitgewinne, Opportunitätserlöse von Konflikten
Ausgaben oder Mehrausgaben	Einnahmen oder Mehreinnahmen
Ungeeignete Konfliktbewältigungsversuche	Geeignete Versuche
Negative Strahleffekte auf andere Ebenen, Bereiche, Gruppen	Positive Strahleffekte auf andere. . .
Belastung des Arbeitsklimas	Verbesserung des Arbeitsklimas
Auswirkungen: persönliche Angriffe, Krankheit, Abwesenheit, Bullying/Mobbing, Kündigung, Versetzung, Projektmisserfolge	Motivation, Beziehungsklärung, Engagement, Zielvereinbarungen
Erhebung expliziter Konfliktbearbeitungskosten	. . . expliziter Konfliktbearbeitungserlöse
Indikatorenbasierte oder bilanzbasierte Schätzung von konfliktprovozierten Aufwendungen	. . . von konfliktverursachten Erträgen

Wirtschaftsmediation zum Nachlesen (Martina Foradori u. a.) in dem Kapitel mit der schon bezeichnenden Überschrift „Konfliktkosten".

Es ginge auch anders. Versuchen wir eine Übersetzung: Tab. 13.1.

Bei einem derartigen Trommelfeuer negativer Auswirkungen von Konflikten kann man schon verstehen, wenn viele Menschen stolz oder demütig, jedenfalls glücklich sagen: „Gott sei Dank habe ich keine Konflikte!" Man könnte dagegen auch sagen: Keine Konflikte hat nur der, der kein Leben mehr hat.

Aber es ist schon so: Wenn man bei Veranstaltungen über Konfliktkosten nach Konflikterlösen fragt – was man regelmäßig machen sollte-, erntet man irritierte Belustigung und mehr schon nicht. Es bedarf dann mühsamer Argumentation, um die Aufmerksamkeit ernsthaft auf die Vorteile, Nutzen und auch monetären Erlöse von Konflikten zu lenken. Konflikte haben also ein schlechtes Image. Sie werden ganz allgemein als etwas Böses, als etwas zu Vermeidendes betrachtet (Abb. 13.1). Warum aber ist das so?

Abb. 13.1 Friedensadler

13.3 Böse Konflikte?

Den meisten Menschen fällt es schwer, sich selbst als eine Siebenmilliardstel-Minderheit zu empfinden. „Das Universum bin ich" – das ist natürlich ethisch gesehen ein abzulehnender Satz, naturwissenschaftlich gesehen ein Unsinn, philosophisch unhaltbar, aber psychologisch ein Faktum. Philosophisch gibt es die Richtung des „Konstruktivismus", die diese Sichtweise stützt. Auch naturwissenschaftlich – genauer gesagt, neurowissenschaftlich – gibt es immer mehr Hinweise dafür, dass sich die ganze Welt ohnehin nur in uns selbst abspielt.

Was hat das mit unserem Konflikt-Thema zu tun hat? Es ist für jeden Einzelnen von uns immer wieder schwer sich vorzustellen, nicht recht zu haben. Viele psychologische Experimente haben nachgewiesen, dass es niemandem gelingt, vor sich selbst „ein Schwein zu sein". Eltern erziehen ihre Kinder immer in dem Glauben, das Beste für sie zu tun – auch wenn die Ergebnisse diese Absicht im Nachhinein millionenfach nicht verifizieren. Sogar Stalin und Hitler haben nach dem, was wir über sie wissen, ihrer eigenen Meinung nach immer in bester Absicht gehandelt – für das „höhere Gut", versteht sich. Soll heißen: Es fällt sehr schwer, den eigenen Standpunkt für nicht richtig zu halten. Und da sind wir an der Wurzel des Übels.

Obwohl der Mensch ein „Zoon Politicon" ist, also ein (im Übrigen existenziell bedingtes) Gemeinschaftswesen, kann psycho-physiologisch dennoch nur unter großen Kraftanstrengungen aus dem Gefängnis der eigenen Gedankenwelt ausgebrochen werden.

▶ „Ja, es gibt eine Welt da draußen. Aber dort waren Sie nicht – und werden Sie auch nie sein."

Natürlich sind Konflikte bei einem gewissen Eskalationsgrad zumindest für eine der Konfliktparteien, manchmal dann sogar für beide (oder alle) unangenehm bis nicht auszuhalten. Aber für einen Großteil der Konflikte – insbesondere auf niedrigeren Eskalationsstufen – gilt das nicht. Manche sind sogar, wie gesagt, Lebenselixier (für alle Konfliktparteien).

Für unsere generell negative Einstellung zu Konflikten mag aber auch von Bedeutung sein, dass in früheren Zeiten der Menschheitsgeschichte Konflikte und ihr „Management" viel gefährlicher waren. Kampf war viele Jahrtausende lang die ultimative Konflikt-Management-Methode – meist auf Leben und Tod. Neben Seuchen waren Kriege die größte Bedrohung für das Leben der Menschen. Andere Formen der Konfliktlösung haben – wenn man von der Gerichtsbarkeit absieht – keine so lange Tradition. Professionelle Friedensstiftung ist ein sehr junges Kind, im Gegensatz zur professionellen Kriegsführung. Friedensforschung ist eine Disziplin der Moderne. Das hat auch dazu geführt, dass nicht nur die Früherkennung von Konflikten, sondern auch ihre frühe Behandlung bis hin zur Konfliktprävention erst neuere Entwicklungen sind. Dadurch hat sich auch unsere Sensibilität für schwache Konfliktsignale erhöht – ein deutliches Zeichen für eine Friedenskultur. Das ist durchaus ein westeuropäisches Kulturgut (Abb. 13.1).

In Russland beispielsweise, immerhin ja auch noch teilweise Teil Europas, stößt man auf ein Konfliktbewusstsein, welches grosso modo erst auf der Hauptstufe II des unten beschriebenen Eskalationsmodells von Friedrich Glasl beginnt. Die meisten Konflikte, die sich für uns auf der Eskalationsstufe I abspielen, sind für Russen noch gar kein Konflikt

Alles in allem heißt das, dass wir trotz aller Professionalisierung im Konfliktmanagement noch immer unsere Urangst vor lebensbedrohenden Konflikten mit und in uns führen. Und wie immer gilt auch der Grundsatz, dass auch Sprache Realität macht. „Nenne es so und es ist so!"

Solange wir nicht in gleicher Art und Weise (insbesondere auch Menge) von „Kooperation" wie von „Konflikt" reden, werden wir unsere Aufmerksamkeit mehr auf die Konfliktseite des „KoKo" lenken (siehe Kasten unten). Ein gutes Beispiel dafür sind jedenfalls die Medien. Stellen Sie sich doch bitte folgende Schlagzeilen vor:

Polizei verhaftet keine Obdachlosen im Stadtpark
Gewerkschaft und Regierung sind einer Meinung
Fußballfans der beiden Klubs harmonisch vereint
Radfahrer, Autofahrer und Fußgänger teilen sich die Straße friedlich

Würden Sie diese Zeitung kaufen wollen? Wohl kaum. Keine Frage: Die Medien – und mit ihnen ihre Mitarbeiter, also die Journalisten – leben auch von Konflikten.

Only bad news are good news!, heißt es nicht zu Unrecht. Robert Prazak bedient seit rund 20 Jahren unter anderem genau diesen Umstand. Selbst wenn sich ein Artikel vordergründig gegen Konflikte wendet, steckt eben erst recht ein Konflikt dahinter – der Konflikt mit dem Konflikt. Einerseits wird der Konflikt gefeiert, andererseits verdammt. Wie also könnte die Idee von „Kooperativen Konflikten" hier angewendet werden? Zunächst damit, dass öfter auch mal die kooperative Seite eines Konflikts gesehen und beschrieben wird.

Konflikteskalation durch Medien

Ein Beispiel: Partei A macht eine Aussendung darüber, dass sie für die Berufsgruppe X mehr Rechte fordert. Partei B reagiert zornig und verlangt, dass dann auch Gruppe Y mehr erhält (von was auch immer). Partei A reagiert noch zorniger, Partei B... und so weiter und so fort. Offensichtlich (oder nicht so offensichtlich) sind die beiden Parteien und die von ihnen (angeblich) Vertretenen kooperative Konfliktpartner, die ihre Daseinsberechtigung auch aus solchen Konflikten beziehen. Die Medien sind da gerne dabei, weil sie erstens ebenfalls dieser KoKo-Zweckgemeinschaft angehören, aber auch weil sie zweitens das Spiel nicht durchschauen oder drittens gar nicht durchschauen wollen. So mancher Konflikt würde rasch entlarvt oder zumindest reduziert werden, wäre uns das bewusst.

Solange und in dem Ausmaß, wie wir mehr über „Konfliktmanagement" als über „Kooperationsmanagement" reden (und damit auch nachdenken), werden wir mehr Konflikte als Kooperationen im Auge haben.
Eine Google-Abfrage bringt circa 1,2 Mio. Ergebnisse bei „Konfliktmanagement", aber nur circa 85.000 bei „Kooperationsmanagement". Ein Verhältnis von 14:1 also. Dabei kann das eine niemals ohne das andere daherkommen. Die Zusammen-Setzung und die Auseinander-Setzung haben zwingend etwas gemeinsam.

13.4   Zum Konflikt- und Kooperationsmanagement

Niki Harramach spricht lieber von

KoKo

und meint damit

Konflikt- und Kooperations-Management.

Denn – und das ist schon einmal eine sehr wichtige Grunderkenntnis: Sie können nur mit jemandem konfligieren, mit dem Sie auch kooperieren könnten. Konflikte erfordern, dass die Parteien oder Gegner – wie immer Sie sie nennen wollen – etwas gemeinsam haben. Territorial-Konflikte zwischen Hawaii-Insulanern und Kosovaren sind kaum vorstellbar. Aber mit Ihrem Garten-Nachbarn können Sie schon über die Grenze streiten. Je mehr Sie mit jemandem etwas gemeinsam haben, desto mehr „KoKo-Chance" haben Sie. Denken Sie nur an Ihre(n) Lebenspartner(in): eine tägliche KoKo-Chance!Win-win only? Nein!

Mehr als 20 Jahre war Niki Harramach als Rechtsanwalt tätig, seit 30 Jahren nunmehr als Konflikt-Management-Berater, Trainer und Coach. Konfliktmanagement beschäftigt ihn daher sein ganzes Berufsleben lang, könnte man sagen. Die Auftragslage war allerdings eine ganz andere: Win-lose – war als Anwalt die Parole! Und jetzt wird er gerufen, um die Herbeiführung von Win-win-Situationen zu unterstützen. Allerdings: Die Instrumente, Methoden und Modelle waren und sind immer dieselben. Daher der Leitspruch:

Wer vom Kampf nichts versteht, kann Frieden nicht stiften!

Wir können und müssen daher auch vom Kämpfen reden, auch vom – menschheitsgeschichtlich ebenso wichtigen – Flüchten, nicht nur von den Modellen der Delegation, der Mediation, des Kompromisses und des Konsenses, die heutzutage viel beliebter sind.

Das Messer kann nichts für seinen Gebrauch.

Wichtig ist nur, dass Sie es (das Messer zum Beispiel) entsprechend Ihren Zielen handhaben können. Das gilt für jegliche Instrumente des Konflikt- oder besser KoKo-Managements. Alle Methoden eignen sich auch dafür, Konflikte zu „gewinnen" – oder wie auch immer Sie Konflikte „erfolgreich" managen wollen. Wichtig ist, dass Sie die jeweilige Methode (für Sie selbst, für wen auch immer) „richtig" anwenden, also zur richtigen Zeit, am richtigen Ort, den richtigen Personen gegenüber, in der richtigen Art und Weise.

Eine der wichtigsten Indikationen für diese „Richtigkeit" ist der Eskalationsgrad des zu behandelnden Konflikts. Die beste (und bekannteste) Leitlinie dafür ist das „Eskalationsmodell" nach Friedrich Glasl (siehe unten). Anmerkung bei der Gelegenheit: Schon wieder ein Indiz für unsere einseitige Wahrnehmung in der Betrachtung und Behandlung von „KoKo". Kontrollfrage: Kennen Sie auch ein Modell der Kooperations-Eskalation? Wohl kaum. Und noch eine Bemerkung: Ebenso wenig wie man Konflikte hassen sollte, sollte man ihnen andererseits huldigen – und schon gar nicht einem überkorrekten KoKo-Management.

Viele Konfliktmanagement-Ansätze (KoKo-Management-Ansätze gibt es ja nicht viele) kommen einem sehr hehr und reißbrettartig vor – insbesondere solche aus deutscher Feder. Als nicht nur geborener, sondern auch ein Leben lang gelernter Österreicher sollte der Unschärfe erfolgreichen KoKo-Managements das Wort geredet – und dies besonders unseren deutschen und Schweizer Leserinnen und Lesern ins Stammbuch geschrieben werden. Die Rede ist von „österreichischer Schlamperei". Wir Österreicher selbst mögen das ja gar nicht so an uns. Unseren unscharfen, verdeckten, impliziten Umgang mit Konflikten bezeichnen wir selbst ja oft als „konfliktscheu", manchmal sogar als „feig". (Ein Gratistipp: Das zu sagen erlauben wir uns nur selbst, nicht Deutschen, nicht Schweizern und schon gar nicht dem Rest der Welt).

Die österreichische Lösung

Tatsächlich aber geht es auch im Ko-Ko-Management letztendlich darum, erfolgreich zu sein. Der Erfolg hat nicht nur viele Väter, sondern auch viele Wege, die zum Ziel führen.Ein Beispiel ist der Österreichische Staatsvertrag aus dem Jahr 1955. (Die deutschen Leser mögen dieses gerade für sie schmerzhafte Beispiel verzeihen, die Schweizer haben nichts zu verzeihen – sie sind nie in diese prekäre Lage gekommen.) Die Situation nach Ende des Zweiten Weltkriegs: Besetzung Deutschlands und Österreichs durch die sogenannten „Alliierten". Der Osten Österreichs war ebenso wie der Osten Deutschlands russisch „besetzt". Auch Wien war – ähnlich wie Berlin – geviertelt in eine amerikanische, englische, französische und russische „Besatzungszone". Nach dem Weltkrieg begann bekanntermaßen der Kalte Krieg zwischen West und Ost Platz zu greifen. Das Ziel der österreichischen Regierung nach 1945 war klar: Sobald wie möglich die Besatzung durch die Alliierten zu beenden, ein freies vereintes Österreich zu etablieren. KoKo-Management war hier „daily", „eschednjevnij"(auf Russisch) angesagt. Insbesondere die Rolle des damaligen österreichischen Außenministers Leopold Figl ist legendär. Er sang mit den Russen, soff mit den Russen und gewann Wetten über Maisgröße und Schweine. Dass internationale Aspekte und vor allem Größenordnungen (das große Deutschland da, das kleine Österreich dort) auch eine Rolle spielten, soll nicht verheimlicht werden. Aber das Ergebnis war: Österreich erhielt 1955 seinen Staatsvertrag, Berlin die Mauer und Deutschland und Europa den Eisernen Vorhang.

Die Österreicher sind sehr flexibel, ihre „Buffo-Rolle" bescheiden, beharrlich, auch listig, auch nicht immer wirklich korrekt gespielt. Was zählte, war das Ergebnis. Pardon, liebe Leserinnen und Leser: Ich persönlich hätte, wenn dieser

Staatsvertrag nicht „geglückt" wäre, mein Leben wahrscheinlich bis zu meinem 41. Geburtstag in Ost-Österreich, genauer gesagt, in Ost-Wien verbracht. Wahrscheinlich hätte ich in diesem kommunistischen System auch Karriere gemacht, hätte jedenfalls mit der österreichischen Stasi kooperiert und wäre 1989 nach dem Fall der Wiener Mauer ziemlich von der Bildfläche verschwunden – so wie fast alle Manager, die ich 1988 noch in Ostberlin kennengelernt hatte. Und das waren schon einige!

KoKo-Management muss mit Augenmaß, angemessen zur jeweiligen Situation betrieben werden. Menschen sind „nicht triviale" Systeme! Genaue, präzise und korrekte Lehrmeinungen, Methoden und Instrumente sind NICHT adäquat. Das „Schlampige", das Unscharfe hat, glaube ich Zukunft. Erfolgreiche Vergangenheit hatte es jedenfalls!

Auch dieses Buch soll daher kein zu befolgender Leitfaden sein. Anregung bloß.

13.5 Instrumente, Methoden und Modelle des Konfliktmanagements

13.5.1 Eskalationsmodell

Das Eskalationsmodell nach Friedrich Glasl (2013) zeigt sehr anschaulich drei Hauptstufen (I–III) von Konflikteskalation und die damit verbundenen Interventionsmöglichkeiten (Abb. 13.2).

Die Hauptstufe I zeichnet sich dadurch aus, dass die Parteien miteinander streiten – mehr oder weniger gesittet. Je nachdem ist die Intervention von dritter Seite (beispielsweise einer übergeordneten Instanz oder einer externen Beratung) zu setzen:

a. entweder nicht intervenieren (auch diese Form kann die passende sein, wenn die Parteien ihren Konflikt selbst „managen" können;alles andere wäre eine unnötige Stigmatisierung der Parteien)
b. oder Moderation: Hier kümmert man sich von dritter Seite einzig und allein um einen adäquaten Gesprächsverlauf. Inhaltlich wird seitens des Moderators/der Moderatorin keine Stellung bezogen.

Die Hauptstufe II ist dadurch gekennzeichnet, dass die Parteien nicht mehr miteinander reden. Das ist das Einsatzgebiet von Mediation. Hier pendelt ein

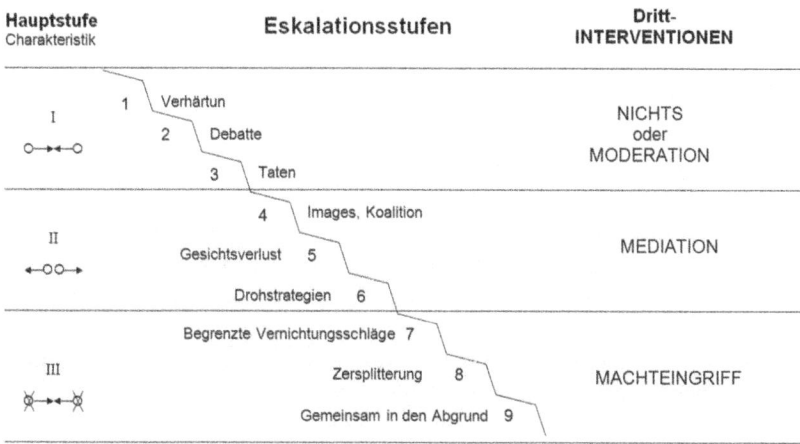

Hauptstufe Charakteristik	Eskalationsstufen	Dritt- INTERVENTIONEN
I ○—►◄—○	1 Verhärtun 2 Debatte 3 Taten	NICHTS oder MODERATION
II ◄—○○—►	4 Images, Koalition Gesichtsverlust 5 Drohstrategien 6	MEDIATION
III ✗—►◄—✗	Begrenzte Vernichtungsschläge 7 Zersplitterung 8 Gemeinsam in den Abgrund 9	MACHTEINGRIFF

Abb. 13.2 Eskalationsstufen

allparteilicher Dritter zwischen den Parteien, überbringt wechselseitig selektierte Botschaften und versucht unter seiner/ihrer Gesprächsleitung auch wieder gemeinsame Zusammenkünfte herzustellen. (Deeskalation – in diesem Fall auf die Hauptstufe I – ist ja das Ziel der Intervention von dritter Seite.)

Für die Hauptstufe III ist charakteristisch, dass die Parteien wieder zusammentreffen – um sich umzubringen! Die einzig angemessene Intervention von dritter Seite ist hier ein Machteingriff. Es geht darum, die Parteien zu trennen, zu separieren, sie auseinanderzubringen, zwischen sie einen Sicherheitskorridor zu legen. Sofern die übergeordnete hierarchische Instanz dazu nicht selbst in der Lage ist oder es keine solche gibt, machen das üblicherweise die Polizei oder die UNO/die NATO – oder auch nur die USA.

13.5.2 TiT for TaT

Diese in einer großen Reihe von Computersimulationen und auch in bedeutenden Praxisfällen (wie internationalen Abrüstungsverhandlungen) getestete Methode, die einen Erfolgsgrad von immerhin rund 80 % aufweist – besteht einfacherweise nur aus zwei Regeln:

1. Beginne kooperativ!
2. Antworte symmetrisch!

Ad 1.: In jeglicher grundsätzlich konfliktbehafteten/ (oder zumindest als solche wahrgenommenen/beurteilten) Situation sollte die Partei, die den ersten „Spielzug" macht (normalerweise in einer Verhandlung), mit einem kooperativen Stil beginnen.Beispiel: „Welchen gemeinsamen Fall haben wir heute zu lösen?" oder „Nach meiner Einschätzung handelt es sich bei unserem Fall insgesamt um die Aufgabe, eine ausgewogene Lösung für unsere beiderseitigen Interessen herzustellen."

Ad 2.: Wenn auch die andere Partei das „TiT-for-TaT"-Modell beherrscht und sich daran hält, wird sie gemäß Regel 2 ebenfalls kooperativ antworten. Für den Fall, dass der Eröffnungszug nicht kooperativ, sondern konfliktbehaftet ist, muss die zweite Partei gemäß Regel 2 symmetrisch, also ebenfalls konfliktbehaftet (!) antworten.

Dies ist für die meisten Menschen in „westlichen" Systemen mit einer nunmehr schon großen Friedenstradition gewöhnungsbedürftig. Das heißt nämlich im Klartext: Einer primären Aggression nicht mit tolerierendem Verständnis, sondern mit sofortiger Gegenreaktion zu begegnen.

TiT for TaT Crash Kurs

Wie bei einem „Crash-Kurs" beim Autofahren – wo man unter anderem erlernt, zur Verkürzung des Bremswegs massiv auf die Bremse zu treten (und keineswegs „smart and smooth") – muss durchaus verhaltenstechnisch geübt werden, einer praktizierten Aggression sofort(!) mit ebensolcher Aggression (und im Zweifel sogar ein bisschen mehr) zu antworten.

Die meisten Gutmenschen haben das nicht gelernt, schrecken davor zurück oder grausen sich gar davor, können es deswegen nicht praktizieren. Diese Vorgehensweise ist aber, wie gesagt, von einer großen Erfolgsquote begleitet.

Der „Gutmensch"

ist auch eine Manifestation des „westlichen" Zeitgeists. Er ist also in dem in diesem Buch immer wieder erwähnten „Mainstream". Er hat – da kommt ja auch seine Bezeichnung her (omen est nomen könnte man sagen) – gutmütig, friedliebend zu sein, positiv zu denken. Er ist (und gerade an dieser Stelle sei, wie in der Einleitung ausgeführt, daran erinnert, dass Frauen natürlich ebenso gemeint sind) ein Kind der zweiten bis dritten Friedensgeneration. Und er kann – einmal im Mainstream – nicht mehr gut gegen diesen Strom schwimmen. Negatives Denken, Aggression sind ihm fremd. Gedanken an Kampf, ja vielleicht

Krieg sogar, ängstigen ihn, sind nicht seine Welt. Er ist insgesamt der Feind (aber gerade diese Bezeichnung wäre schon nicht aus seinem Wortschatz) des Absurden – zumindest soweit es nicht ergötzlich ist. Und mit Konflikten kann er nicht, zumindest nicht gut, ungelenk oft nur, umgehen. Das macht ihn im Konfliktmanagement unprofessionell, hilflos, manchmal gefährlich sogar.

Anmerkung: Auch die Methode TiT for TaT führt natürlich nicht in allen Fällen zum Erfolg. Es kann durchaus sein, dass es bei konsequenter Anwendung des TiT-for-TaT-Modells zu einer destruktiven eskalierenden Konflikt-Abwärtsspirale kommt. Der Fehler liegt dann darin, dass Regel 1 nicht konsequent angewendet worden ist. Wie auch immer, der Fehler ist geschehen – und der Ausstieg aus diesem „Teufelskreis" wird dann nur mehr mithilfe dritter Parteien – siehe oben das „Eskalationsmodell" – möglich sein.

Aber bei einer Erfolgsquote von etwa 80:20 sollte einem die Entscheidung nicht allzu schwerfallen, sich an dieses TiT-for-TaT-Modell zu halten.

13.5.3 Spieltheorie und Systemtheorie

Eine praktisch im Konfliktmanagement sehr bedeutende Anwendung der Spieltheorie ist die Unterscheidung in

1. Null-Summen-Spiele und
2. Nicht-Null-Summen-Spiele.

Ad 1: Darunter versteht man Spielsituationen, in denen Spieler nur gewinnen können, wenn andere Spieler verlieren, da die insgesamt ausgespielte Summe immer konstant ist. Solche Spiele sollten exakterweise „Konstant-Summen-Spiele" genannt werden. Beispiel: Marktanteil. Mitbewerber können Marktanteile in Prozent nur gewinnen, wenn andere sie verlieren, weil die gesamte Prozentsumme naturgemäß mit 100 % konstant ist.

Ad 2: Das sind Situationen, wo alle Spieler gemeinsam gewinnen oder verlieren können. Die ausgespielte Summe ist insgesamt vergrößerbar oder verkleinerbar. Solche Spiele sollten exakter-weise „Nicht-Konstant-Summen-Spiele" heißen.

Nicht-Null-Summen-Spiel

Beispiel: Marktvolumen. Alle Marktteilnehmer können zum Beispiel auch in gemeinsamer Anstrengung durch Absprache und Kooperation das Marktvolumen – durch bessere Ausschöpfung des Marktpotenzials – erhöhen. Auf gut Deutsch: Der Kuchen wird insgesamt größer. Sie können aber auch – wie es etlichen Branchen schon passiert ist – etwa durch Imageverlust das gesamte Marktvolumen verringern. Konkrete Fälle sind nicht erst seit der Wirtschaftskrise 2008 bekannt.

Diese Unterscheidung ist deswegen bedeutsam, weil in Abhängigkeit von der vorliegenden Spielsituation die Spieler ihre Strategie vernünftigerweise unterschiedlich ansetzen werden. In Null-Summen-Spielen ist eine kompetitive – und damit konfligierende – Vorgangsweise durchaus empfehlenswert. In nicht Null-Summen-Spielen hingegen eine kooperative Vorgangsweise. Komplex wird die Angelegenheit dadurch, dass in vielen Situationen des (Wirtschafts-)Lebens die Mitspielenden selbst bestimmen können, wie sie die Situation gestalten. Die gewählte Strategie/Taktik bestimmt also die Gesamtsituation. Eine Form kollektiver Selffulfilling Prophecy also. Systemtheoretisch spricht man von einer „rekursiven" Kausalität. Wenn also alle Marktteilnehmer auf „Competition" setzen, dann wird es auf dem Markt auch zu einem Verdrängungswettbewerb kommen. Gleiches gilt grundsätzlich für die Wahl der „Co-operation". In der Managementlehre hat sich deswegen, weil die meisten Situationen beide Möglichkeiten bieten und diese letztendlich von den Marktteilnehmern selbst definiert werden, der Begriff der „Coopetition" eingebürgert.

Für den einfachen Einstieg: Dixit und Nalebuff 1997.

13.5.4   Menschheitsgeschichtliche Konflikt-Regelungs-Modelle

Im Buch „Die Heilige Ordnung der Männer" (Schwarz 1985)wird in anschaulicher Weise beschrieben, wie sich die Konfliktmanagement-Möglichkeiten im Laufe der Menschheitsgeschichte verändert haben. Genauer gesagt: Welche weiteren Konfliktlösungs-Möglichkeiten durch veränderte Umstände immer wieder dazu gekommen sind.

• Als Menschen noch als Nomaden lebten und herumzogen, war es eine meist opportune Möglichkeit, Konflikten mit anderen Populationen auszuweichen. Man zog einfach weiter. Flucht war also die probate Konfliktlösungs-Möglichkeit.

• Mit dem Beginn des Ackerbaus und damit der Sesshaftigkeit und damit eines entstehenden Eigentumsanspruchs auf Grund und Boden war die Flucht oftmals keine sinnvoll erscheinende Möglichkeit mehr. Zumindest kam als Konfliktlösung der Kampf dazu. Und zwar in zwei Formen:Kampf mit Vernichtung und Kampf mit Unterwerfung.

• Mit dem Aufkommen hierarchisierterer Gesellschaftsformen (Feudalherrschaft, Rittertum) kam eine weitere Konfliktlösungs-Möglichkeit dazu: Delegation. Die Konfliktregelung wurde dritten Parteien übertragen: dem Lehnsherren, dem Dorfrichter. Gerichtsbarkeit entstand.

• Abseits dieser Strategie kam im Zuge der Nivellierung gesellschaftlicher Unterschiede immer mehr die Konfliktregelung durch Verhandlung zwischen den Parteien selbst auf und damit als Lösungs-Möglichkeit der Kompromiss, also das Aufsuchen und Finden einer beiderseits (allseits) akzeptierten Schnittmenge.

• Eng verwandt mit den vertieften philosophischen Erkenntnissen (Hegel u. a.) über den dialektischen Denkprozess kam eine weitere Konfliktlösungs-Möglichkeit dazu: der Konsens.

Noch einmal angemerkt: Die menschheitsgeschichtlich älteren Regelungsmöglichkeiten verschwanden nicht – und sind auch nicht schlechter zu bewerten –, es kamen nur immer wieder neue Regelungsmöglichkeiten dazu.

Und zum Abschluss dieser umfangreichen Methoden-Sammlung noch eine Warnung an alle Konflikt-manager:Viele Konfliktparteien haben eine stillschweigende „Konfliktvereinbarung", einen für beide Seiten nutzenstiftenden Konflikt auf einem gewissen Niveau zu pflegen, immer wieder auszutragen, ja sogar zu perpetuieren. Politische Parteien gehören dazu und ihre Anhänger (alle außer den Nichtwählern) spenden Applaus. Krieg führende Parteien gehören auch dazu – wenn der Krieg lang dauert! Und die Anhänger spenden Applaus.

Beispiel 1: Koalition

Die in Österreich und in Deutschland gleichermaßen beliebte (?) „Große Koalition" baut auf einer vordergründigen Vereinbarung auf, die zugleich aber den Konflikt enthalten muss, sonst gräbt sich ja jede der Parteien vor den nächsten Wahlen selbst das Wasser ab.

Beispiel 2: Jugoslawien-Konflikt

Im Jugoslawien-Konflikt in der 1. Hälfte der 1990er-Jahre hielten die Krieg führenden Parteien (hauptsächlich Serben und Kroaten) den Konflikt auf einem Niveau, welches vor allem zwei Anforderungen zu genügen hatte:
• Die eigenen Anhänger mussten von der Durchsetzungskraft ihrer Repräsentanten überzeugt sein, das erforderte auch harte Aggression.

- Die (zerstrittene!) internationale Gemeinschaft durfte mit keinen derart schweren Aktionen konfrontiert werden, die ein gemeinsames Vorgehen gegen den Krieg unumgänglich gemacht hätten. Die gegenseitigen Aggressionen durften ein gewisses Ausmaß nicht überschreiten. Die schreckliche Konsequenz: Dritten Parteien (Friedensmissionen, Diplomaten, Konfliktberatern usw.), die friedensstiftend hätten vermitteln können, gelang es nicht, diese „Konfliktvereinbarung" zu durchbrechen. Die Führer der Konfliktparteien brauchten den Konflikt, um ihre Positionen und (für sie berechtigten) Standpunkte – und vor allem die Unterstützung durch ihre Anhänger – zu wahren. Und sie hielten die Kriegsgräuel lange Zeit auf einem Niveau, das die notabene ohnehin uneinigen dritten Mächte (EU, NATO) nicht so unter Druck setzte, dass sie ungeachtet ihrer Uneinigkeit sofort (siehe obiges Eskalationsmodell von Glasl) hätten einschreiten müssen.

Solche Konfliktvereinbarungen finden wir ja immer wieder vor: in etlichen Ehestreitigkeiten und wie schon erwähnt im Sport, in der Politik usw.

13.6   Konfliktwahrnehmung und Konstruktivismus

Die größte Schwierigkeit in der erfolgreichen Handhabung von Konflikten liegt darin, dass die Wahrnehmung von Menschen jeweils ganz spezifisch individuell und somit unterschiedlich ist. Über sieben Milliarden Mal auf dieser Erde.

Für Konflikte heißt das Vielerlei und macht deren „Management" sowohl kompliziert als auch komplex (Simon 2012). Das beginnt schon damit, dass die Sichtweisen der Konfliktparteien darüber, was überhaupt Gegenstand des Konflikts ist, nur ausnahmsweise symmetrisch sind – ja sogar darüber, ob es sich überhaupt um einen Konflikt handelt.

Symmetrie macht es meist einfacher. Wenn von zwei potenziellen Konfliktparteien beide meinen, dass sie gar keinen Konflikt hätten, wird das – solange sie ihre Meinung nicht ändern – wohl zu keinen großen Schwierigkeiten führen. Soweit man sie mit dieser Einsicht auch in Ruhe lässt, muss hinzugefügt werden. Denn in diesem Fall (gar nicht so selten) erhebt sich nämlich die Frage, welche(r) Dritte der Meinung sei, hier liege ein Konflikt vor. Auch das Interesse Dritter (und sei es nur daran, recht zu haben) kann ein gehöriger Konflikttreiber sein.

Manche Dritte sind ja gerade damit im Konflikt, dass andere einen Konflikt haben. Chefs beispielsweise wollen oft nicht, dass ihre Mitarbeiter streiten; bei Eltern sieht man das oft im Verhältnis zu ihren Kindern; Hundebesitzer sind da oft mit von der Partie; sogenannte „Friedensengel" haben das überhaupt so an sich.

Aber auch wenn beide Parteien meinen, sie hätten einen Konflikt, ist das noch nicht die schwierigste Ausgangslage. Die schwierigste Ausgangssituation liegt vor, wenn schon die Sichtweise, ob überhaupt ein Konflikt vorliegt, eine asymmetrische ist. Ohne ein entsprechendes Konfliktbewusstsein der beteiligten Parteien ist es schwierig bis unmöglich, ans Konfliktmanagement-Werk zu gehen.

Aber selbst wenn die Konfliktparteien darin übereinstimmen, dass sie einen Konflikt (wir gehen davon aus: miteinander) haben, kann es noch ordentlich schwierig werden. Wahrnehmungsunterschiede jeglicher Art können den weiteren Weg pflastern: Was (wie schon gesagt) ist denn der Gegenstand des Konflikts? Wer ist Konfliktpartei? Nur die beiden, von denen wir bisher ausgehen, oder auch noch andere? Gibt es einen Stellvertreter-Konflikt? Zieht wer im Hintergrund die Fäden? Oder hat gar eine dritte Partei einen Konflikt damit, dass die beiden ursprünglichen Parteien einen Konflikt miteinander haben (oder eben damit, dass sie keinen miteinander haben)? Und all dies muss ja von den Beteiligten nicht in gleicher Weise gesehen werden. Und bitte bedenken Sie nochmals: Eine asymmetrische Sichtweise ist der Normalfall!

Immer wieder kann es dabei zu sogenannten „Meta-Konflikten" kommen. Im russischen Volksmund auch „Matroschka-Spiele" genannt. Sie wissen schon: die russische Puppe in der Puppe in der Puppe. Der Konflikt liegt darin, dass die eine Partei glaubt, man habe einen Konflikt, die andere aber nicht. Einen Konflikt über den Konflikt sozusagen. Worüber man erst recht wieder einen Konflikt haben kann und so weiter und so fort.

Technisch heißt das, dass man immer zuerst einmal einen Konsens in der Wahrnehmung der jeweiligen Konfliktdimension (Gegenstand, Parteien, Verlauf, Beziehungen usw. . . . .) herstellen muss, um überhaupt halbwegs Erfolg versprechend weitermachen zu können. Und dann haben Sie, wie gesagt, erst eine Einigung darüber, wie, worin, wann . . . eine Uneinigkeit – mehr noch: ein Konflikt – vorliegt. Sie sehen: Professionelles Konfliktmanagement kann eine langatmige Angelegenheit sein.

Dementsprechend könnte man sagen: „Und wenn sie nicht (in der Zwischenzeit) gestorben sind, dann streiten sie noch heute." Und das wäre ja kein Witz, wenn nicht auch etwas Ernstes und Wahres daran wäre – und zwar im Umkehrschluss: Wenn sie gestorben sind, streiten sie nicht mehr! Sie wissen schon: keine Konflikte mehr am Friedhof. Womit wir wieder an einem Ausgangspunkt wären: Konflikte – oder besser gesagt – „KoKos" sind unabdingbarer Lebensbestandteil!

Was Konflikte können

In diesem Sinn: Konflikte stiften Nutzen, sind Innovationsmotor und Lustspender. Machen Sie das Beste daraus!

Literatur

Dixit, A., & Nalebuff, B. (1997). *Spieltheorie für Einsteiger*. Tübingen: Schäffer-Poeschel.
Foradori, M. (2013). *Wirtschaftsmediation zum Nachlesen*. Wien: Service-GmbH der Wirtschaftskammer Österreich.
Glasl, F. (2013). *Konfliktmanagement 11*. Stuttgart: Paul Haupt.
Schwarz, G. (1985). *Die Heilige Ordnung der Männer*. Wiesbaden: Verlag für Sozialwissenschaften.
Simon, F. (2012). *Einführung in die Systemtheorie des Konflikts*. Heidelberg: Carl Auer.

Sachverzeichnis

N. Harramach, R. Prazak, *Management, absurd*,
DOI 10.1007/978-3-658-04041-3, © Springer Fachmedien Wiesbaden 2014

The manufacturer's authorised representative in the EU is Springer
Nature Customer Service Centre GmbH, Europaplatz 3, 69115 Heidelberg,
Germany. If you have any concerns regarding our products, please
contact ProductSafety@springernature.com

Printed and bound by CPI Group (UK) Ltd, Croydon, CR0 4YY
27/04/2026
02097650-0002